高职高专土建类专业"互联网+"数字立体化创新教材

# 平法钢筋识图与算量

娄 冬 冯 婷 主编

机 械 工 业 出 版 社

本书根据教学大纲的要求，突出以能力培养为目的的高等职业教育特色，采用国家现行的一系列制图标准和规范编写。为了便于教学和学习，每章开始设有学习目标、素质目标和教学要求，注重培养和提高学生的应用能力。

本书分为7章，介绍了平法钢筋基本知识、框架柱、剪力墙、梁构件、板构件、基础、板式楼梯等内容。在每章文中配有相应的案例，章后配有习题和实训练习供学生课后练习使用，帮助学生巩固所学内容，达到学以致用的效果。

本书可作为高职高专、成人高校及民办高校的建筑工程技术、工程管理、工程造价、工程监理等土建施工类专业和房地产经营与管理、物业管理等相关专业的教材，也可作为结构设计人员、施工技术人员、工程监理人员等相关专业技术人员、企业管理人员业务知识学习培训用书。

**图书在版编目（CIP）数据**

平法钢筋识图与算量／娄冬，冯婷主编. -- 北京：机械工业出版社，2025.5. --（高职高专土建类专业"互联网＋"数字立体化创新教材）. -- ISBN 978-7-111-77963-6

Ⅰ. TU375

中国国家版本馆 CIP 数据核字第 2025RW4770 号

机械工业出版社（北京市百万庄大街22号　邮政编码100037）

| | | |
|---|---|---|
| 策划编辑：汤　攀 | 责任编辑：汤　攀　范秋涛 | |
| 责任校对：李　霞　王小童　景　飞 | 封面设计：张　静 | |
| 责任印制：单爱军 | | |

北京盛通印刷股份有限公司印刷

2025年8月第1版第1次印刷

184mm×260mm · 12.75印张 · 314千字

标准书号：ISBN 978-7-111-77963-6

定价：49.00元

电话服务　　　　　　　　　　网络服务

客服电话：010-88361066　　机 工 官 网：www.cmpbook.com

　　　　　010-88379833　　机 工 官 博：weibo.com/cmp1952

　　　　　010-68326294　　金 书 网：www.golden-book.com

**封底无防伪标均为盗版**　　机工教育服务网：www.cmpedu.com

# 前　言

平法即建筑结构施工图平面整体表示方法。随着平法在全国的普及，人们对平法的理解程度也在逐步提高，在理论与实践相结合的过程中，平法也在不断地修正与进化。平法的产生，极大地提高了结构设计的效率，大幅度解放了生产力。但是，要想真正看懂平法施工图的内容，还需要深入学习，这也正是我们编写本书的出发点。

如今，随着我国经济的发展，建筑行业的从业人员越来越多，提高从业人员的基本素质和专业技能已成为当务之急。为了使相关从业人员能快速地看懂平法施工图，正确地进行钢筋计算，本书以现行标准、规范为依据，参考22G系列三本新平法图集，具有很强的针对性和实用性，理论与实践相结合，注重实际经验在工程中的运用；本书在结构体系上重点突出、详略得当，同时还注重知识间的融贯性，并突出整合性的编写原则，方便学生理解并掌握平法钢筋技术。

本书分为7章，介绍了平法钢筋基本知识、框架柱、剪力墙、梁构件、板构件、基础、板式楼梯等内容。在每章文中配有相应的案例，章后配有习题和实训练习供学生课后练习使用，帮助学生巩固所学内容，达到学以致用的效果。本书的素质拓展内容，以课程为载体，借助素质元素把素质内容有机地融入主体内容。通过对素质内容的学习，培养学生社会责任感，激发爱国情怀、增加文化自信等。

本书与同类书相比具有的显著特点如下：

（1）新，图文并茂，生动形象，形式新颖。

（2）全，知识点分门别类，包含全面，由浅入深，便于学习。

（3）系统，知识讲解前呼后应，结构清晰，层次分明。

（4）实用，理论和实际相结合，举一反三，学以致用。

（5）学习资料丰富，除了必备的电子课件和每章习题答案外，本书还配套了大量的拓展图片、讲解音频、现场视频等教学资料，读者可以通过扫描二维码的形式获得平法钢筋的相关知识点，力求拓展学生的知识面，达到快速高效学习知识的目的。

本书由黄河水利职业技术学院娄冬、郑州经贸学院冯婷担任主编，开封大学温利、浙江工业职业技术学院周何铤担任副主编，开封大学魏锟、杨凌职业技术学院贾青、郑州市郑汴开发建设有限公司朱文艳参与编写。具体的编写分工：魏锟负责编写第1章，娄冬负责编写第3章和第5章并负责全书的统稿工作，冯婷负责编写第4章，温利负责编写第2章，贾青、朱文艳负责编写第6章，周何铤负责编写第7章。书中的动画、视频及配套的教案、课件、案例答案等由各章的编写人员负责制作和编辑，娄冬负责统筹。

本书在编写过程中，参考了国内外公开出版的许多书籍和资料，并得到了许多同行的支持与帮助，在此一并表示感谢。由于编者水平有限及编写时间仓促，书中难免有不妥和错漏之处，恳请广大读者批评指正。

编　者

# 目　　录

# 素 质 目 标

　　素质教育是指以构建全员、全程、全课程育人格局的形式将各类课程与思想政治理论课同向同行，形成协同效应，把"立德树人"作为教育的根本任务的一种综合教育理念。"育人"先"育德"，注重传道授业解惑、育人育才的有机统一，一直是我国教育的优良传统。

　　素质元素即思想政治教育元素，包括思想政治教育的理论知识、价值理念以及精神追求等。课程主要实现形式是将素质教育元素融入各门课程中去，潜移默化地对学生的思想意识、行为举止产生影响。

| 章节 | 案例形式 | 素质元素 | 问题索引 |
|------|----------|----------|----------|
| 第1章 | 行业革命 | 技术改革<br>学习动力<br>奉献精神 | 1) 平法的原理是什么？<br>2) 平法给行业带来了哪些便利？<br>3) 把平法专利贡献给国家，体现了什么？ |
| 第2章 | 专业知识 | 专业技能 | 1) 什么是框架柱，作用是什么？<br>2) 框架柱与框支柱、构造柱的区别在哪里？ |
| 第3章 | 行业故事 | 激发兴趣<br>勇于创新 | 1) 剪力墙承受怎样的荷载？<br>2) 法国花匠蒙尼亚具有怎样的精神？ |
| 第4章 | 古建筑 | 传统文化<br>古人智慧 | 1) 中国古代建筑主要结构型式是什么？<br>2) 梁的作用是什么？<br>3) 古代梁与现代梁分类有什么区别？ |
| 第5章 | 专业知识 | 行业发展<br>工业化 | 1) 钢筋混凝土板的应用范围是什么？<br>2) 钢筋混凝土板的优点有什么？ |
| 第6章 | 结合实际 | 城市发展<br>行业问题<br>专业技术 | 1) 建筑高层化的发展有什么优点？<br>2) 如何解决基础施工问题？ |
| 第7章 | 问题分析 | 防震意识<br>抗震设计<br>安全防范 | 1) 钢筋混凝土楼梯在地震中会有哪些震害？<br>2) 怎样加强楼梯的抗震设计？ |

# 第1章

## 平法钢筋基本知识

### 【学习目标】

1）了解钢筋识图的基本知识。

2）了解钢筋基本知识，掌握钢筋算量基本内容及总体思路。

### 【素质目标】

时代的发展伴随着技术的改革，技术只有改革才能跟上时代的进步，才能加快生产力。了解平法的产生、原理与应用，明白技术革新的来之不易，增加学生学习动力，培养奉献精神。

### 【教学目标】

| 本章要点 | 掌握层次 | 相关知识点 |
| --- | --- | --- |
| 钢筋识图的基本知识 | 了解钢筋识图的基本知识 | 1）平法的概念<br>2）平法图集的类型及内容<br>3）平法施工图的制图规则 |
| 钢筋算量的基本知识 | 了解钢筋基本知识，掌握钢筋算量基本内容及总体思路 | 1）钢筋基本知识<br>2）钢筋算量基本内容及总体思路 |

### 【项目案例导入】

钢筋平法识图是建筑工程技术、工程造价、建筑工程管理、工程监理等专业的核心专业基础课。本章对钢筋的平面整体表示方法，即钢筋平法的产生、应用与原理等基础知识进行系统的讲解。通过对设计流程的设计结构进行分析与对结构施工图设计进行讲解，深化对钢筋平法原理的认识；系统地阐述钢筋平法结构标准化、构造标准化的思路，用数字化、符号化的表示方法，即平面整体表示方法展示创造性设计。

### 【项目问题导入】

平法的概念是什么？平法施工图的制图规则是什么？

## 1.1　钢筋识图的基本知识

### 1.1.1　平法的概念

平法是指建筑混凝土结构施工图平面整体表示方法。

在钢筋混凝土结构中，结构施工图表达钢筋和混凝土两种材料的具体配置，设计文件主要由设计图样和文字说明两部分组成。而平法的表达方式，简而言之，就是把结构构件的尺寸和配筋等，按照平面整体表示方法、制图规则，整体直接地表达在各类构件的结构平面布置图上，再与标准构造详图相配合，即构成一套新型完整的结构设计施工图纸，改变了那种传统的将构件从结构平面布置图中索引出来，再逐个绘制配筋详图、画出钢筋表的烦琐的方法。按照平法设计绘制的施工图，一般由两大部分构成，即各类结构构件的平法施工图和标准构造详图，但对于复杂的工业与民用建筑，尚需增加模板、预埋件和开洞等平面图。只有在特殊情况下才需增加剖面配筋图。

建筑图纸分为建筑施工图和结构施工图两部分。由于实行了平法设计，结构施工图的数量大大减少了，一个工程的图纸从过去的百十来张变成了二三十张，因此画图的工作量减少了，结构设计的后期计算也被省去了，这使得结构设计减少了大量枯燥无味的工作，极大地解放了结构设计师的生产力，加快了结构设计的进度。此外，使用平法这一标准的设计方法来规范设计师的行为，在一定程度上还提高了结构设计的质量。

平法的系统科学原理在于平法视全部设计过程与施工过程为一个完整的主系统，主系统由多个子系统构成，主要包括以下几个子系统：基础结构、柱墙结构、梁结构、板结构，各子系统有明确的层次性、关联性、相对完整性。

（1）层次性　基础、柱墙、梁、板，均为完整的子系统。

（2）关联性　柱、墙以基础为支座——柱、墙与基础关联；梁以柱为支座——梁与柱关联；板以梁为支座梁——板与梁关联。

平法的应用原理

（3）相对完整性　对于基础自成体系，仅有自身的设计内容而无柱或墙的设计内容；对于柱、墙自成体系，仅有自身的设计内容（包括锚固在支座内的纵筋）而无梁的设计内容；对于梁自成体系，仅有自身的设计内容（包括锚固在支座内的纵筋）而无板的设计内容；对于板自成体系，仅有板自身的设计内容（包括锚固在支座内的纵筋）。在设计出图的表现形式上它们都是独立的板块。

平法制图与传统的图示方法之间的区别

## 1.1.2　平法图集的类型及内容

22G101—1《混凝土结构施工图平面整体表示方法制图规则和构造详图（现浇混凝土框架、剪力墙、梁、板）》是对16G101—1《混凝土结构施工图平面整体表示方法制图规则和构造详图（现浇混凝土框架、剪力墙、梁、板）》的修编。本次修编按照《工程结构通用规范》（GB 55001—2021）、《建筑与市政工程抗震通用规范》（GB 55002—2021）、《混凝土结构通用规范》（GB 55008—2021）等强制性工程建设规范，结合近年来工程实践对图集提出的反馈意见，对图集原有内容进行了系统地梳理、修订。

22G101—2《混凝土结构施工图平面整体表示方法制图规则和构造详图（现浇混凝土板式楼梯）》是对16G101—2《混凝土结构施工图平面整体表示方法制图规则和构造详图（现浇混凝土板式楼梯）》的修编。本次修编依据全文强制性工程建设规范等现行标准，结合近年来工程实践对图集提出的反馈意见，对图集原有内容进行了系统的梳理、修订，同时考虑实际工程应用需要，新增了梯板由踏步段和低端平板构成的带滑动支座的BTb型，以及梯板由低端平板、踏步段和高端平板构成的带滑动支座的DTb型板式楼梯等内容。

22G101—3《混凝土结构施工图平面整体表示方法制图规则和构造详图（独立基础、条形基础、筏形基础、桩基础）》是对16G101—3《混凝土结构施工图平面整体表示方法制图规则和构造详图（独立基础、条形基础、筏形基础及桩基承台）》的修编。

本次修编按《工程结构通用规范》（GB 55001—2021）、《建筑与市政工程抗震通用规范》（GB55002—2021）、《建筑与市政地基基础通用规范》（GB 55003—2021）、《混凝土结构通用规范》（GB 55008—2021）等强制性工程建设规范，结合近年来工程实践对图集提出的反馈意见，对图集内容进行了系统的梳理、修订。图集适用于各类结构类型下现浇混凝土独立基础、条形基础、筏形基础（分为梁板式和平板式）及桩基础施工图设计。图集中包括常用的现浇混凝土独立基础、条形基础、筏形基础（分为梁板式和平板式）及桩基础的平面整体表示方法制图规则和构造详图两大部分内容。

### 1.1.3 平法施工图的制图规则

#### 1. 编制依据

根据住房和城乡建设部建质函〔2017〕255号"关于印发《2017年国家建筑标准设计编制工作计划》的通知"进行编制。

编制依据下列主要国家标准规范：

1）《工程结构通用规范》（GB 55001—2021）。

2）《建筑与市政工程抗震通用规范》（GB 55002—2021）。

3）《混凝土结构通用规范》（GB 55008—2021）。

4）《混凝土结构设计规范》（GB/T 50010—2010）。

5）《建筑抗震设计规范》（GB/T 50011—2010）。

6）《高层建筑混凝土结构技术规程》（JGJ 3—2010）。

7）《建筑结构制图标准》（GB/T 50105—2010）。

当依据的标准进行修订或有新的标准出版实施时，与现行工程建设标准不符的内容、限制或淘汰的技术产品视为无效。工程技术人员在参考使用时应注意加以区分，并应对相关内容进行复核后使用。

#### 2. 编制内容

1）内容包括现浇钢筋混凝土框架结构、剪力墙结构、框架—剪力墙结构、筒体结构、板柱—剪力墙结构的梁、柱、墙、板施工钢筋排布规则与构造详图。依据基本原则和具体要求，指导施工时钢筋排布构造深化设计，使实际施工建造方案与规范规定和设计构造要求紧密结合。

2）对《混凝土结构施工图平面整体表示方法制图规则和构造详图（现浇混凝土框架、剪力墙、梁、板）》（22G101—1）图集构造内容在施工时钢筋排布构造的深化设计。

#### 3. 适用范围

1）适用于抗震设防烈度为6～9度地区的现浇钢筋混凝土框架、剪力墙、框架—剪力墙、框支剪力墙、筒体等结构的梁、柱、墙、板；适用于抗震设防烈度为6～8度地区的板柱—剪力墙结构的梁、柱、墙、板。

2）可供建筑施工、设计、监理等人员使用；可指导施工人员进行钢筋施工排布设计、钢筋翻样计算和现场安装，确保施工时钢筋排布规范有序，使实际施工建造满足规范规定和设计要求；可辅助设计人员进行合理的构造方案选择，实现设计构造与施工建造的有机衔接，全面保证工程设计与施工质量。

### 4. 其他说明

1）在钢筋排布与构造详图中编入了目前国内常用且较为成熟的构造做法。施工时，除遵照本图集的有关钢筋排布构造要求外，应注意具体工程的设计要求。图集中其他未尽事项，应由设计与施工技术人员在具体工程中确定。

2）当钢筋排布影响到构件截面有效高度时，应经设计确认后使用。

3）涉及90°弯折锚固时所述"平直段长度"及"弯折段长度"均是指包括弯弧在内的投影长度，如图1-1所示。

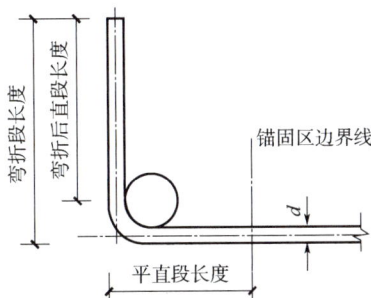

图 1-1 90°弯折锚固

4）尺寸以毫米（mm）为单位，标高以米（m）为单位。

5）为了确保施工人员准确无误地按平法施工图进行施工，在具体工程施工图中必须写明以下与平法施工图密切相关的内容：

①注明所选用平法标准图的图集号（如图集22G101—1），以免图集升版后在施工中用错版本。

②写明混凝土结构的设计使用年限。

③写明抗震设防烈度及抗震等级，以明确选用相应抗震等级的标准构造详图；去掉非抗震也应注明。

④写明各类构件在不同部位所选用的混凝土的强度等级和钢筋级别，以确定相应纵向受拉钢筋的最小锚固长度及最小搭接长度等。

当采用机械锚固形式时，设计者应指定机械锚固的具体形式、必要的构件尺寸以及质量要求。

⑤当标准构造详图有多种可选择的构造做法时写明在何部位选用何种构造做法；当未写明时，则表示设计人员自动授权施工人员可以任选一种构造做法进行施工。

⑥写明柱（包括墙柱）纵筋、墙身分布筋、梁上部贯通筋等在具体工程中需接长时所采用的连接形式及有关要求；必要时，尚应注明对接头的性能要求。

轴心受拉及小偏心受拉构件的纵向受力钢筋不得采用绑扎搭接，设计者应在平法施工图中注明其平面位置及层数。

⑦写明结构不同部位所处的环境类别。

⑧注明上部结构的嵌固部位位置；框架柱嵌固部位不在地下室顶板，但仍需考虑地下室顶板对上部结构实际存在嵌固作用时，也应注明。

⑨设置后浇带时，注明后浇带的位置、浇筑时间和后浇混凝土的强度等级以及其他特殊要求。

⑩当柱、墙或梁与填充墙需要拉结时，其构造详图应由设计者根据墙体材料和规范要求选用相关国家建筑标准设计图集或自行绘制。

⑪当具体工程需要对22G101图集的标准构造详图做局部变更时，应注明变更的具体内容。

⑫当具体工程中有特殊要求时，应在施工图中另加说明。

【例1-1】什么是平法？平法的表达形式是什么？

【解】平法是指建筑混凝土结构施工图平面整体表示方法。

平法的表达形式，概括来讲，是把结构构件的尺寸和配筋等，按照平面整体表示方法制图规则，整体直接表达在各类构件的结构平面布置图上，再与标准构造详图相配合，即构成一套新型完整的结构设计施工图纸。改变了传统的那种将构件从结构平面布置图中索引出来，再逐个绘制配筋详图的烦琐方法。

# 1.2　钢筋算量的基本知识

## 1.2.1　钢筋基本知识

### 1. 钢筋的分类

钢筋的分类见表1-1。

钢筋形状　　冷轧带肋钢筋　　冷拉钢的特点
　　　　　　表面及截面形状

表 1-1　钢筋的分类

| 按生产工艺划分 | 热轧钢筋（经热轧并自然冷却成型的钢筋） |
| --- | --- |
| | 冷拔钢丝 |
| | 余热处理钢筋（经热轧后立即穿水，进行表面冷却，再利用芯部余热来完成回火处理后所得到的成品钢筋） |
| | 冷拉钢筋（对热轧钢筋进行冷拉） |
| | 碳素钢丝 |
| 按屈服强度划分 | Ⅱ级钢筋（屈服强度300MPa以上） |
| | Ⅲ级钢筋（屈服强度400MPa以上） |
| | Ⅳ级钢筋（屈服强度500MPa以上） |
| | Ⅴ级钢筋（屈服强度600MPa以上） |
| 按品种划分 | 光圆钢筋 |
| | 带肋钢筋 |
| | 扭转钢筋 |
| 按化学成分划分 | 低合金高强度结构钢筋 |
| | 非合金钢钢筋 |
| | 不锈钢钢筋 |
| 按供应形式划分 | 盘圆钢筋（直径6～10mm） |
| | 直条钢筋（长度为6～12m，根据需要可按定尺供应） |

### 2. 钢筋的表示方法

（1）普通钢筋的表示方法　普通钢筋的表示方法见表1-2。

表1-2　普通钢筋的表示方法

| 序号 | 名称 | 图例 |
|---|---|---|
| 1 | 钢筋断面 | ● |
| 2 | 无弯钩的钢筋端部 | |
| 3 | 带半圆形弯钩的钢筋端部 | |
| 4 | 带直钩的钢筋端部 | |
| 5 | 带螺纹的钢筋端部 | |
| 6 | 无弯钩的钢筋搭接 | |
| 7 | 带半圆弯钩的钢筋搭接 | |
| 8 | 带直钩的钢筋搭接 | |
| 9 | 花篮螺栓的钢筋接头 | |
| 10 | 机械连接的钢筋接头 | |

注：无弯钩的钢筋端部下图表示长、短钢筋投影重叠时，短钢筋的端部用45°短画线表示；机械连接的钢筋接头用文字说明机械连接的方式（如冷挤压或直螺纹等）。

钢筋冷拉　　　钢筋冷拔

（2）预应力钢筋的表示方法　预应力钢筋的表示方法见表1-3。

表1-3　预应力钢筋的表示方法

| 序号 | 名称 | 图例 |
|---|---|---|
| 1 | 预应力钢筋或钢绞线 | |
| 2 | 后张法预应力钢筋断面<br>无粘结预应力钢筋断面 | ⊕ |
| 3 | 预应力钢筋断面 | + |
| 4 | 张拉端锚具 | |

（续）

| 序号 | 名称 | 图例 |
|------|------|------|
| 5 | 固定端锚具 | 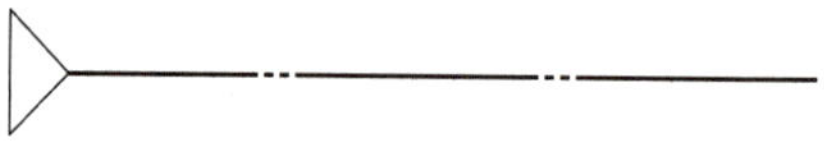 |
| 6 | 锚具的端视图 | 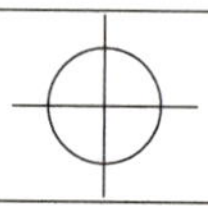 |
| 7 | 可动连接件 | 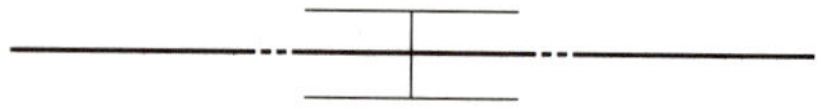 |
| 8 | 固定连接件 | 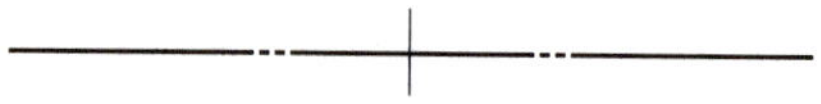 |

（3）钢筋网片的表示方法　钢筋网片的表示方法见表1-4。

表1-4　钢筋网片的表示方法

| 序号 | 名称 | 图例 |
|------|------|------|
| 1 | 一片钢筋网平面图 | 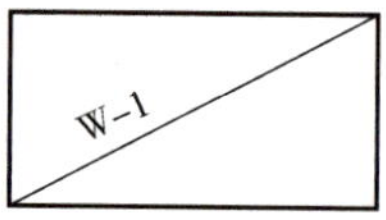 W-1 |
| 2 | 上行相同的钢筋网平面图 | 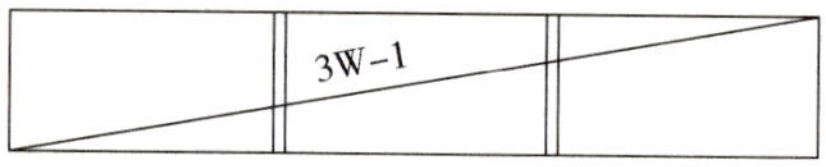 3W-1 |

（4）钢筋的画法　钢筋的画法见表1-5。

表1-5　钢筋的画法

| 序号 | 说明 | 图例 |
|------|------|------|
| 1 | 在结构楼板中配置双层钢筋，底层钢筋的弯钩应向上或向左，顶层钢筋的弯钩则应向下或向右 | 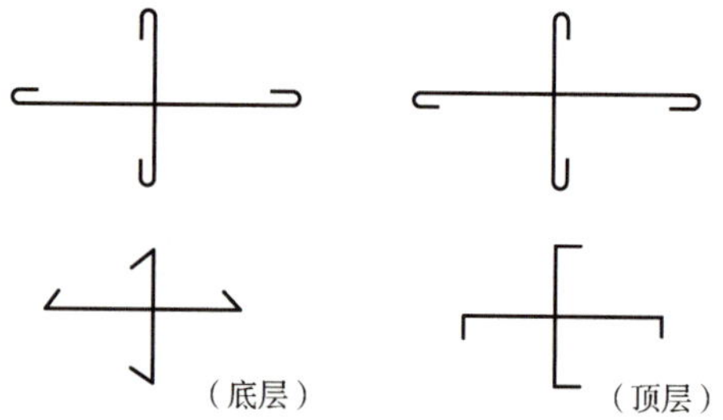 （底层）　（顶层） |
| 2 | 钢筋混凝土墙体配双层钢筋时，在配筋立面图中，远面钢筋的弯钩应向上或向左，而近面钢筋弯钩应向下或向右（JM——近面，YM——远面） | 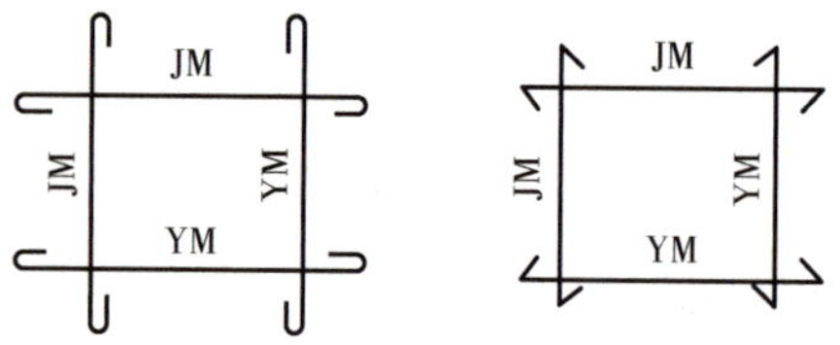 JM　YM |

（续）

| 序号 | 说明 | 图例 |
|------|------|------|
| 3 | 若在断面图中不能表达清楚钢筋布置，应在断面图外增加钢筋大样图（如钢筋混凝土墙、楼梯） | |
| 4 | 若图中所表示的箍筋、环筋等布置复杂时，可加画钢筋大样及说明 | |
| 5 | 每组相同的钢筋、箍筋或环筋，可用一根粗实线表示，同时用一根带斜短画线的横穿细线，表示其钢筋及起止范围 | |

### 3. 钢筋的标注

钢筋的直径、根数或相邻钢筋中心距一般采用引出线方式进行标注，其标注有以下两种形式：

1）标注钢筋的根数和直径内受力钢筋，标注形式如图 1-2 所示。

2）标注钢筋的直径和相邻钢筋中心距。梁、柱内箍筋和板内钢筋标注如图 1-3 所示。

```
2 Φ 20
       ├── 钢筋直径
       ├── 钢筋级别
       └── 钢筋数量
```

```
Φ10@100
       ├── 间距值
       ├── 间距符号
       ├── 钢筋直径
       └── 钢筋级别
```

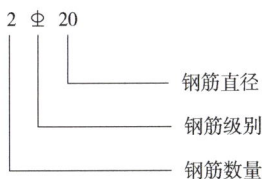

图 1-2　受力钢筋标注　　　　图 1-3　梁、柱内箍筋和板内钢筋标注

## 1.2.2　钢筋算量基本内容及总体思路

### 1. 钢筋计算前的准备工作

钢筋计算前需要认真阅读和审查图样，在此基础上进行平法钢筋计算的计划及部署。

通常所说的图样是指土建施工图样。施工图一般分为"建施"和"结施"，"建施"即建筑施工图，"结施"即结构施工图。钢筋计算主要使用结构施工图。当房屋结构比较复杂，单纯看结构施工图不容易看懂时，可以结合建筑施工图的平面图、立面图和剖面图，以便于理解某些构件的位置和作用。

看图样一定要注意阅读最前面的设计说明，因为里面有许多重要的信息和数据，还包含一些在具体构件图样上没有画出的一些工程做法。对于钢筋计算来说，设计说明中的重要信息和数据有：房屋设计中采用哪些设计规范和标准图集、抗震等级（以及抗震设防烈度）、混凝土强度等级、钢筋的类型、分布钢筋的直径和间距等。认真阅读设计说明，可以对整个工程有一个总体的印象。

要认真阅读图样目录，根据目录对照具体的每一张图样，看看手中的施工图样有无缺漏，然后浏览每一张结构平面图。首先明确每张结构平面图所适用的范围：是几个楼层合用一张结构平面图，还是每一个楼层分别使用一张结构平面图？再对比不同的结构平面图，看看它们之间有什么联系和区别。看各楼层之间的结构有哪些是相同的，有哪些是不同的，以便于划分"标准层"，制订钢筋计算的计划。

平法施工图主要是通过结构平面图来表示。但是，对于某些复杂的或者特殊的结构或构造，设计者会给出构造详图，在阅读图样时要注意观察和分析。在阅读和审查图样的过程中，要注意把不同的图样进行对照和比较，要善于读懂图样，更要善于发现图样中的问题。设计者也难免会出错，而施工图是进行施工和工程预算的依据，如果图样出错了，后果将是严重的。在将结构平面图、建筑平面图、立面图和剖面图对照比较的过程中，要注意平面尺寸的对比和标高尺寸的对比。

钢筋接头

### 2. 钢筋计算的计划及部署

在充分地阅读和研究图样的基础上，就可以进行平法钢筋计算的计划及部署。其中关键是楼层划分中如何正确划定标准层的问题。

在楼层划分时，要比较各楼层的结构平面图的布局，看看哪些楼层是类似的，尽管不能纳入同一个标准层进行处理，但是可以在分层计算钢筋的时候，尽量利用前面某一楼层计算的结果。在运行平法钢筋计算软件时，也可以使用"楼层拷贝"功能，把前面某一个楼层的平面布置连同钢筋标注都拷贝过来，稍加修改，就能计算出新楼层的钢筋工程量。

工程钢筋汇总

一般在楼层划分时，有些楼层是需要单独进行计算的，包括基础、地下室、一层、中间的柱（墙）变截面楼层、顶层。

在进行钢筋计算之前，还必须准备好进行钢筋计算的基础数据，包括抗震等级（及抗震设防烈度）、混凝土强度等级、各类构件的保护层厚度、各类构件钢筋的类型、各类构件的钢筋锚固长度和搭接长度、分布钢筋的直径和间距等。

钢筋混凝土保护层

### 3. 钢筋计算常用数据

（1）混凝土保护层　混凝土保护层的最小厚度见表 1-6。

表 1-6　混凝土保护层的最小厚度　　　　　　　　（单位：mm）

| 环境类别 | 板、墙 | 梁、柱 |
| --- | --- | --- |
| 一 | 15 | 20 |
| 二 a | 20 | 25 |
| 二 b | 25 | 35 |
| 三 a | 30 | 40 |
| 三 b | 40 | 50 |

（2）受拉钢筋的基本锚固长度　受拉钢筋的基本锚固长度 $l_{ab}$、$l_{abE}$ 见表 1-7。

表 1-7 受拉钢筋的基本锚固长度 $l_{ab}$、$l_{abE}$

| 钢筋种类 | 抗震等级 | 混凝土强度等级 | | |
|---|---|---|---|---|
| | —— | C25 | C30 | C35 |
| HPB300 | 一、二级（$l_{abE}$） | 39d | 35d | 32d |
| | 三级（$l_{abE}$） | 36d | 32d | 29d |
| | 四级（$l_{abE}$）非抗震（$l_{ab}$） | 34d | 30d | 28d |
| HRB400 HRBF400 RRB400 | 一、二级（$l_{abE}$） | 46d | 40d | 37d |
| | 三级（$l_{abE}$） | 42d | 37d | 34d |
| | 四级（$l_{abE}$）非抗震（$l_{ab}$） | 40d | 35d | 32d |
| HRB500 HRBF500 | 一、二级（$l_{abE}$） | 55d | 49d | 45d |
| | 三级（$l_{abE}$） | 50d | 45d | 41d |
| | 四级（$l_{abE}$）非抗震（$l_{ab}$） | 48d | 43d | 39d |

钢筋的锚固

（3）钢筋的计算截面面积及理论重量　钢筋的计算截面面积及理论重量见表 1-8。

表 1-8 钢筋的计算截面面积及理论重量

| 公称直径/mm | 不同根数钢筋的计算截面面积/mm² | | | | | | | | | 单根钢筋的理论重量/（kg/m） |
|---|---|---|---|---|---|---|---|---|---|---|
| | 1 | 2 | 3 | 4 | 5 | 6 | 7 | 8 | 9 | |
| 6 | 28.3 | 57 | 85 | 113 | 142 | 170 | 198 | 226 | 255 | 0.222 |
| 8 | 50.3 | 101 | 151 | 201 | 252 | 302 | 352 | 402 | 453 | 0.395 |
| 10 | 78.5 | 157 | 236 | 314 | 393 | 471 | 550 | 628 | 707 | 0.617 |
| 12 | 113.1 | 226 | 339 | 452 | 565 | 678 | 791 | 904 | 1017 | 0.888 |
| 14 | 153.9 | 308 | 461 | 615 | 769 | 923 | 1077 | 1231 | 1385 | 1.21 |
| 16 | 201.1 | 402 | 603 | 804 | 100 | 1206 | 1407 | 1608 | 1809 | 1.58 |
| 18 | 254.5 | 509 | 763 | 1017 | 1272 | 1527 | 1781 | 2036 | 2290 | 2.00（2.11） |
| 20 | 314.2 | 628 | 942 | 1256 | 1570 | 1884 | 2199 | 2513 | 2827 | 2.47 |
| 22 | 380.1 | 760 | 1140 | 1520 | 1900 | 2281 | 2661 | 3041 | 3421 | 2.98 |
| 25 | 490.9 | 982 | 1473 | 1964 | 2454 | 2945 | 3436 | 3927 | 4418 | 3.85（4.10） |
| 28 | 615.8 | 1232 | 1847 | 2463 | 3079 | 3695 | 4310 | 4926 | 5542 | 4.83 |
| 32 | 804.2 | 1609 | 2413 | 3217 | 4021 | 4826 | 5630 | 6434 | 7238 | 6.31（6.65） |
| 36 | 1017.9 | 2036 | 3054 | 4072 | 5089 | 6107 | 7125 | 8143 | 9161 | 7.99 |
| 40 | 1256.6 | 2513 | 3770 | 5027 | 6283 | 7540 | 8796 | 10053 | 11310 | 9.87（10.34） |
| 50 | 1963.5 | 3928 | 5892 | 7856 | 9820 | 11784 | 13748 | 15712 | 17676 | 15.4（16.28） |

注：括号内为预应力螺纹钢筋的数值。

【例 1-2】钢筋是如何分类的？

【解】按生产工艺划分为：热轧钢筋、冷拔钢丝、余热处理钢筋、冷拉钢筋、碳素钢丝。

按屈服强度划分为：Ⅱ级钢筋、Ⅲ级钢筋、Ⅳ级钢筋、Ⅴ级钢筋。

按品种划分为：光圆钢筋、带肋钢筋、扭转钢筋。

按化学成分划分为：低合金高强度结构钢筋、非合金钢钢筋、不锈钢钢筋。

按供应形式划分为：盘圆钢筋、直条钢筋。

# 素质拓展案例

## 平　法

**1. 平法的产生**

国内传统设计方法效率低、质量难以控制。日本的结构图样没有节点构造详图，节点构造详图由建筑公司（施工单位）进行二次设计，设计效率高、质量得以保证。美国的结构设计只给出配筋面积，具体配筋方式由建筑公司处理。据此中国传统的设计方法也必须进行改革。

**2. 平法的原理**

设计流程：设计结构体系→结构分析（力学分析）→结构施工图设计。

结构设计有使用价值，是一种特殊的商品，分为创造性劳动和重复性劳动（非创造性劳动）。由结构工程师完成创造性设计部分（创造性劳动），节点构造、节点外构造不是结构工程师的劳动成果，是引用的规范（注：节点构造是算不出来的，是由研究人员试验出来的）。传统的单构件正投影表示方法将创造性劳动和非创造性劳动混在一起，节点内构造和节点外构造的设计属于重复性劳动（非创造性劳动）。基于此产生了结构标准化、构造标准化的思路，用数字化、符号化的表示方法即平面整体表示方法表示创造性设计。平面整体设计方法含表示方法和标准图两部分。节点构造标准化后，施工单位的劳动量加大。

**3. 平法的应用**

1991年9月平法开始在山东进行工程应用。构造图适合于所有的构件，平法一张图上都有，使用非常方便。平法推出后，有坚决支持、坚决反对、不表态三种态度，后来将专利贡献给了国家，成为国家标准。

平法是给从事结构设计与施工的专业人员看的，提高了科技含量，非专业人员很难看懂，设计方法的改革也促进了施工单位技术人员水平的提高。平法是结构设计领域的一次革命，提高效率两倍以上，能够使中国结构界不合理的人员配置情况得到改善。

# 本章小结

通过学习本章的内容，了解钢筋识图的基本知识，了解钢筋基本知识，掌握钢筋算量基本内容及总体思路，同学们可以对平法钢筋基本知识有一个基本的认知，为以后继续学习相关知识打下坚实的基础。

# 实训练习

## 一、单项选择题

1. 平法是指建筑混凝土（　　）表示方法。

   A. 结构施工图平面整体               B. 结构施工图立面整体

　　C. 建筑施工图平面整体　　　　　　　D. 建筑施工图立面整体

2. 建筑图样分为（　　）两部分。

　　A. 平面施工图和立面施工图　　　　　B. 建筑施工图和结构施工图

　　C. 建筑施工图和平面施工图　　　　　D. 立面施工图和结构施工图

3. 基础、柱墙、梁、板均为完整的子系统体现了各子系统的（　　）。

　　A. 层次性　　　　B. 关联性　　　　C. 相对完整性　　　D. 实用性

## 二、多项选择题

1. 平法的系统科学原理在于平法视全部设计过程与施工过程为一个完整的主系统，主系统由多个子系统构成，各子系统有明确的（　　）。

　　A. 层次性　　　　B. 关联性　　　　C. 相对完整性　　　D. 实用性

　　E. 简洁性

2. 钢筋按生产工艺划分为（　　）。

　　A. 热轧钢筋　　　　B. 冷拔钢丝　　　　C. 余热处理钢筋　　　D. 冷拉钢筋

　　E. 光圆钢筋

3. 钢筋按品种划分为（　　）

　　A. 光圆钢筋　　　　　　　　　　　B. 带肋钢筋

　　C. 扭转钢筋　　　　　　　　　　　D. 低合金高强度结构钢筋

　　E. 非合金钢钢筋

## 三、简答题

1. 简述平法的系统科学原理以及各子系统的特性。

2. 为了确保施工人员准确无误地按平法施工图进行施工，在具体工程施工图中必须写明的内容有哪些？

# 实训工作单

| 班级 | | 姓名 | | 日期 | |
|------|------|------|------|------|------|
| 教学项目 | | | 平法钢筋基本知识 | | |
| 学习项目 | 钢筋识图的基本知识<br>钢筋算量的基本知识 | | 学习要求 | | 了解钢筋识图的基本知识，了解钢筋基本知识，掌握钢筋算量基本内容及总体思路 |
| 相关知识 | | | | | |
| 其他内容 | | | | | |
| 学习记录 | | | | | |
| 评语 | | | | 指导老师 | |

# 第2章

# 框架柱

## 【学习目标】

1）掌握框架柱的注写方式。

2）了解框架柱的平法施工图识图步骤。

3）掌握框架柱基本构造识图。

4）掌握钢筋识图方法和框架柱基础插筋、顶层柱纵筋、框架柱箍筋和地下室柱纵筋的钢筋计算规则。

## 【素质目标】

帮助学生理解框架柱的知识，明白结构受力特征，培养学生专业技能。

## 【教学目标】

| 本章要点 | 掌握层次 | 相关知识点 |
|---|---|---|
| 柱平法施工图的表示方法 | 掌握框架柱的注写方式 | 列表注写方式、截面注写方式 |
| 框架柱钢筋识图方法 | 1）了解框架柱的平法施工图识图步骤<br>2）掌握框架柱基本构造识图 | 框架柱纵向钢筋连接构造，地下室框架柱纵向钢筋构造，边柱和角柱柱顶纵向钢筋构造，中柱柱顶纵向钢筋构造，变截面位置纵向钢筋构造，箍筋加密区钢筋构造 |
| 框架柱钢筋算量 | 掌握钢筋识图方法和框架柱基础插筋、顶层柱纵筋、框架柱箍筋和地下室柱纵筋的钢筋计算规则 | 框架柱钢筋计算 |

## 【项目案例导入】

如图 2-1 所示为 KZ1 纵筋示意图，如果此图为一根边（角）柱的示意图，其中 $l_e$、$l_{ae}$ 为 $34d$，层高为 3.6m，一共 3 层。

## 【项目问题导入】

试求顶层边（角）柱外侧钢筋的长度。

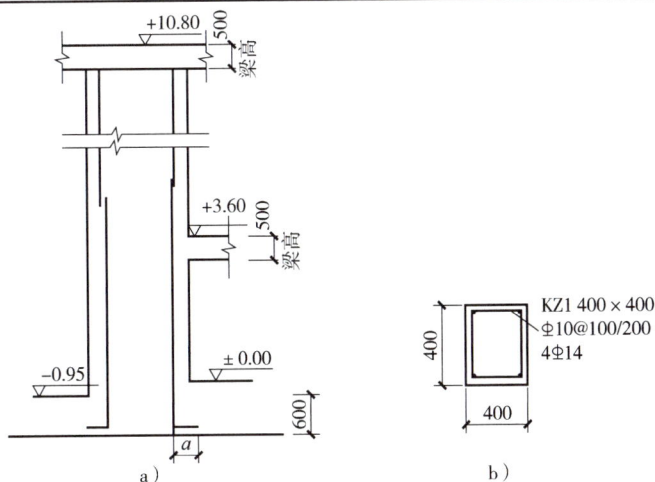

图 2-1  KZ1 纵筋示意图
a）纵剖面  b）横剖面

# 2.1 柱平法施工图的表示方法

## 2.1.1 框架柱列表注写方式

列表注写

### 1. 列表注写方式概述

列表注写方式是在柱平面布置图上（一般只需要采用适当比例绘制一张柱平面布置图，包括框架柱、框支柱、梁上柱、剪力墙上柱），分别在同一编号的柱中，选择一个（有时需要几个）截面标注几何参数代号；在柱表中注写柱号、柱段起止标高、几何尺寸（含柱截面对轴线的偏心情况）与配筋的具体数值，并配以各种柱截面形状及其箍筋类型图的方式，来表达柱平面施工图。

### 2. 柱表注写的内容

1）注写柱编号：柱编号由柱类型、代号和序号组成。编号时，当柱的总高、分段截面尺寸和配筋均对应相同，仅分段截面与轴线的关系不同时，仍可将其编为同一柱号，但应在图中注明截面与轴线的关系。注写柱编号时应符合表 2-1 的规定。

表 2-1　柱编号

| 柱类型 | 代号 | 序号 |
|---|---|---|
| 框架柱 | KZ | ×× |
| 转换柱 | ZHZ | ×× |
| 芯柱 | XZ | ×× |

2）注写各段柱的起止标高：柱施工图用列表标注方式标注柱的各段起止标高时，自柱根部往上，以变截面位置或截面未变但配筋改变处为界分段标注。梁上起框架柱的根部标高是指梁顶面标高；剪力墙上起框架柱的根部标高为墙顶面标高。从基础起的柱，其根部标高是指基础顶面标高。当屋面框架梁上翻时，框架柱顶标高应为梁顶面标高。芯柱的根部标高是指根据结构实际需要而定的起始位置标高。

3）注写柱截面尺寸：

①对于矩形柱，注写柱截面尺寸 $b \times h$ 及与轴线关系的几何参数代号 $b_1$、$b_2$ 和 $h_1$、$h_2$ 的具体数值，须对应于各段柱分别注写。其中 $b = b_1 + b_2$，$h = h_1 + h_2$。

②对于圆形柱，截面尺寸用柱直径 $d$ 表示，圆柱截面与轴线的关系也用 $b_1$、$b_2$ 和 $h_1$、$h_2$ 表示，并使 $d = b_1 + b_2 = h_1 + h_2$。

③对于芯柱，根据结构需要，可以在某些框架柱的一定高度范围内，在其内部的中心位置设置（分别引注其柱编号）。芯柱中心应与柱中心重合，并标注其截面尺寸，按 22G101—1 图中的标准构造详图施工；当设计者采用与构造详图不同的做法时，应另行注明。芯柱定位随框架柱，不需要注写其与轴线的几何关系。

4）注写柱纵筋：当柱纵筋直径相同，各边根数也相同时（包括矩形柱、圆柱和芯柱），将纵筋注写在"全部纵筋"一栏，除此之外，柱纵筋分角筋、截面 $b$ 边中部筋和 $h$ 边中部筋三项分别注写。注写时，$b$ 边、$h$ 边两边相同时，均只注写单面一侧的钢筋。

5）注写箍筋类型及箍筋肢数，在箍筋类型栏内注写。

具体工程所设计的各种箍筋类型图以及箍筋复合的具体方式，须注写在表的上部或图中的适当位置，并在其上标注与表中相对应的 $b$、$h$ 和编上类型号。

6）注写柱箍筋：包括钢筋级别、直径与间距。

①当为抗震设计时，用"/"区分柱端箍筋加密区与柱身非加密区长度范围内箍筋的不同间距。

②施工人员需根据标准构造详图的规定，在规定的几种长度值中取其最大者作为加密区长度。

③当框架节点核芯区内箍筋与柱端箍筋设置不同时，应在括号中注明核芯区箍筋直径及间距。

7）当箍筋沿柱全高为一种间距时，则不使用"/"。

8）当圆柱采用螺旋箍筋时，需在箍筋前加"L"。

### 2.1.2 框架柱截面注写方式

1）在柱平面布置图的柱截面上，分别在同一编号的柱中选择一个截面，以直接标注截面尺寸和配筋具体数值的方式来表达柱平法施工图。从相同编号的柱中选择一个截面，按另一种比例原位放大绘制柱截面配筋图，并在各配筋图上继其编号后再标注截面尺寸 $b \times h$、角筋或全部纵筋、箍筋的具体数值以及在柱截面配筋图上标注柱截面与轴线关系的具体数值。

2）对除芯柱之外的所有柱截面进行编号，从相同编号的柱中选择一个截面，按另一种比例原位放大绘制柱截面配筋图，并在各配筋图上继其编号后再注写截面尺寸 $b \times h$、角筋或全部纵筋、箍筋的具体数值，以及在柱截面配筋图上标注柱截面与轴线关系 $b_1$、$b_2$、$h_1$、$h_2$ 的具体数值。

3）当纵筋采用两种直径时，须再注写截面各边中部筋的具体数值（对于采用对称配筋的矩形截面柱，可仅在一侧注写中部筋，对称边省略不注）。

4）在某些框架柱的一定高度范围内，在其内部的中心位设置芯柱时，首先进行编号，继其编号之后注写芯柱的起止标高、全部纵筋及箍筋的具体数值，芯柱截面尺寸按构造确定，并按标准构造详图施工，设计不注；当设计者采用与本构造详图不同的做法时，应另行注明。芯柱定位随框架柱，不需要注写其与轴线的几何关系。

5）在截面注写方式中，如柱的分段截面尺寸和配筋均相同，仅分段截面与轴线的关系不同时，可将其编写为同一柱号。但应在未画配筋的柱截面上注写该柱截面与轴线关系的具体尺寸。截面注写如图 2-2 所示。

图 2-2 中 KZ2 集中标注表达的意思如下：

$650 \times 600$：表示柱的截面尺寸为 650mm（宽）$\times$ 600mm（长）。

$22\underline{\Phi}22$：表示全部纵筋有 22 根，直径为 22mm 的三级钢筋。

$\Phi10@100/200$：表示柱的箍筋为直径 10mm 的一级钢筋，加密区间距为 100mm，非加密区间距为 200mm。

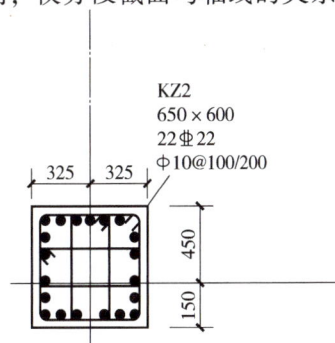

图 2-2 截面注写

【例2-1】 如图2-3所示为某柱子的截面注写方式，试分析其截面注写所表示的意思。

【解】 KZ1 集中标注表达的意思如下：

750×700：表示柱的截面尺寸为 750mm（宽）×700mm（长）。

24Φ25：表示全部纵筋有 24 根，直径为 25mm 的一级钢筋。

Φ10@100/200：表示柱的箍筋为直径 10mm 的一级钢筋，加密区间距为 100mm，非加密区间距为 200mm。

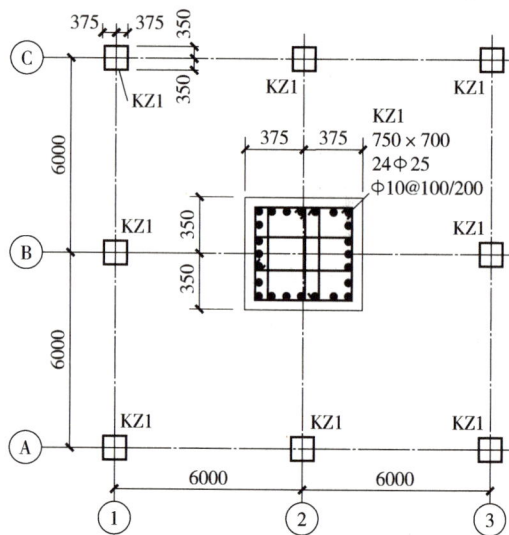

图 2-3　截面注写

## 2.2　框架柱钢筋识图方法

### 2.2.1　框架柱平法施工图识图步骤

#### 1. 框架柱构件平法施工图的内容

1）图名和比例。柱平法施工图的比例应与建筑平面图相同。

2）定位轴线及其编号、间距尺寸。

3）柱的编号、平面布置及其与轴线的几何关系。

4）每一种编号柱的标高、截面尺寸、纵筋和箍筋的配置情况。

5）必要的设计说明（包括对混凝土等材料性能的要求）。

独立柱和框架柱的区别

#### 2. 框架柱构件平法施工图识读步骤

1）查看图名、比例。

2）校核轴线编号及其间距尺寸，要求必须与建筑图、基础平面图保持一致。

3）与建筑图配合，明确各柱的编号、数量及位置。

4）阅读结构设计总说明或有关说明，明确柱的混凝土强度等级。

5）根据各柱的编号，查阅图中截面标注或柱表，明确柱的标高、截面尺寸和配筋情况，以及纵向钢筋连接的方式、位置和搭接长度、弯折要求、柱头锚固要求和箍筋加密的范围。

6）图样说明其他的有关要求。

框架柱构件钢筋种类

### 2.2.2　框架柱基本构造识图

#### 1. 基本识图

框架柱就是在框架结构中承受梁和板传来的荷载，并将荷载传给基础，是主要的竖向支承结构。柱承受梁、板的重量，是梁的支撑点，如图2-4所示。

该柱纵剖面图可反映出柱的高度、主筋形状、箍筋布置情况；横断面图可反映出柱的断

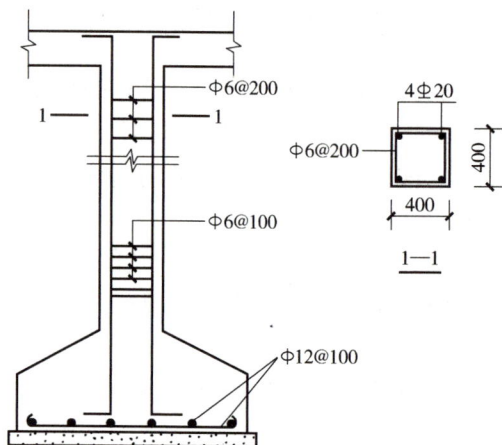

图 2-4　某柱纵剖面图和横断面图

面尺寸、主筋的根数等。柱主筋为 4 根直径为 20mm 的二级钢筋，非加密区箍筋为直径 6mm、间距 200mm 的一级钢筋。加密区箍筋为直径 6mm、间距 100mm 的一级钢筋。柱基配筋双向均为 $\phi12@100$。

## 2. 框架柱纵向钢筋连接构造

框架柱纵向钢筋的连接构造共分为绑扎连接、机械连接、焊接连接三种连接方式，如图 2-5 所示。

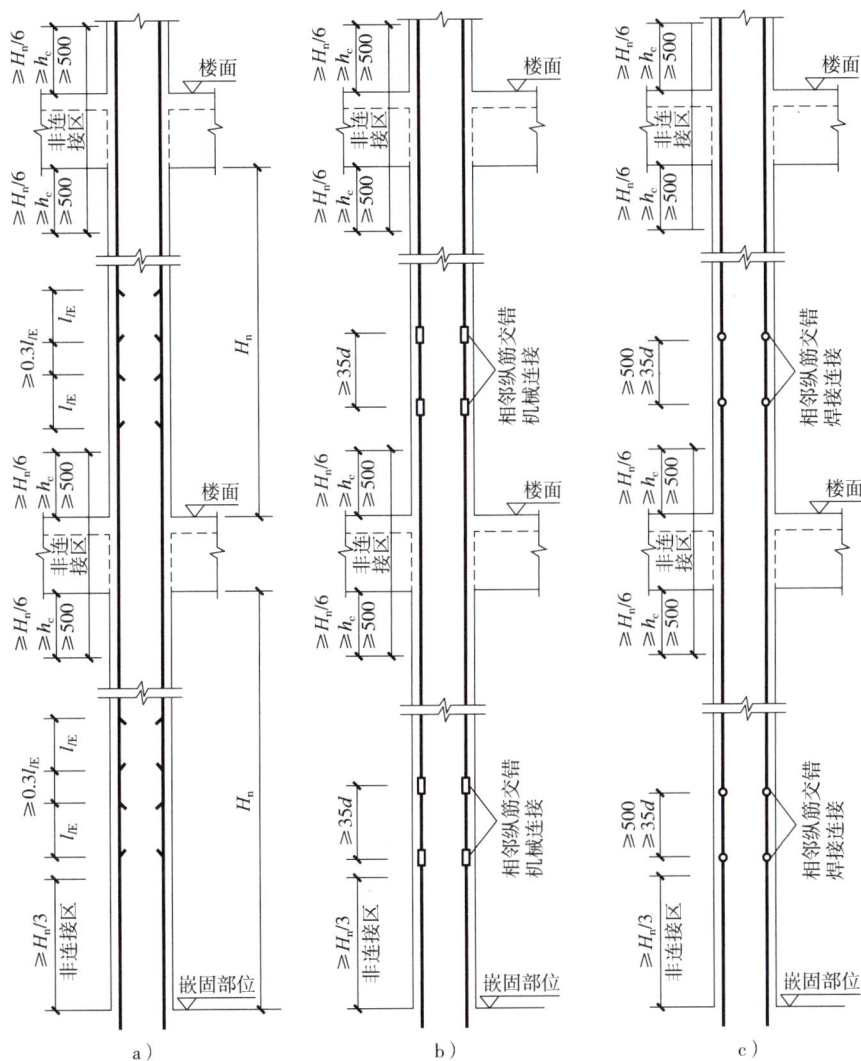

图 2-5　框架柱纵向钢筋的连接构造

a）绑扎连接　b）机械连接　c）焊接连接

$h_c$ 为柱截面长边尺寸（圆柱为截面直径）　$H_n$ 为所在楼层的柱净高

1）嵌固部位以上非连接区高度为 $\geqslant H_n/3$。$H_n$ 是从嵌固部位到顶板梁底的柱的净高。

2）楼层梁上下部位范围内的非连接区包括三个部分：梁底以下部分、梁中部分和梁顶以上部分。梁底面以下部分、梁顶面以上部分非连接区高度均为 $\geqslant H_n/6$、$\geqslant h_c$、$\geqslant 500mm$，即 $H_n/6$、$h_c$、500mm 中的较大值。梁中部分的非连接区长度 = 梁的截面高度。

3）柱子相邻纵向钢筋连接接头要相互错开，在同一截面内钢筋接头面积百分率不应大于50%，其中机械连接接头错开距离≥35d。焊接连接接头错开距离≥35d且≥500mm，绑扎搭接连接长度，接头错开的净距离≥0.3$l_{lE}$（$l_{lE}$是抗震的绑扎搭接长度）。

搭接接头

### 3. 地下室框架柱纵向钢筋构造

地下室框架柱纵向钢筋连接构造共分为绑扎搭接、机械连接、焊接连接三种连接方式，如图2-6所示。

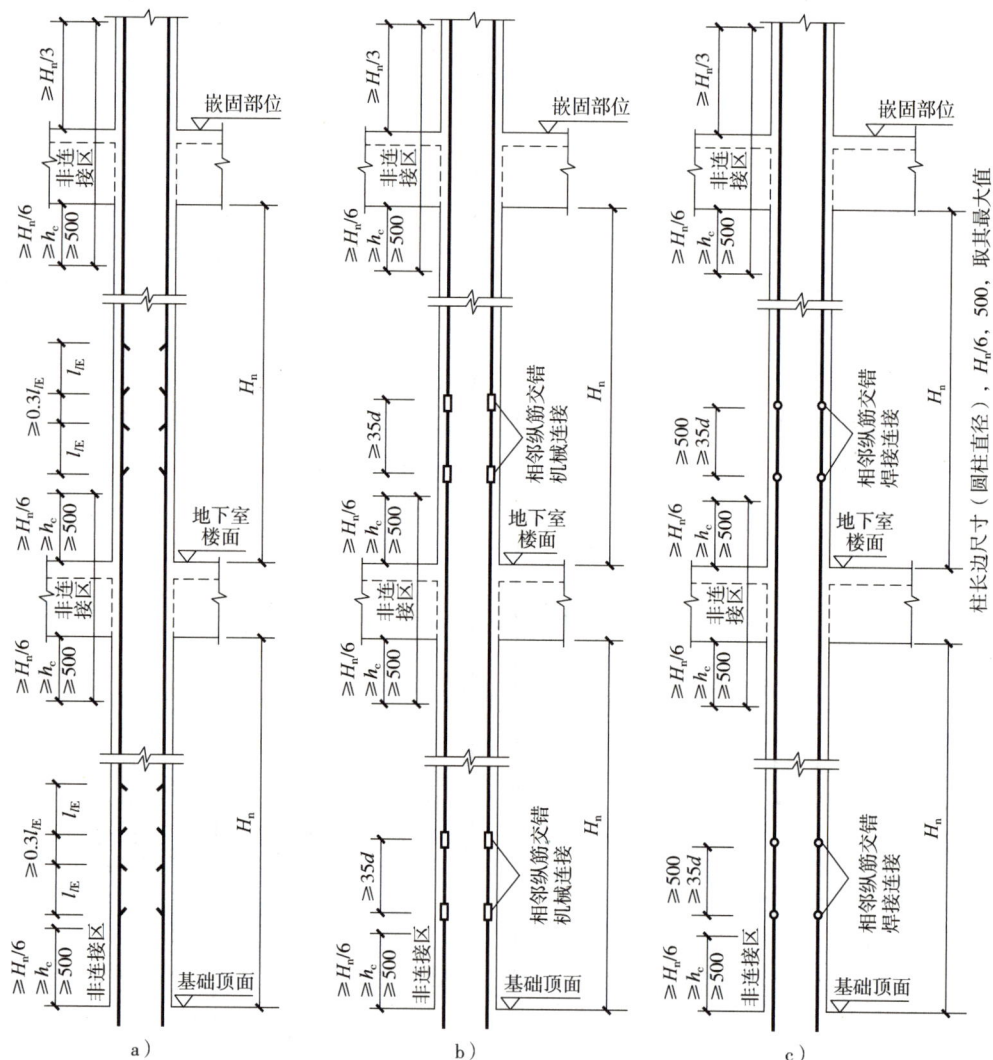

图2-6　地下室框架柱纵向钢筋连接构造

a）绑扎搭接　b）机械连接　c）焊接连接

1）上部结构的嵌固部位，即基础结构和上部结构的划分位置，基础顶面。

2）上部结构嵌固位置，柱纵筋非连接区高度为$H_n/3$。

3）地下室各层纵筋非连接区高度为 max（$H_n/6$、$h_c$、500mm）。

4）地下室顶面非连接区高度为$H_n/3$。

### 4. 框架柱边柱和角柱柱顶纵向钢筋构造

框架柱边柱与角柱柱顶有三个节点构造，如图2-7所示。顶层边柱和角柱

顶层边柱、角柱与中柱

的钢筋构造，先要区分内侧钢筋和外侧钢筋，区别的依据是角柱有两条外侧边，边柱只有一条外侧边。

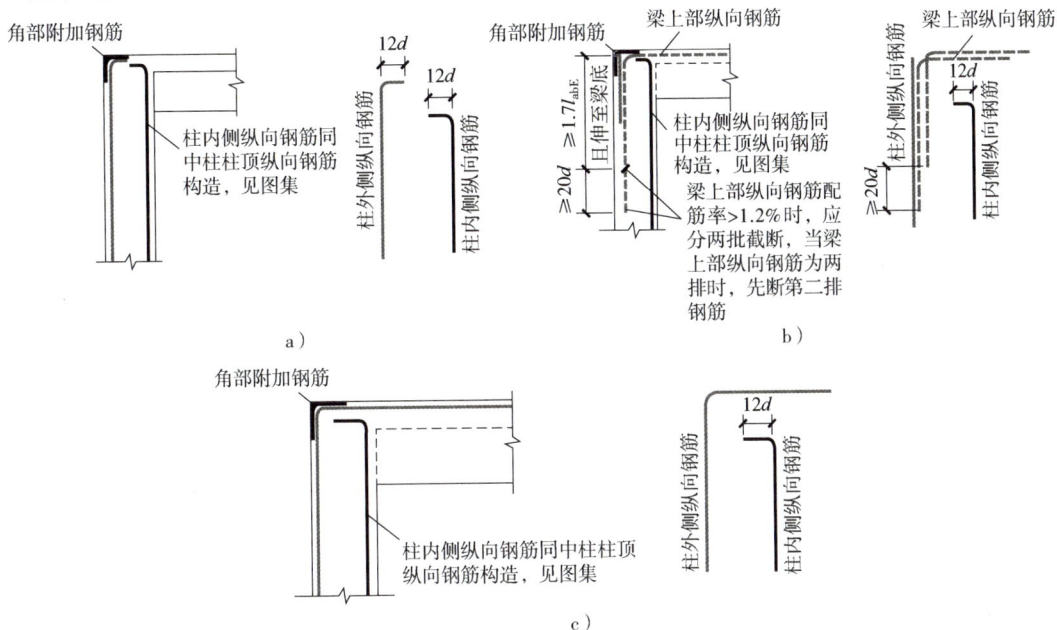

图 2-7　框架柱边柱和角柱柱顶纵向钢筋构造

a）梁宽范围内侧钢筋　　b）梁宽范围外侧钢筋　　c）梁宽范围内柱外侧钢筋

## 5. 框架柱中柱柱顶纵向钢筋构造

框架柱中柱柱顶纵向钢筋构造有四个节点构造，如图 2-8 所示。

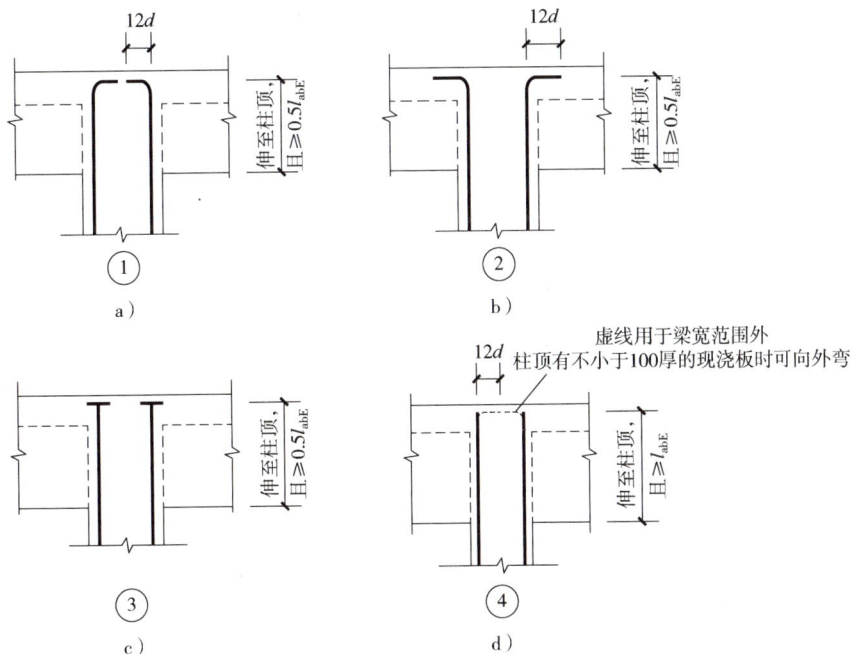

图 2-8　框架柱中柱柱顶纵向钢筋构造

a）节点 A　b）节点 B　c）节点 C　d）节点 D

1）节点 A 的构造要点：当柱纵筋直锚长度 $< l_{abE}$ 时，顶层中柱全部纵筋伸至柱顶弯折 $12d$。

2）节点 B 的构造要点：当柱纵筋直锚长度 $< l_{abE}$，柱顶有不小于 100mm 厚的现浇板时顶层中柱全部纵筋伸至柱顶弯折 $12d$。

3）节点 C 的构造要点：当柱纵筋直锚长度 $\geq 0.5 l_{abE}$ 时，顶层中柱全部纵筋伸至柱顶加锚头（锚板）。

4）节点 D 的构造要点：当直锚长度不小于 $l_{abE}$ 时，顶层中柱全部纵筋伸至柱顶直锚。

### 6. 框架柱变截面位置纵向钢筋构造

框架柱变截面位置纵向钢筋构造如图 2-9 所示。

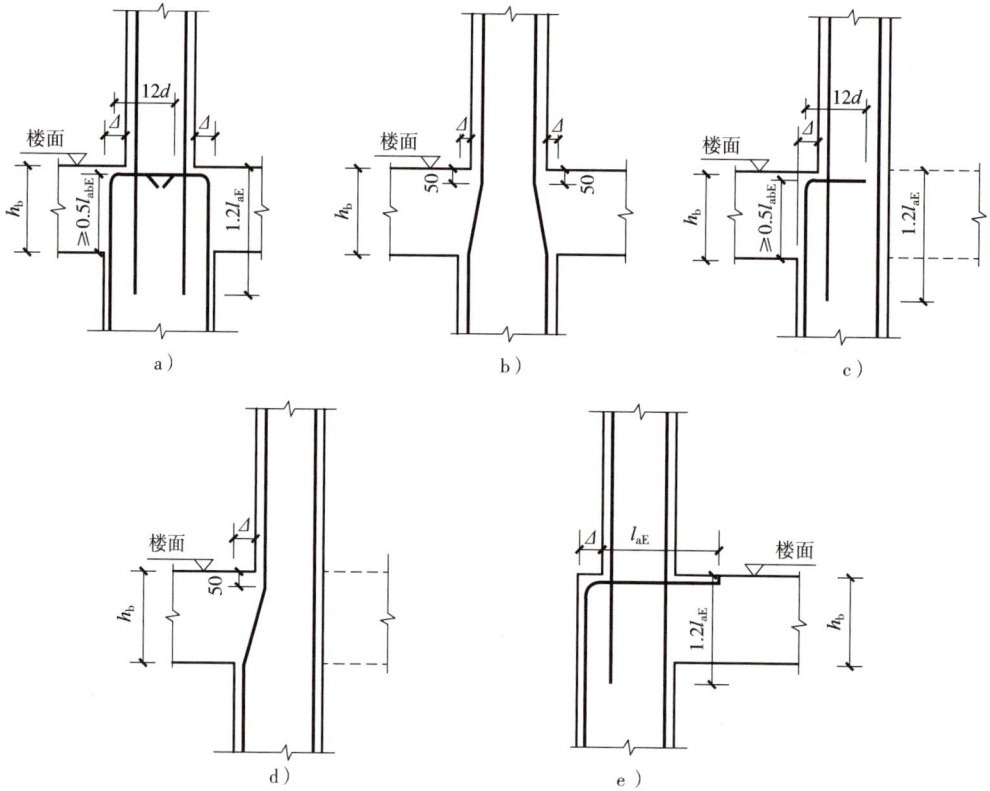

图 2-9　框架柱变截面位置纵向钢筋构造

a）构造 1　b）构造 2　c）构造 3　d）构造 4　e）外侧错台

1）构造 1（$\Delta / h_b > 1/6$）：下层柱纵筋断开，上层柱纵筋伸入下层；下层柱纵筋伸至该层顶 $12d$；上层柱纵筋伸入下层 $1.2 l_{aE}$。

2）构造 2（$\Delta / h_b \leq 1/6$）：下层柱纵筋斜弯连续伸入上层，不断开。

3）构造 3（$\Delta / h_b > 1/6$）：和构造 1 相同。

4）构造 4（$\Delta / h_b \leq 1/6$）：和构造 2 相同。

5）外侧错台：下层柱纵筋断开，上层柱纵筋伸入下层；下层柱纵筋伸至该层顶 $l_{aE}$；上层柱纵筋伸入下层 $1.2 l_{aE}$。

$\Delta$ 为上、下柱同向侧面错台的宽度；$h_b$ 为框架梁的截面高度。

### 7．框架柱的箍筋加密区钢筋构造

框架柱箍筋加密区的范围如图 2-10 所示。

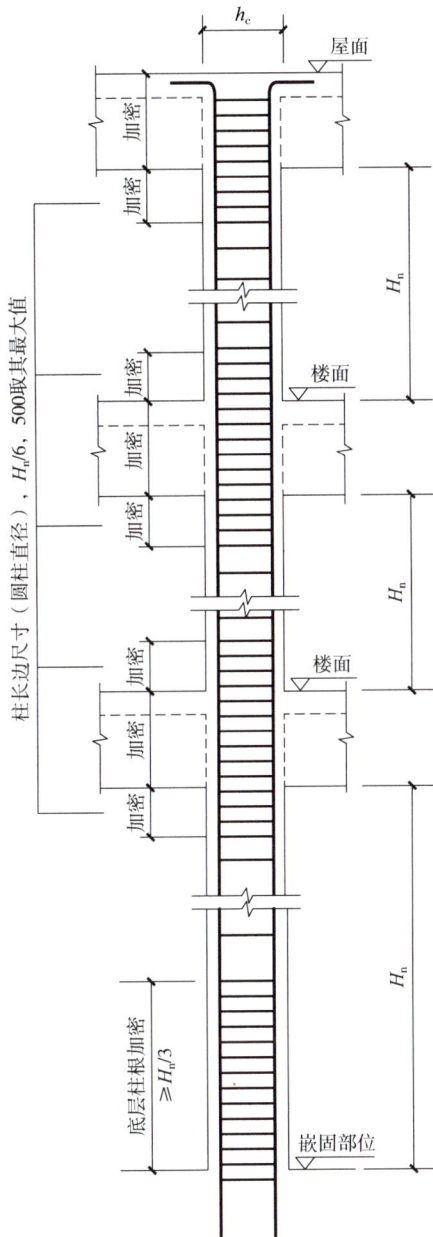

图 2-10　框架柱箍筋加密区的范围

1）基础内箍筋根数：间距≤500mm 且不少于两道矩形封闭箍筋（基础内箍筋为复合箍筋）。

2）地下室框架柱箍筋根数：加密区为地下室框架柱纵筋非连接区高度。

3）柱根位置：箍筋加密区高度为 $H_n/3$。

4）中间节点高度：当与框架柱相连的框架梁高度或标高不同，注意节点高度的范围。

5）节点区起止位置：框架柱箍筋在楼层位置分段进行布置，楼面位置起步距离为 50mm。

# 2.3 框架柱钢筋算量

## 2.3.1 框架柱基础插筋计算

框架柱的基础插筋由以下两部分组成：（以筏板基础为例）

1）伸出基础梁顶面以上部分的长度 $= H_n/3$。

2）锚入基础梁以内的部分：

框架柱的基础插筋要求"坐底"，即框架柱基础插筋的直钩要踩在基础主梁下部纵筋的上面。由于筏形基础有上下两层钢筋网，基础主梁的下部纵筋要压住筏板下层钢筋网的底部纵筋。所以，框架柱基础插筋的直钩的下面有：基础主梁的下部纵筋、筏板下层钢筋网的底部纵筋、筏板的保护层。由此，得到框架柱插入到基础梁以内部分长度的计算公式：

框架柱插入到基础梁以内部分长度 = 基础梁截面高度 − 基础梁下部纵筋直径 − 筏板底部纵筋直径 − 筏板保护层。

框架柱的基础插筋如图 2-11 所示。

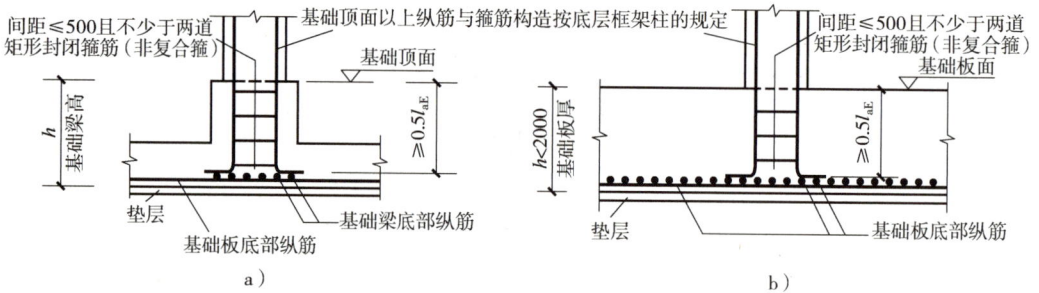

图 2-11 框架柱的基础插筋

a) 柱和墙插筋在基础主梁中的锚固构造  b) 柱和墙插筋在基础平板中的锚固构造

【例 2-2】如图 2-12 所示为某一小区的地下室基础插筋示意图，KZ1 的截面尺寸为 800mm × 750mm，柱子纵筋为 22 Φ25，基础为"正筏板"基础（即"低板位"的有梁式筏板基础，基础梁底和基础板底一平）。地下室顶板的框架梁采用 KL1（400mm × 750mm），基础主梁的截面尺寸为 700mm × 800mm，下部纵筋为 9 Φ25，筏板厚度为 450mm，筏板纵向钢筋为 Φ18@200，保护层厚度为 40mm，该小区地下室层高为 4.50m。试计算其 KZ1 的基础插筋总长度。

【解】（1）框架柱基础插筋伸出基础梁顶面以上的长度

由已知条件可知：地下室层高为 4500mm，地下室顶框架梁高为 400mm，基础主梁高为 700mm，筏板厚度为 450mm。

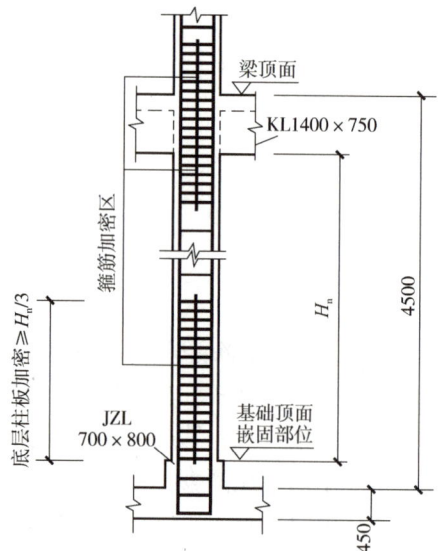

图 2-12 基础插筋示意图

地下室柱净高 $H_n$ = 地下室层高 – 地下室顶框架梁高 – 基础主梁与筏板高差
$$= 4500 - 400 - 700 + 450 = 3850(\text{mm})$$

框架柱基础插筋（短筋）伸出长度 $= H_n/3 = 3850/3 = 1283(\text{mm})$

框架柱基础插筋（长筋）伸出长度 $= H_n/3 + 35d = 1283 + 35 \times 25 = 2158(\text{mm})$

（2）框架柱基础插筋的直锚长度

由已知条件可知：基础主梁高为 700mm，基础主梁下部纵筋直径为 25mm，筏板下层纵筋直径为 18mm，基础保护层厚度为 40mm。

框架柱基础插筋直锚长度 = 基础主梁高度 – 基础主梁下部纵筋直径 – 筏板下层纵筋直径 – 基础保护层厚度 $= 700 - 28 - 18 - 40 = 617(\text{mm})$

（3）框架柱基础插筋的总长度

框架柱基础插筋的垂直段长度（短筋）= 框架柱基础插筋（短筋）伸出长度 + 框架柱基础插筋直锚长度 $= 1283 + 617 = 1900(\text{mm})$

框架柱基础插筋的垂直段长度（长筋）= 框架柱基础插筋（长筋）伸出长度 + 框架柱基础插筋直锚长度 $= 2158 + 617 = 2775(\text{mm})$

因为 $l_{abE} = 40d = 40 \times 25 = 1000(\text{mm})$，直锚长度 817mm < 1000mm，所以：

框架柱基础插筋的弯钩长度 $= 15d = (15 \times 25)\text{mm} = 375\text{mm}$

框架柱基础插筋（短筋）的总长度 $= (1900 + 375)\text{mm} = 2275\text{mm}$

框架柱基础插筋（长筋）的总长度 $= (2775 + 375)\text{mm} = 3150\text{mm}$

## 2.3.2　顶层柱纵筋计算

### 1. 顶层中柱纵筋

1）当直锚长度小于 $l_{aE}$ 时：顶层中柱纵筋长度 = 顶层层高 – 顶层非连接区长度 – 梁高 +（梁高 – 保护层厚度）$+ 12d$

2）当直锚长度不小于 $l_{aE}$ 时：顶层中柱纵筋长度 = 顶层层高 – 顶层非连接区长度 – 梁高 +（梁高 – 保护层厚度）

### 2. 顶层柱边柱和角柱

顶层柱边柱和角柱的构造见本章 2.2.2 中的图 2-7 所示。

1）节点 A：柱筋作梁上部筋使用，当柱外侧钢筋不小于梁上部钢筋时，可以弯入梁内作为梁上部纵向钢筋。其计算方式为：

外侧纵筋长度 = 顶层层高 – 顶层非连接区长度 – 保护层厚度 + 弯入梁内长度

内侧纵筋长度 = 顶层层高 – 顶层非连接区长度 – 保护层厚度 $+ 12d$

当梁高 – 保护层厚度 $\geq l_{aE}$ 时，可不弯折 $12d$。

在计算中当梁高 – 保护层厚度 $\geq l_{aE}$ 时，仍然弯折 $12d$。

2）节点 B：从梁底算起 $1.5l_{abE}$ 超过柱内侧边缘。

外侧钢筋长度 = 顶层层高 – 顶层非连接区长度 – 梁高 $+ 1.5l_{ab}$

当配筋率 > 1.2% 时，钢筋分两批截断，长的部分多加 $20d$。

内侧纵筋长度 = 顶层层高 – 顶层非连接区长度 – 保护层厚度 $+ 12d$

当梁高 – 保护层厚度 $\geq l_{aE}$ 时，可不弯折 $12d$。

在计算中当梁高 – 保护层厚度 $\geq l_{aE}$ 时，仍然弯折 $12d$。

3）节点 C：从梁底算起 $1.5l_{abE}$ 未超过柱内侧边缘。

外侧钢筋长度 = 顶层层高 – 顶层非连接区长度 – 梁高 + max（1.5 锚固长，梁高 – 保护层厚度）+ 15$d$

当配筋率 > 1.2% 时，钢筋分两批截断，长的部分多加 20$d$。

内侧纵筋长度 = 顶层层高 – 顶层非连接区长度 – 保护层厚度 + 12$d$

当梁高 – 保护层厚度 ≥ $l_{aE}$ 时，可不弯折 12$d$。

在计算中当梁高 – 保护层厚度 ≥ $l_{aE}$ 时，仍然弯折 12$d$。

4）节点 D：柱顶第一层伸至柱内边向下弯折 8$d$，第二层钢筋伸至柱内边，内侧钢筋同中柱。

外侧纵筋长度 = 顶层层高 – 顶层非连接区长度 – 保护层厚度 + 柱宽 – 保护层厚度 × 2 + 8$d$

内侧纵筋长度 = 顶层层高 – 顶层非连接区长度 – 保护层厚度 + 12$d$

当梁高 – 保护层厚度 ≥ $l_{aE}$ 时，可不弯折 12$d$。

在计算中当梁高 – 保护层厚度 ≥ $l_{aE}$ 时，仍然弯折 12$d$。

5）节点 E：梁、柱纵向钢筋搭接接头沿节点外侧直线布置。

柱外侧纵筋长度 = 顶层层高 – 顶层非连接区长度 – 保护层厚度

梁上部纵筋锚入柱内 $1.7l_{ab}$，当配筋率 > 1.2% 时，长的部分多加 20$d$。

内侧纵筋长度 = 顶层层高 – 顶层非连接区长度 – 保护层厚度 + 12$d$

当梁高 – 保护层厚度 ≥ $l_{aE}$ 时，可不弯折 12$d$。

在计算中当梁高 – 保护层厚度 ≥ $l_{aE}$ 时，仍然弯折 12$d$。

### 2.3.3 框架柱箍筋计算

#### 1. 上部加密区

上部加密区的长度 = max $\{H_n/6, h_c, 500mm\} + h_b$

上部加密区的箍筋根数 = $\{$max$(H_n/6, h_c, 500) + h_b\}$/间距

上部加密区的实际长度 = 上部加密区的箍筋根数 × 间距

$H_n$ 为柱（楼层）净高，$h_c$ 为框架柱截面长边尺寸，$h_b$ 为框架梁高度。

#### 2. 下部加密区

下部加密区的长度 = max $\{H_n/6, h_c, 500mm\} + h_b$

下部加密区的箍筋根数 = $\{$max $(H_n/6, h_c, 500) + h_b\}$/间距

下部加密区的实际长度 = 上部加密区的箍筋根数 × 间距

$H_n$ 为柱（楼层）净高，$h_c$ 为框架柱截面长边尺寸，$h_b$ 为框架梁高度。

#### 3. 中间非加密区

非加密区的长度 = 楼层层高 – 上部加密区的实际长度 – 下部加密区的实际长度

非加密区的根数 = （楼层层高 – 上部加密区的实际长度 – 下部加密区的实际长度）/间距

#### 4. 本层箍筋根数

本层箍筋根数 = 上部加密区箍筋根数 + 下部加密区箍筋根数 + 中间非加密区箍筋根数

#### 5. 框架柱复合箍筋

根据构造要求，当柱截面短边尺寸大于 400mm，且各边纵向钢筋多于 3 根时，或当截

面短边尺寸不大于400mm，但各边纵向钢筋多于4根时，应设置复合箍筋。

设置复合箍筋应遵循的原则：

1）大箍套小箍。矩形柱的箍筋，都是采用"大箍套小箍"的方式。若为偶数肢数，则用几个两肢"小箍"来组合；若为奇数肢数，则用几个两肢"小箍"再加上一个"拉筋"来组合。

非焊接矩形箍筋
复合方式

2）内箍或拉筋的设置要满足"隔一拉一"。设置内箍的肢或拉筋时，要满足对柱纵筋至少"隔一拉一"的要求。不允许存在两根相邻的柱纵筋同时没有钩住箍筋的肢或拉筋的现象。

3）"对称性"原则。柱 $b$ 边上箍筋的肢或拉筋都应该在 $b$ 边上对称分布。同时，柱 $h$ 边上箍筋的肢或拉筋都应该在 $h$ 边上对称分布。

4）"内箍水平段最短"原则。在考虑内箍的布置方案时，应该使内箍的水平段尽可能最短（其目的是使内箍与外箍重合的长度为最短）。

5）内箍尽量做成标准格式。当柱复合箍筋存在多个内箍时，只要条件许可，这些内箍都尽量做成标准的格式，即"等宽度"的形式，以便于施工。

6）施工时，纵横方向的内箍（小箍）要贴近大箍（外箍）放置。柱复合箍筋在绑扎时，以大箍为基准；或者是纵向的小箍放在大箍上面、横向的小箍放在大箍下面；或者是纵向的小箍放在大箍下面、横向的小箍放在大箍上面。

【例2-3】某二层楼建筑楼层高为4.2m，框架柱 KZ2 的截面尺寸为 600mm×550mm，箍筋标注为中 $\Phi$ 10@ 100/200，该层顶板的框架梁截面尺寸为 350mm×600mm。求该楼层的框架柱箍筋根数。

【解】1）本层楼净高 $H_n = 4200 - 600$（梁高）$= 3600$（mm）。框架柱截面长边尺寸 $h_c = 600$mm。$H_n/h_c = 3600/600 = 6 > 4$，所以该 KZ2 不是短柱。

加密区长度 $= \max(H_n/6, h_c, 500) = \max(3600/6, 650, 500) = 650$（mm）

2）上部加密区：

加密区的长度 $= \max(H_n/6, h_c, 500) + h_b$（框架梁高度）$= 650 + 600 = 1250$（mm）

加密区根数 $= (1250/100)$ 根 $= 12.5$ 根，取 13 根，即加密区实际长度 $= 13 \times 100 = 1300$（mm）

3）下部加密区：

加密区的长度 $= \max(H_n/6, h_c, 500) = 650$（mm）

加密区根数 $= (650/100)$ 根 $= 6.5$ 根，取 7 根，即加密区实际长度 $= 7 \times 100 = 700$（mm）

4）中间非加密区：

非加密区长度 $= 4200 - 1300 - 700 = 2200$（mm）

非加密区的根数 $= 2200/200 = 11$（根）

即该层 KZ2 的箍筋根数 $= 13 + 7 + 11 = 31$（根）

## 2.3.4　地下室柱纵筋计算

地下室的柱纵筋的计算长度：下端与伸出基础（梁）顶面的柱插筋相接，上端伸出地下室顶板以上一个"三选一"的长度，即 $\max(H_n/6, h_c, 500\text{mm})$。

地下室的柱纵筋的长度包括以下两个组成部分:

1)地下室板顶以上部分的长度。

长度 = $\max(H_n/6,\ h_c,\ 500\text{mm})$

其中 $H_n$ 是地下室以上的那个楼层的柱净高,$h_c$ 是地下室以上的那个楼层的柱截面长边尺寸。

2)地下室顶板以下部分的长度。

长度 = 柱净高 $H_n$ + 地下室顶板的框架梁截面高度 $- H_n/3$

上式的 $H_n$ 是地下室的柱净高,$H_n/3$ 就是框架柱基础插筋伸出基础梁顶面以上的长度。

地下室框架柱

# 素质拓展案例

框架柱

## 框架柱与框支柱、构造柱的区别

框架柱在框架结构中承受梁和板传来的荷载,并将荷载传给基础,是主要的竖向支承结构。

框架柱和框支柱的区别:"框架柱"是钢混框架结构的柱子;"框支柱"是底框砖混结构(底层为钢混框架结构,上层为砖混结构)中的底层钢混框架柱子;框支梁与框支柱用于转换层,如下部为框架结构,上部为剪力墙结构,支撑上部结构的梁柱为 KZZ 和 KZL。

框架柱和构造柱的区别:构造柱起到将相交墙体连接为整体作用,增加整体刚度,提高建筑物抗震性能,是按照构造要求设置的;框架柱属于承重构件,起到支撑上部结构的作用。

# 本章小结

通过学习本章的内容,使同学们掌握框架柱的注写方式以及框架柱的钢筋识图方法和框架柱基础插筋、顶层柱纵筋、框架柱箍筋和地下室柱纵筋的钢筋计算规则,为以后继续学习钢筋算量相关知识打下基础。

# 实训练习

## 一、单项选择题

1. 关于柱编号编写中表述不正确的是（　　）。

　　A. 框架柱:KZ　　　B. 构造柱:GZ　　　C. 梁上柱:LSZ　　　D. 框支柱:KZZ

2. 关于截面注写中表述不正确的是（　　）。

　　A. 圆形柱截面尺寸表达方式采用 $b_1$、$b_2$ 和 $h_1$、$h_2$

　　B. 芯柱中心应与柱中心重合,并标注其截面尺寸

　　C. 柱箍筋的注写包括钢筋级别、直径和间距

　　D. 当圆柱采用螺旋箍筋时,需在箍筋前加"L"

3. 下列不属于框架柱钢筋搭接方式的是（　　）。

    A. 机械连接　　　　B. 绑扎连接　　　　C. 焊接连接　　　　D. 螺纹连接

4. 框架柱伸出基础梁顶面以上部分的长度为（　　）。

    A. $H_n/6$　　　　　B. $15d$　　　　　　C. $25d$　　　　　　D. $H_n/3$

5. 节点 A 的内侧纵筋长度 = 顶层层高 − 顶层非连接区长度 − 保护层厚度 +（　　）。

    A. $1.5l_{ab}$　　　　B. $12d$　　　　　　C. $25d$　　　　　　D. $20d$

## 二、多项选择题

1. 下列关于地下室柱纵筋的计算正确的是（　　）。

    A. 地下室板顶以上部分的长度 = $\max(H_n/6,\ h_c,\ 500\mathrm{mm})$

    B. 地下室顶板以下部分的长度 = $H_n$ + 地下室顶板的框架梁截面高度 + $H_n/3$

    C. $H_n$ 是地下室以上的那个楼层的柱净高

    D. $h_c$ 是地下室以上的那个楼层的柱截面长边尺寸

    E. $H_n/3$ 是地下室以上的那个楼层的柱净高 1/3

2. 复合箍筋设置应遵循的原则有（　　）。

    A. 大箍套小箍　　　　　　　　　　B. 内箍水平段最短

    C. 对称性　　　　　　　　　　　　D. 柱复合箍筋在绑扎时，以小箍为基准

    E. 内箍或拉筋的设置要满足隔一拉一

3. 下列关于框架柱纵向钢筋连接构造说法正确的是（　　）。

    A. 框架柱纵向钢筋的连接构造共分为绑扎连接、螺纹连接和焊接连接

    B. 嵌固部位以上非连接区高度为 $\geq H_n/3$

    C. 梁底面以下部分非连接区高度均为 $\geq H_n/3$、$\geq h_c$、$\geq 500\mathrm{mm}$

    D. 楼层梁上下部位范围包括梁底以下部分、梁中部分和梁顶以上部分

    E. 梁中部分的非连接区长度 = 梁的截面高度

## 三、简答题

1. 简述框架柱构件平法施工图的内容。

2. 简述框架柱构件平法施工图识读步骤。

3. 如何计算框架柱基础插筋？

# 实训工作单

| 班级 | | 姓名 | | 日期 | |
|---|---|---|---|---|---|
| 教学项目 | | 框架柱 | | | |
| 学习项目 | 柱平法施工图的表示方法；框架柱钢筋识图方法；框架柱钢筋算量 | 学习要求 | | 掌握框架柱的注写方式；了解框架柱的平法施工图识图步骤；掌握框架柱基本构造识图；掌握钢筋识图方法和框架柱基础插筋、顶层柱纵筋、框架柱箍筋和地下室柱纵筋的钢筋计算规则 | |
| 相关知识 | | 框架梁钢筋计算 | | | |
| 其他内容 | | | | | |
| 学习记录 | | | | | |
| 评语 | | | | 指导老师 | |

# 第3章

# 剪力墙

## 【学习目标】

1）了解剪力墙施工图制图规则。
2）了解剪力墙标准构造详图。
3）了解如何进行剪力墙的钢筋算量。

## 【素质目标】

通过对剪力墙和钢筋混凝土的学习，引导学生学会善于观察，培养学生善于发现新事物。事物的创造就在不经意之间，所以在任何时候都要善于观察和发现，这可以培养学生勇于创新的精神。

## 【教学目标】

| 本章要点 | 掌握层次 | 相关知识点 |
| --- | --- | --- |
| 剪力墙施工图制图规则 | 了解剪力墙平法施工图的表达方式、列表注写方式、截面注写方式、剪力墙洞口的表示方法、地下室外墙的表示方法及其他 | 剪力墙施工图的具体表达方式实例介绍 |
| 剪力墙标准构造详图 | 了解剪力墙相关构造详图 | 剪力墙相关构造施工工艺 |
| 剪力墙钢筋算量 | 了解剪力墙竖向筋计算、剪力墙水平筋计算、剪力墙拉筋计算、剪力墙开洞钢筋计算 | 剪力墙相关构件的钢筋算量 |

## 【项目案例导入】

某剪力墙工程局部平法施工图如图 3-1 所示，工程相关信息表见表 3-1。

## 【项目问题导入】

要求识读图 3-1 并计算其钢筋造价长度和下料长度，并绘制其钢筋材料明细表。

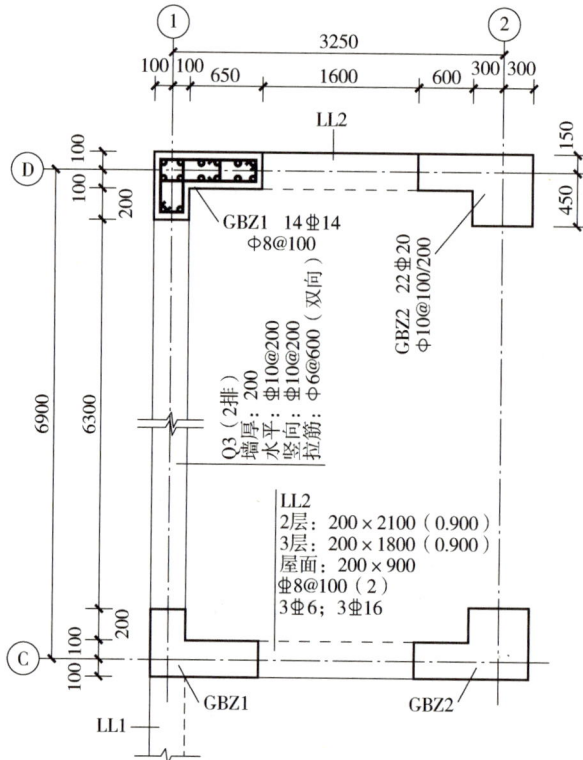

图 3-1　某剪力墙工程局部平法施工图

表 3-1　工程相关信息表

| 层号 | 结构标高/m | 层高/m | |
|---|---|---|---|
| 屋面 | 12.250 | — | 混凝土：C30（梁、柱、墙）<br>抗震等级：三级<br>现浇板厚：110mm<br>基底保护层：40mm；连梁上下纵筋保护层20mm；柱插筋保护层 $c>5d$ 且基底双向钢筋直径均为 $\Phi$22；墙及暗柱纵筋采用绑扎搭接、连梁侧面及暗柱保护层满足墙的保护层即可 |
| 3 | 8.350 | 3.9 | |
| 2 | 4.450 | 3.9 | |
| 1 | −0.050 | 4.5 | |
| 基顶 | −1.050 | 1 | |
| 基底 | −1.950 | 0.9（基础厚度） | |

# 3.1　剪力墙施工图制图规则

什么是剪力墙

## 3.1.1　剪力墙平法施工图的表示方法

1）在平法施工图中，通常会将剪力墙分为剪力墙柱（简称墙柱）、剪力墙身（简称墙身）和剪力墙梁（简称墙梁）。

2）剪力墙平法施工图是在剪力墙平面布置图上采用列表注写方式或截面注写方式表达。

列表注写方式是指分别在剪力墙柱表、剪力墙身表和剪力墙梁表中，对应于剪力墙平面布置图上的编号，用绘制截面配筋图并注写几何尺寸与配筋具体数值的方式来表达剪力墙平法施工图。

截面注写方式是在分标准层绘制的剪力墙平面布置图上，以直接在墙柱、墙身、墙梁上注写截面尺寸和配筋具体数值的方式，来表达剪力墙平法施工图。

3）在剪力墙平法施工图中，应注明各结构层的楼面标高、结构层高及相应的结构层号，还应注明上部结构嵌固部位位置。

4）对于轴线未居中的剪力墙（包括端柱），应标注其偏心定位尺寸。

5）剪力墙平面布置图可采用适当比例单独绘制，也可与柱或梁平面布置图合并绘制。当剪力墙较复杂或采用截面注写方式时，应按标准层分别绘制剪力墙平面布置图。

剪力墙平法施工图的内容

## 3.1.2 列表注写方式

为表达清楚、简便，剪力墙可视为由剪力墙柱、剪力墙身和剪力墙梁三类构件构成。

剪力墙列表注写包括剪力墙柱表、剪力墙身表和剪力墙梁表注写。剪力墙列表注写方式就是分别在剪力墙柱表、剪力墙身表和剪力墙梁表的平面图上注写相应的编号，用绘制截面配筋图并注写几何尺寸与配筋具体数值的方式，来表达剪力墙平法施工图，并在列表中注写相应的截面尺寸及具体数值。编号规定：将剪力墙按剪力墙柱、剪力墙身、剪力墙梁（以下简称为墙柱、墙身、墙梁）三类构件分别编号。

剪力墙构件平法识图步骤

### 1. 剪力墙柱注写

墙柱编号由墙柱类型代号和序号组成，墙柱编号见表3-2。

表3-2 墙柱编号

| 墙柱类型 | 代号 | 序号 |
|---|---|---|
| 约束边缘构件 | YBZ | × × |
| 构造边缘构件 | GBZ | × × |
| 非边缘暗柱 | AZ | × × |
| 扶壁柱 | FBZ | × × |

注：约束边缘构件包括约束边缘暗柱、约束边缘端柱、约束边缘翼墙、约束边缘转角墙四种。构造边缘构件包括构造边缘暗柱、构造边缘端柱、构造边缘翼墙、构造边缘转角墙四种。

在剪力墙柱表中表达的内容，规定如下：

1）注写墙柱编号（见表3-2），绘制该墙柱的截面配筋图，标注墙柱几何尺寸。

①约束边缘构件（如图3-2所示）需注明阴影部分尺寸。剪力墙平面布置图中应注明约束边缘构件沿墙肢长度 $l_c$（约束边缘翼墙中沿墙肢长度尺寸为 $2b_f$ 时可不注）。

②构造边缘构件（如图3-3所示）需注明阴影部分尺寸。

③扶壁柱及非边缘暗柱需标注几何尺寸。

2）注写各段墙柱的起止标高，自墙柱根部往上以变截面位置或截面未变但配筋改变处为界分段注写。墙柱根部标高一般是指基础顶面标高（部分框支剪力墙结构则为框支梁顶面标高）。

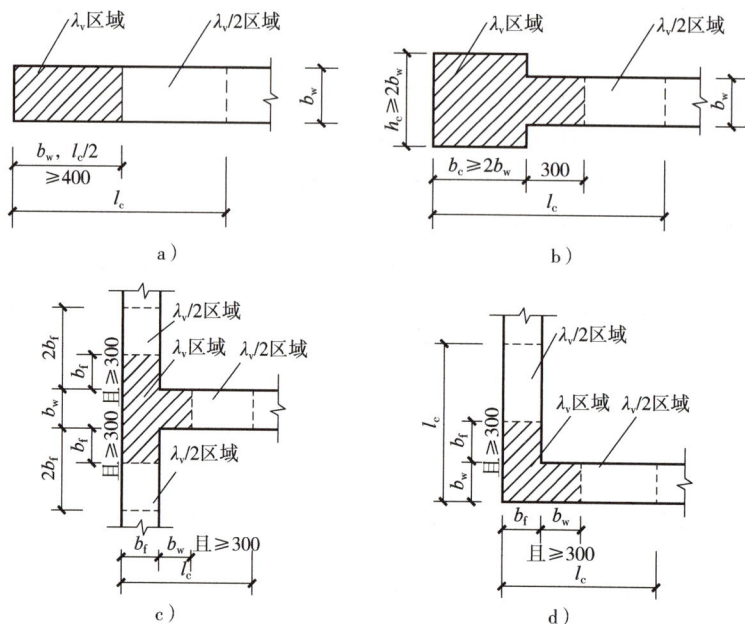

图 3-2  约束边缘构件

a）约束边缘暗柱  b）约束边缘端柱  c）约束边缘翼墙  d）约束边缘转角墙

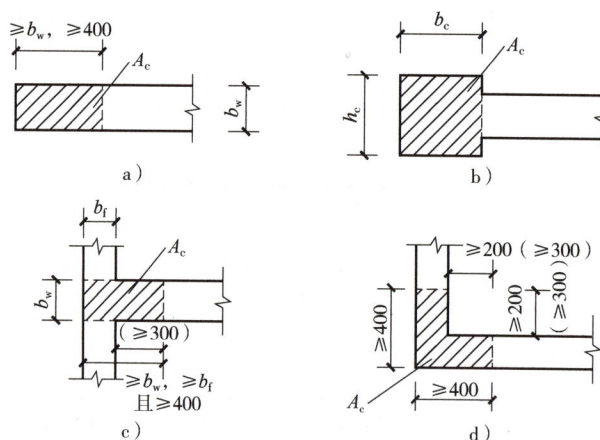

图 3-3  构造边缘构件

a）构造边缘暗柱  b）构造边缘端柱
c）构造边缘翼墙（括号中数值用于高层建筑）  d）构造边缘转角墙（括号中数值用于高层建筑）

3）注写各段墙柱的纵向钢筋和箍筋，注写值应与在表中绘制的截面配筋图对应一致。纵向钢筋注总配筋值；墙柱箍筋的注写方式与柱箍筋相同。

### 2. 剪力墙身注写

剪力墙身注写：包括墙身编号、墙身起止标高和水平分布筋、竖向分布筋和拉结筋的具体数值。墙身编号由墙身代号、序号以及墙身所配置的水平与竖向分布钢筋的排数组成，其中排数注写在括号内。表达形式为：Q××（××排）。

（1）墙身编号  在编号中：如若干墙柱的截面尺寸与配筋均相同，仅截面与轴线的关系不同时，可将其编为同一墙柱号；又如若干墙身的厚度尺寸和配筋均相同，仅墙厚与轴线的关系不同或墙身长度不同时，也可将其编为同墙身号，但应在图中注明与轴线的几何关系。

当墙身所设置的水平与竖向分布钢筋的排数为 2 时可不注。对于分布钢筋网的排数规定：当剪力墙厚度不大于 400mm 时，应配置双排；当剪力墙厚度大于 400mm，但不大于 700mm 时，宜配置三排；当剪力墙厚度大于 700mm 时，宜配置四排。各排水平分布钢筋和竖向分布钢筋的直径与间距宜保持一致。当剪力墙配置的分布钢筋多于两排时，剪力墙拉筋两端应同时勾住外排水平纵筋和竖向纵筋，还应与剪力墙内排水平纵筋和竖向纵筋绑扎在一起。

（2）剪力墙身表达内容的规定

1）注写墙身编号（含水平与竖向分布钢筋的排数）。

2）注写各段墙身起止标高，自墙身根部往上以变截面位置或截面未变但配筋改变处为界分段注写。墙身根部标高一般是指基础顶面标高（部分框支剪力墙结构则为框支梁的顶面标高）。

3）注写水平分布钢筋、竖向分布钢筋和拉结筋的具体数值。注写数值为一排水平分布钢筋和竖向分布钢筋的规格与间距，具体设置几排已经在墙身编号后面表达。

4）拉结筋应注明布置方式"矩形"或"梅花"布置，用于剪力墙分布钢筋的拉结，如图 3-4 所示，$a$ 为竖向分布钢筋间距，$b$ 为水平分布钢筋间距。

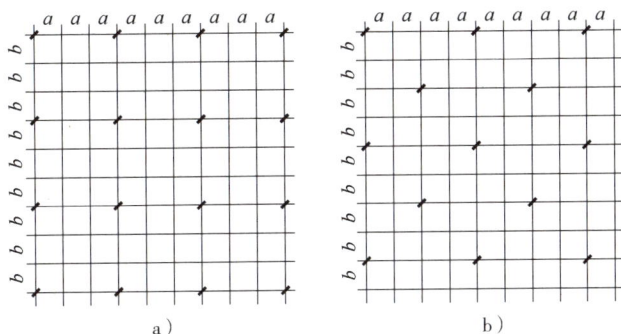

图 3-4　拉结筋布置示意图

a）拉结筋@$3a3b$ 矩形（$a \leq 200$、$b \leq 200$）　b）拉结筋@$4a4b$ 梅花（$a \leq 150$、$b \leq 150$）

### 3. 剪力墙梁注写

剪力墙梁注写包括墙梁编号、墙梁所在楼层号、墙梁顶面标高高差、墙梁截面尺寸、上部纵筋、下部纵筋和箍筋的具体数值。

（1）墙梁编号　墙梁编号由墙梁类型代号和序号组成，其表达形式见表 3-3。

表 3-3　墙梁编号

| 墙梁类型 | 代号 | 序号 |
| --- | --- | --- |
| 连梁 | LL | ×× |
| 连梁（跨高比不小于 5） | LLK | ×× |
| 连梁（对角暗撑配筋） | LL（JC） | ×× |

（续）

| 墙梁类型 | 代号 | 序号 |
|---|---|---|
| 连梁（交叉斜筋配筋） | LL（JX） | ×× |
| 连梁（集中对角斜筋配筋） | LL（DX） | ×× |
| 暗梁 | AL | ×× |
| 边框梁 | BKL | ×× |

注：1. 在具体工程中，当某些墙身需设置暗梁或边框梁时，宜在剪力墙平法施工图中绘制暗梁或边框梁的平面布置图并编号，以明确其具体位置。

2. 跨高比不小于5的连梁按框架梁设计时，代号为LLK。

（2）在剪力墙梁表达内容的规定

1）注写墙梁编号。

2）注写墙梁所在楼层号。

3）注写墙梁顶面标高高差，是指相对于墙梁所在结构层楼面标高的高差值。高于者为正值，低于者为负值，当无高差时不注。

4）注写墙梁截面尺寸 $b×h$，上部纵筋、下部纵筋和箍筋的具体数值。

5）当连梁设有内对角暗撑时，注写暗撑的截面尺寸；注写一根暗撑的全部纵筋，并标注"×2"表明有两根暗撑相互交叉；注写暗撑箍筋的具体数值。

6）当连梁设有交叉斜筋时，注写连梁一侧对角斜筋的配筋值，并标注"×2"表明对称设置；注写对角斜筋在连梁端部设置的拉筋根数、强度级别及直径，并标注"×4"表示四个角都设置；注写连梁一侧折线筋配筋值，并标注"×2"表明对称设置。

7）当连梁设有集中对角斜筋时，注写一条对角线上的对角斜筋，并标注"×2"表明对称设置。

8）跨高比不小于5的连梁，按框架梁设计时，采用平面注写方式，注写规则同框架梁，可采用适当比例单独绘制，也可与剪力墙平法施工图合并绘制。

### 3.1.3 截面注写方式

截面注写方式是在分标准层绘制的剪力墙平面布置图上，以直接在墙柱、墙身、墙梁上注写截面尺寸和配筋具体数值的方式来表达剪力墙平法施工图。

剪力墙列表注写
方式示例

选用适当比例原位放大绘制剪力墙平面布置图，其中对墙柱绘制配筋截面图；对所有墙柱、墙身、墙梁分别按规定进行编号，并分别在相同编号的墙柱、墙身、墙梁中选择一根墙柱、一道墙身、一根墙梁进行注写，其注写方式按以下规定进行：

1）从相同编号的墙柱中选择一个截面，注明几何尺寸，标注全部纵筋及箍筋的具体数值。约束边缘构件（如图3-2所示）除需注明阴影部分具体尺寸外，尚需注明约束边缘构件沿墙肢长度 $l_c$。配筋图中需注明约束边缘构件非阴影区内布置的拉筋或箍筋直径，与阴影区箍筋直径相同时，可不注。

2）从相同编号的墙身中选择一道墙身，按顺序注写墙身编号及括号内墙身所配置的钢筋的排数、墙厚尺寸、水平分布钢筋、竖向分布筋和拉筋的具体数值。

3）从相同编号的墙梁中选择一道墙梁，按顺序注写墙梁的编号、墙梁截面尺寸（$b×h$）、墙梁箍筋、上部纵筋、下部纵筋和墙梁顶面标高高差的具体数值。当连梁的跨高比不小于5，及设有对角暗撑、交叉斜筋、集中对角斜筋时的注写规定与列表注写方式下的注写规定相一致。当墙身水平分布钢筋不能满足连梁、暗梁及边框梁的梁侧面纵向构造钢筋的要求时，应补充注明梁侧面纵筋的具体数值；注写时，以大写字母 N 打头，接续注写直径与间距。其在支座内的锚固要求同连梁中受力钢筋。

### 3.1.4　剪力墙洞口的表示方法

无论采用列表注写方式还是截面注写方式，剪力墙上的洞口均可在剪力墙平面布置图上原位表达。

剪力墙洞口的具体表示方法如下：

1）在剪力墙平面布置图上绘制洞口示意，并标注洞口中心的平面定位尺寸。

2）在洞口中心位置引注共四项内容。

①洞口编号：矩形洞口为 JD×× （××为序号），圆形洞口为 YD×× （××为序号）。

②洞口几何尺寸：矩形洞口为洞宽×洞高（$b \times h$），圆形洞口为洞直径 $D$。

③洞口中心相对标高，是相对于结构层楼（地）面标高的洞口中心高度。当其高于结构层楼面时为正值，低于结构层楼面时为负值。

④洞口每边补强钢筋，分以下几种不同情况。

a. 当矩形洞口的洞宽、洞高均不大于 800mm 时，此项注写为洞口每边补强钢筋的具体数值。当洞宽、洞高方向补强钢筋不一致时，分别注写洞宽方向、洞高方向补强钢筋，以"/"分隔。

b. 当矩形或圆形洞口的洞宽或直径大于 800mm 时，在洞口的上、下需设置补强暗梁，此项注写为洞口上、下每边暗梁的纵筋与箍筋的具体数值（在标准构造详图中，补强暗梁梁高一律定为 400mm，施工时按标准构造详图取值，设计不注，当设计者采用与构造详图不同的做法时，应另行注明），圆形洞口时还需注明环向加强钢筋的具体数值；当洞口上、下边为剪力墙连梁时，此项免注；洞口竖向两侧设置边缘构件时，也不在此项表达（当洞口两侧不设置边缘构件时，设计者应给出具体做法）。

c. 当圆形洞口设置在连梁中部 1/3 范围（且圆洞直径不应大于 1/3 梁高）时，需注写在圆洞上下水平设置的每边补强纵筋与箍筋。

d. 当圆形洞口设置在墙身或暗梁、边框梁位置，且洞口直径不大于 300mm 时，此项注写为洞口上下左右每边布置的补强纵筋的具体数值。

e. 当圆形洞口直径大于 300mm，但不大于 800mm 时，此项注写为洞口上下左右每边布置的补强纵筋的具体数值，以及环向加强钢筋的具体数值。

### 3.1.5　地下室外墙的表示方法

剪力墙截面注写
方式示例

本节地下室外墙仅适用于起挡土作用的地下室外围护墙。地下室外墙中墙柱、连梁及洞口等的表示方法同地上剪力墙。

地下室外墙的具体表示方法如下：

1）地下室外墙编号，由墙身代号、序号组成。表达方式为 DWQ××。

2）地下室外墙平面注写方式，包括集中标注墙体编号、厚度、贯通筋、拉筋等和原位标注附加非贯通筋等两部分内容。当仅设置贯通筋，未设置附加非贯通筋时，则仅做集中标注。

3）地下室外墙的集中标注，规定如下：

①注写地下室外墙编号，包括代号、序号、墙身长度（注为××～××轴）。

②注写地下室外墙厚度 $b_w = ×××$。

③注写地下室外墙的外侧、内侧贯通筋和拉筋。

a. 以 OS 代表外墙外侧贯通筋。其中，外侧水平贯通筋以 H 打头注写，外侧竖向贯通筋以 V 打头注写。

b. 以 IS 代表外墙内侧贯通筋。其中，内侧水平贯通筋以 H 打头注写，内侧竖向贯通筋以 V 打头注写。

c. 以 tb 打头注写拉结筋直径、强度等级及间距，并注明"矩形"或"梅花"。

4）地下室外墙的原位标注，主要表示在外墙外侧配置的水平非贯通筋或竖向非贯通筋。当配置水平非贯通筋时，在地下室墙体平面图上原位标注。在地下室外墙外侧绘制粗实线段代表水平非贯通筋，在其上注写钢筋编号并以 H 打头注写钢筋强度等级、直径、分布间距，以及自支座中线向两边跨内的伸出长度值。当自支座中线向两侧对称伸出时，可仅在单侧标注跨内伸出长度，另一侧不注，此种情况下非贯通筋总长度为标注长度的 2 倍。边支座处非贯通钢筋的伸出长度值从支座外边缘算起。

地下室外墙外侧非贯通筋通常采用"隔一布一"的方式与集中标注的贯通筋间隔布置，其标注间距应与贯通筋相同，两者组合后的实际分布间距为各自标注间距的 1/2。

当在地下室外墙外侧底部、顶部、中层楼板位置配置竖向非贯通筋时，应补充绘制地下室外墙竖向剖面图并在其上原位标注。表示方法为在地下室外墙竖向剖面图外侧绘制粗实线段代表竖向非贯通筋，在其上注写钢筋编号并以 V 打头注写钢筋强度等级、直径、分布间距，以及向上（下）层的伸出长度值，并在外墙竖向截面图名下注明分布范围（.××～××轴）。

竖向非贯通筋向层内的伸出长度值注写方式：

①地下室外墙底部非贯通钢筋向层内的伸出长度值从基础底板顶面算起。

②地下室外墙顶部非贯通钢筋向层内的伸出长度值从顶板底面算起。

③中层楼板处非贯通钢筋向层内的伸出长度值从板中间算起，当上下两侧伸出长度值相同时可仅注写一侧。

地下室外墙外侧水平、竖向非贯通筋配置相同者，可仅选择一处注写，其他可仅注写编号。当在地下室外墙顶部设置通长加强钢筋时应注明。

### 3.1.6 其他

1）在剪力墙平法施工图中应注明底部加强部位的高度范围，以便施工人员明确在该范围内应按照加强部位的构造要求进行施工。

2）当剪力墙中有偏心受拉墙肢时，无论采用何种直径的竖向钢筋，均应采用机械连接或焊接接长，设计者应在剪力墙平法施工图中加以注明。

3）抗震等级为一级的剪力墙，水平施工缝处需设置附加竖向插筋时，设计应注明构件位置，并注写附加竖向插筋的规格、数量及间距。竖向插筋应沿墙身均匀布置。

剪力墙内钢筋分类和摆放层次

# 3.2　剪力墙标准构造详图

### 1. 剪力墙水平分布钢筋构造

1）端部有暗柱时剪力墙水平分布钢筋端部做法如图 3-5 所示。端部有 L 形暗柱时剪力墙水平分布钢筋端部做法如图 3-5 所示。

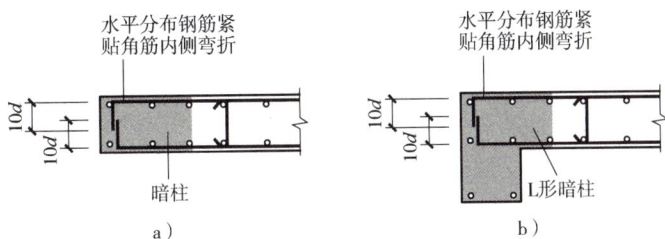

图 3-5　端部有暗柱时剪力墙水平分布钢筋端部做法

a）端部有暗柱时剪力墙水平分布钢筋端部做法

b）端部有 L 形暗柱时剪力墙水平分布钢筋端部做法

2）斜交转角墙构造如图 3-6 所示。

3）剪力墙水平分布钢筋交错搭接如图 3-7 所示。

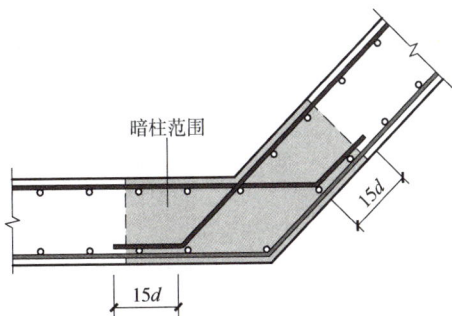

图 3-6　斜交转角墙构造

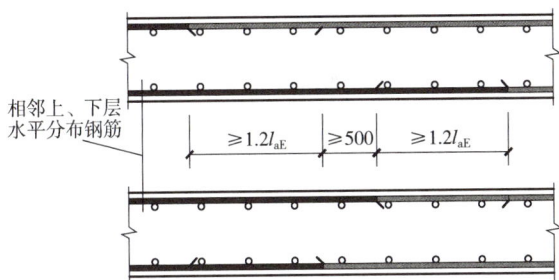

图 3-7　剪力墙水平分布钢筋交错搭接

4）翼墙构造如图 3-8 所示。斜交翼墙构造如图 3-9 所示。

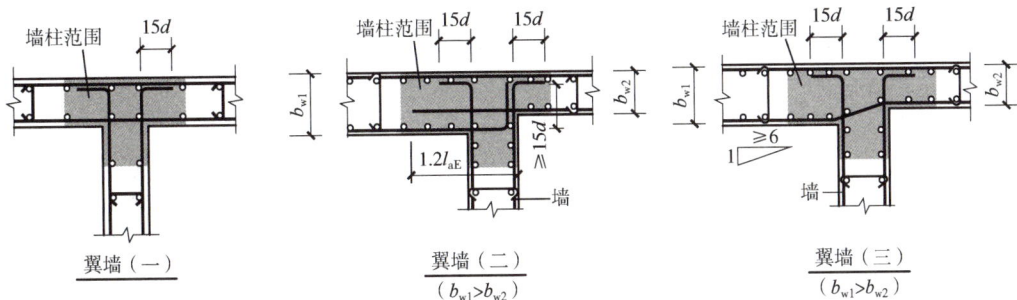

图 3-8　翼墙构造

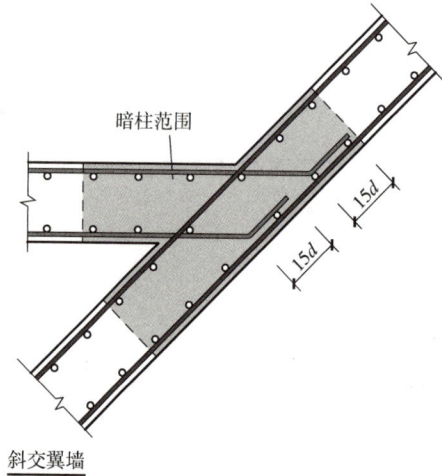

图 3-9　斜交翼墙构造

5）端柱转角墙构造如图 3-10 所示；端柱端部翼墙构造如图 3-11 所示；端柱端部墙构造如图 3-12 所示。

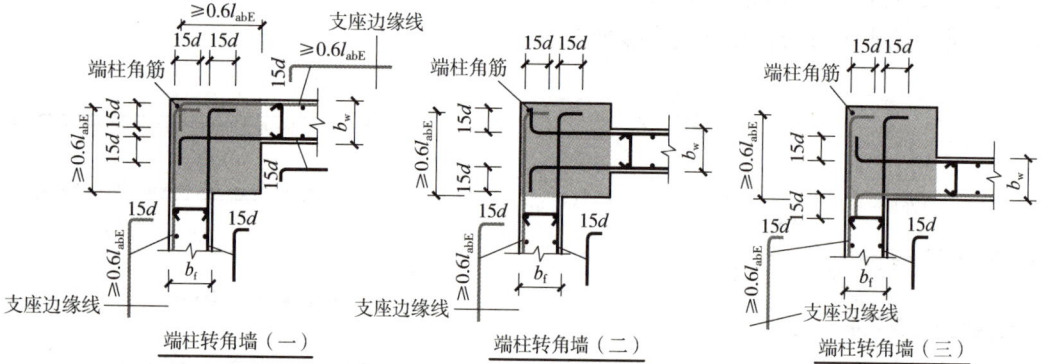

图 3-10　端柱转角墙构造

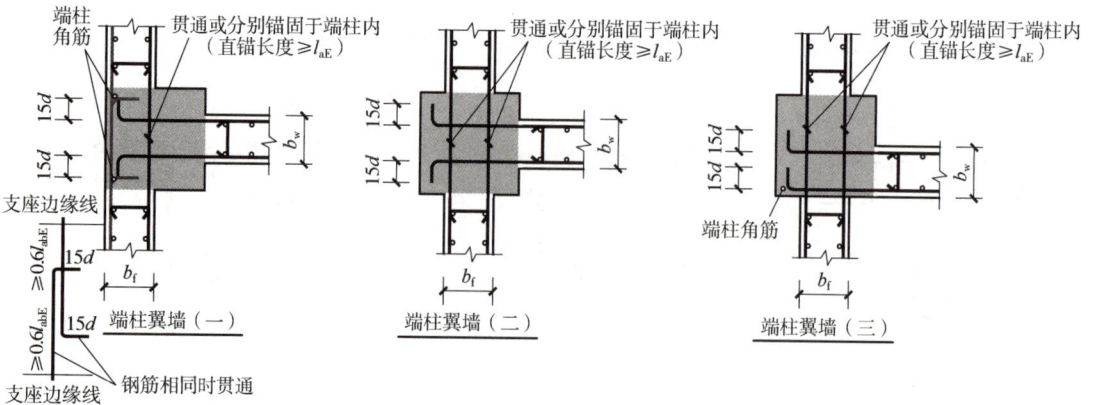

图 3-11　端柱端部翼墙构造

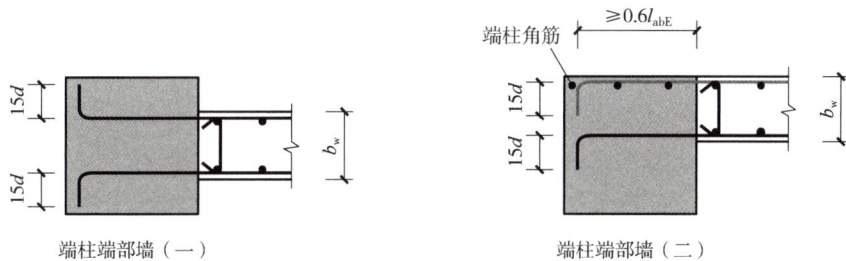

图 3-12　端柱端部墙构造

## 2. 剪力墙竖向钢筋构造

1）剪力墙竖向分布钢筋连接构造如图 3-13 所示。

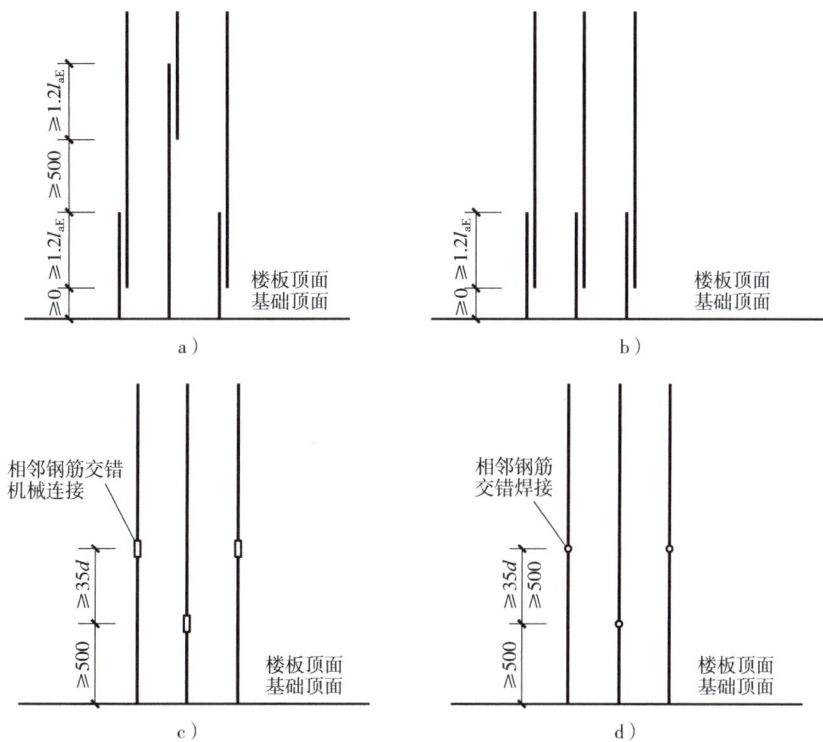

图 3-13　剪力墙竖向分布钢筋连接构造

a）一、二级抗震等级剪力墙底部加强部位竖向分布钢筋搭接构造

b）一、二级抗震等级剪力墙非底部加强部位或三、四级抗震等级剪力墙竖向分布钢筋可在同一部位搭接

c）各级抗震等级剪力墙竖向分布钢筋机械构造　d）各级抗震等级剪力墙竖向分布钢筋焊接构造

2）剪力墙竖向配筋构造如图 3-14 ～图 3-16 所示。

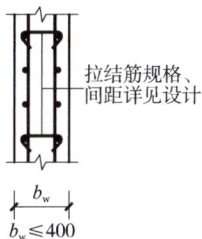

图 3-14　剪力墙双排配筋构造　　图 3-15　剪力墙三排配筋构造

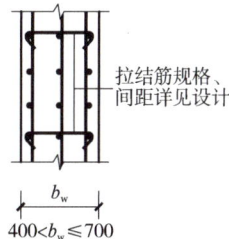

41

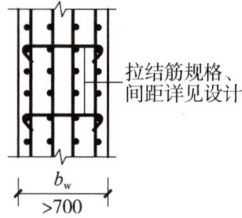

图 3-16　剪力墙四排配筋构造

3）剪力墙竖向钢筋顶部构造如图 3-17 所示。

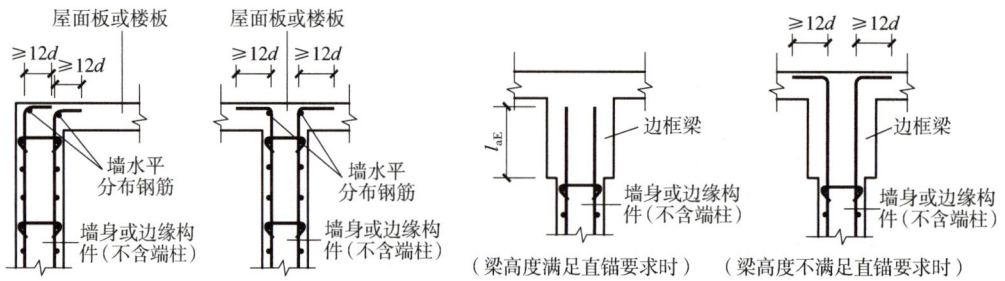

图 3-17　剪力墙竖向钢筋顶部构造

4）剪力墙竖向分布钢筋锚入连梁构造如图 3-18 所示。

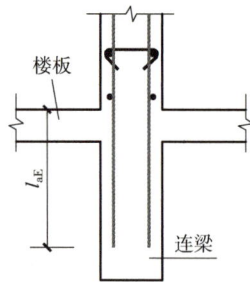

图 3-18　剪力墙竖向分布钢筋锚入连梁构造

5）剪力墙变截面处竖向钢筋构造如图 3-19 所示。

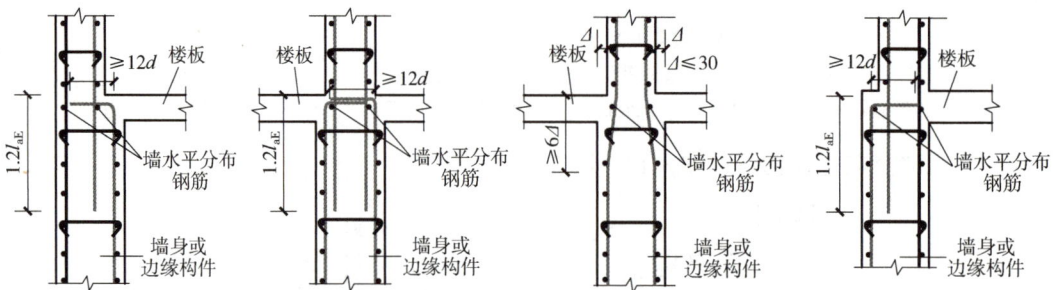

图 3-19　剪力墙变截面处竖向钢筋构造

### 3. 约束边缘构件构造

1）约束边缘暗柱构造如图 3-20 所示。

约束边缘构件、
构造边缘构件的
设置部位

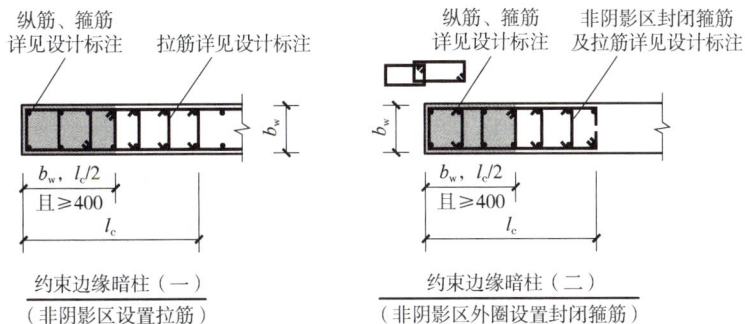

约束边缘暗柱（一）
（非阴影区设置拉筋）

约束边缘暗柱（二）
（非阴影区外圈设置封闭箍筋）

图 3-20　约束边缘暗柱构造

2）约束边缘翼墙构造如图 3-21 所示。

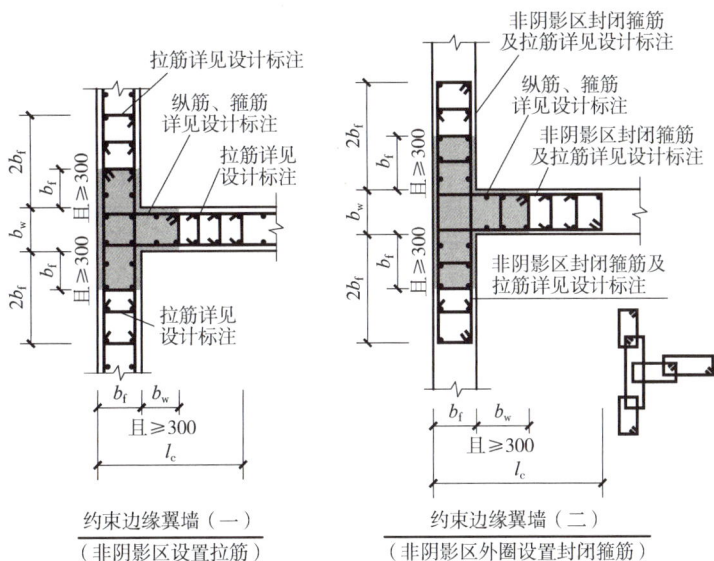

约束边缘翼墙（一）
（非阴影区设置拉筋）

约束边缘翼墙（二）
（非阴影区外圈设置封闭箍筋）

图 3-21　约束边缘翼墙构造

3）约束边缘转角墙构造如图 3-22 所示。

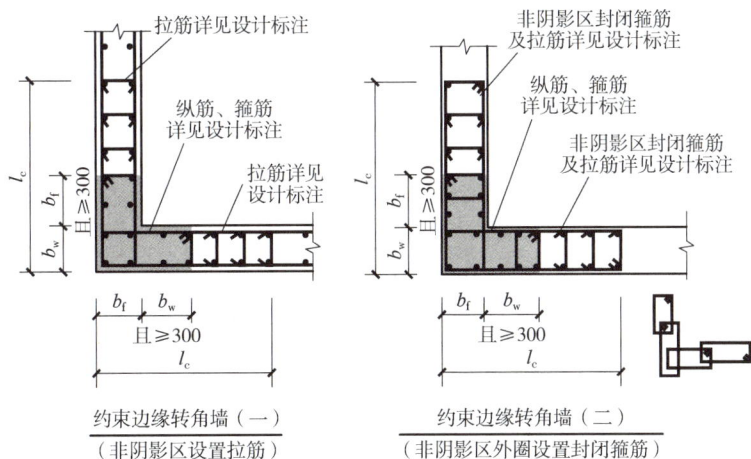

约束边缘转角墙（一）
（非阴影区设置拉筋）

约束边缘转角墙（二）
（非阴影区外圈设置封闭箍筋）

图 3-22　约束边缘转角墙构造

4）约束边缘端柱构造如图 3-23 所示。

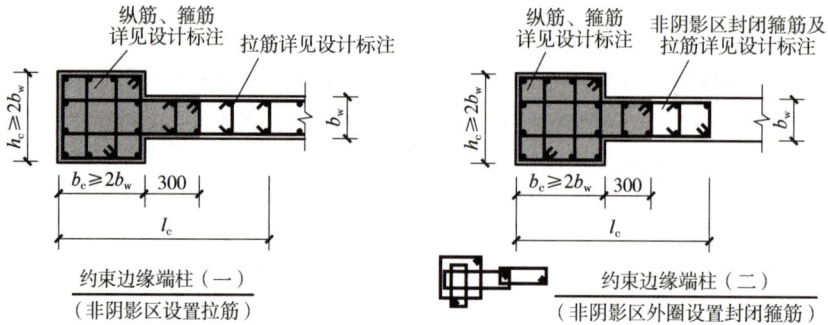

图 3-23　约束边缘端柱构造

#### 4. 构造边缘构件、扶壁柱、非边缘暗柱构造

1）构造边缘构件，包括构造边缘暗柱、构造边缘端柱、构造边缘翼墙、构造边缘转角墙四种。构造边缘暗柱构造如图 3-24 所示。

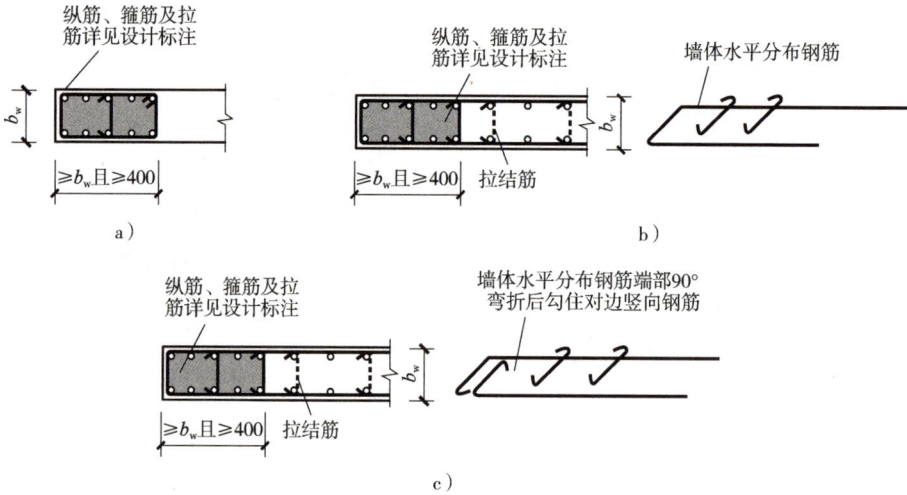

图 3-24　构造边缘暗柱构造

a）构造边缘暗柱构造（一）　b）构造边缘暗柱构造（二）　c）构造边缘暗柱构造（三）

图 3-24 中构造边缘暗柱（二）、（三）用于非底部加强部位，当构造边缘构件内箍筋、拉筋位置（标高）与墙体水平分布筋相同时采用，此构造做法由设计者指定后使用。

构造边缘端柱构造如图 3-25 所示。

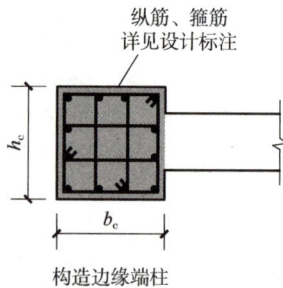

图 3-25　构造边缘端柱构造

构造边缘翼墙构造如图 3-26 所示。

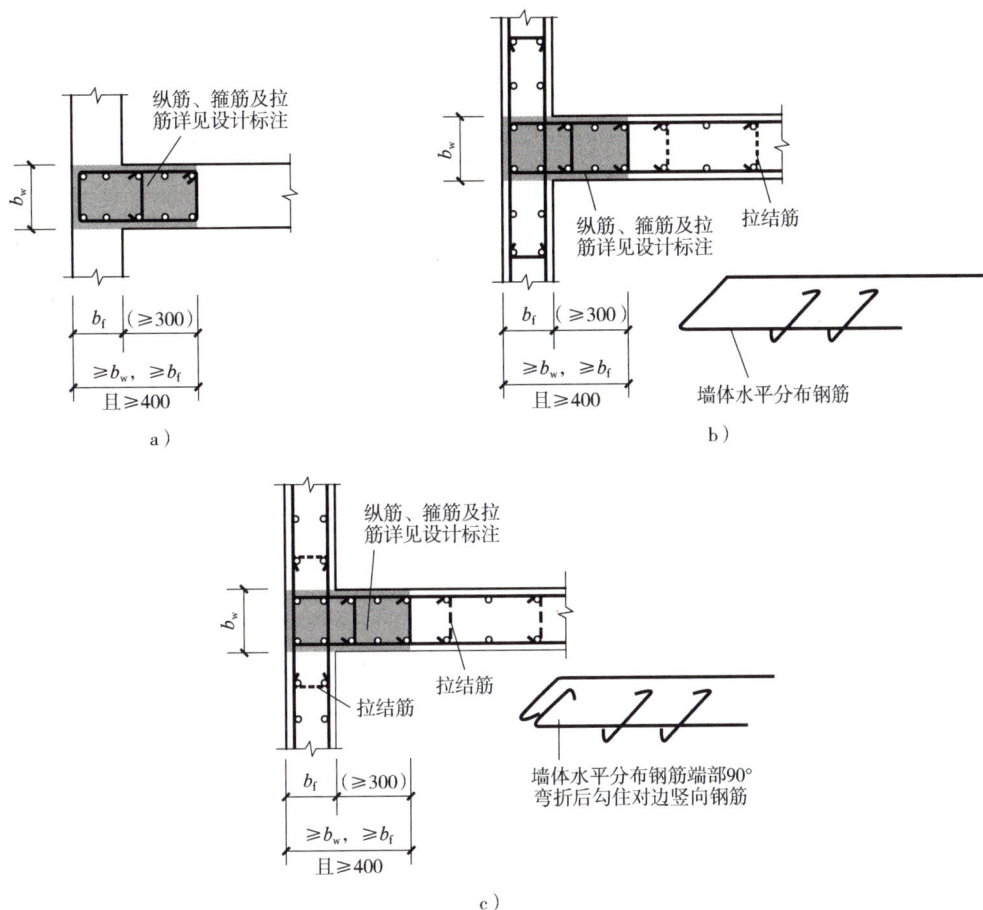

图 3-26　构造边缘翼墙构造

a）构造边缘翼墙（一）　b）构造边缘翼墙（二）　c）构造边缘翼墙（三）

构造边缘转角墙构造如图 3-27 所示。

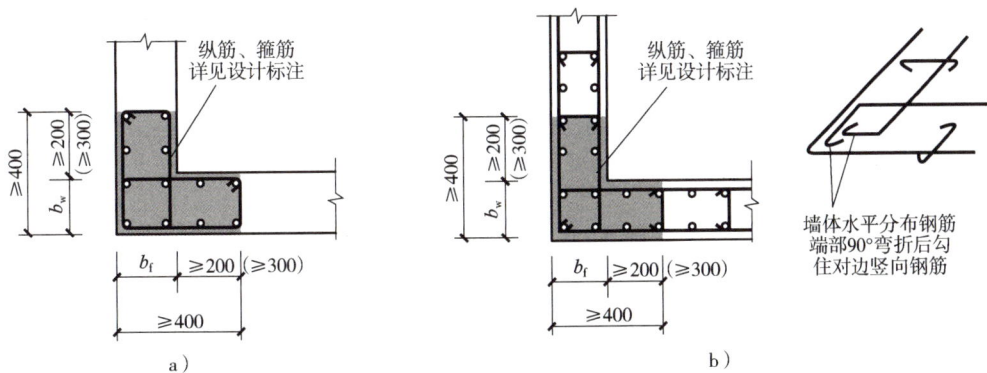

图 3-27　构造边缘转角墙构造

a）构造边缘转角墙（一）　b）构造边缘转角墙（二）

2）扶壁柱、非边缘暗柱构造如图 3-28 所示。

## 5. 连梁配筋构造

剪力墙的连梁虽然属于水平构件，一般都是由于开洞形成的，其主要功能是将两片剪力墙连接在一起，当抵抗地震作用时使两片连接在一起的剪力墙协同工作。连梁一般具有跨度小、截面大，与连梁相连的墙体刚度又很大等特点。连梁 LL 配筋构造如图 3-29 所示。其中连梁交叉斜筋 LL（JX）配筋构造、连梁集中对角斜筋 LL（DX）配筋构造及连梁对角暗撑 LL（JC）配筋构造如图 3-30 所示。

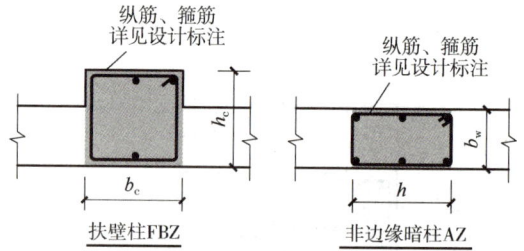

图 3-28　扶壁柱、非边缘暗柱构造

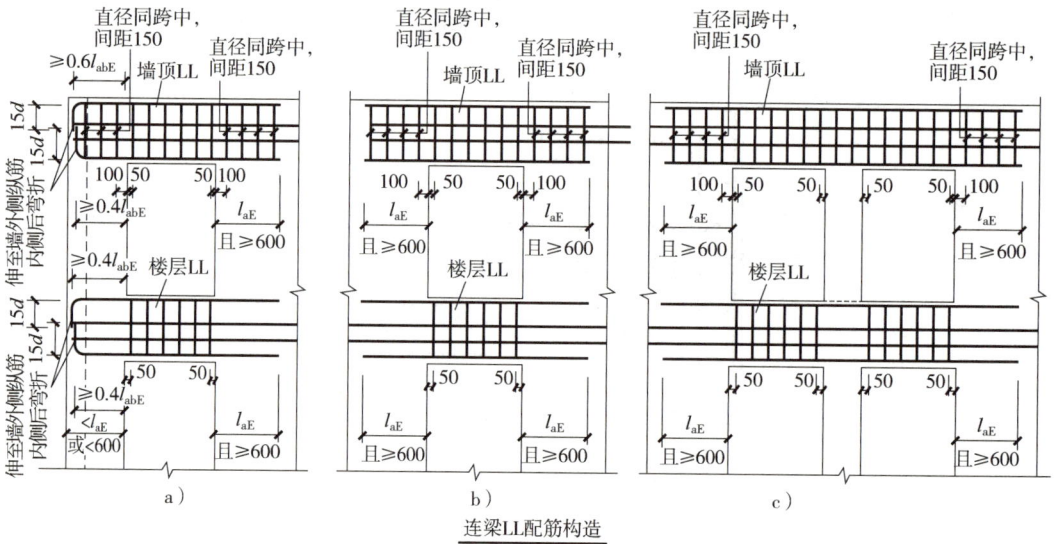

连梁LL配筋构造

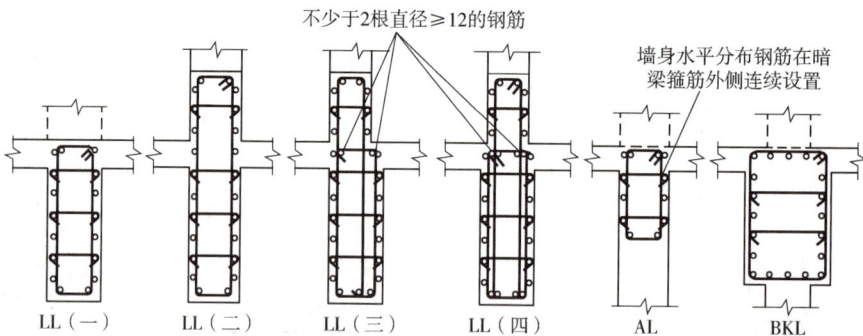

a）　　　　　　b）　　　　　　c）

连梁、暗梁和边框梁侧面纵筋和拉筋构造

注：1. 当端部洞口连梁的纵向钢筋在端支座的直锚长度 ≥$l_{aE}$ 且 ≥600mm 时，可不必往上（下）弯折。
2. 洞口范围内的连梁箍筋详见具体工程设计。
3. 连梁设有交叉斜筋、对角暗撑及集中对角斜筋的做法见本图集第 2~30 页。
4. 连梁、暗梁及边框梁拉筋直径：当梁宽 ≤350mm 时为 6mm，梁宽 >350mm 时为 8mm，拉筋间距为 2 倍箍筋间距。当设有多排拉筋时，上下两排拉筋竖向错开设置。
5. 剪力墙的竖向钢筋连续贯穿边框梁和暗梁。
6. 连梁的侧面纵向钢筋单独设置时，侧面纵向钢筋沿梁高度方向均匀布置。

图 3-29　连梁 LL 配筋构造

a）小墙垛处洞口连梁（端部墙肢较短）　　b）单洞口连梁（单跨）　　c）双洞口连梁（双跨）

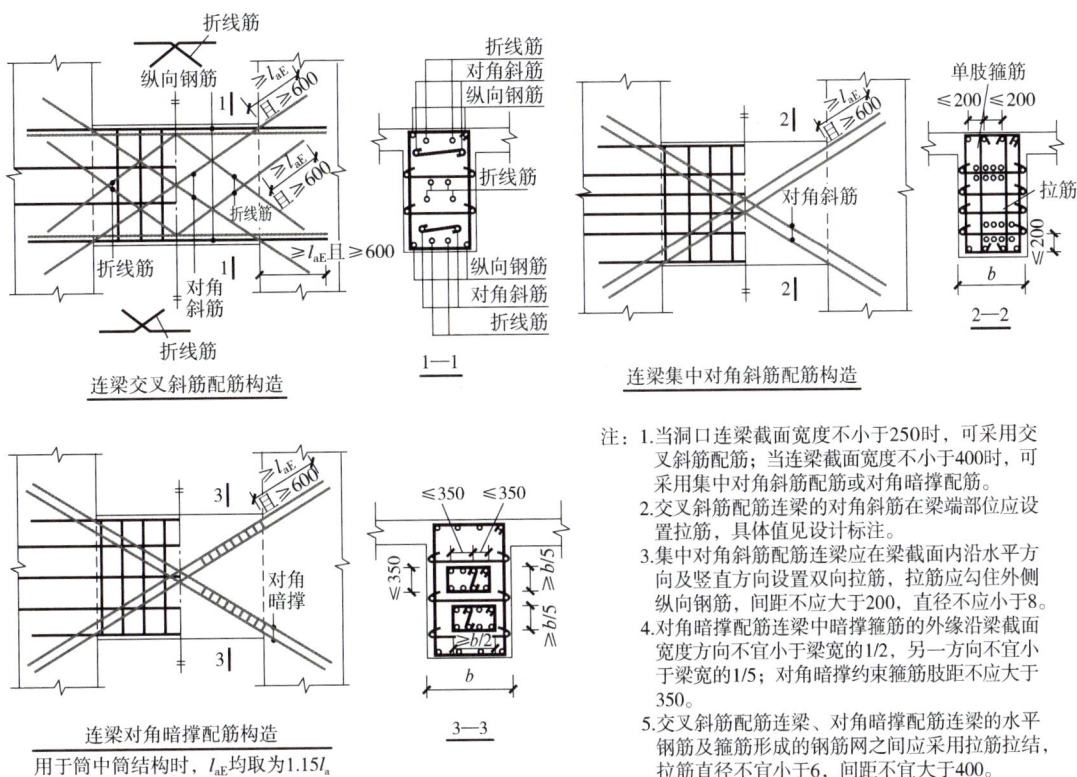

连梁交叉斜筋配筋构造

1—1

连梁集中对角斜筋配筋构造

连梁对角暗撑配筋构造
用于筒中筒结构时，$l_{aE}$ 均取为 $1.15l_a$

3—3

注：1. 当洞口连梁截面宽度不小于250时，可采用交叉斜筋配筋；当连梁截面宽度不小于400时，可采用集中对角斜筋配筋或对角暗撑配筋。
2. 交叉斜筋配筋连梁的对角斜筋在梁端部位应设置拉筋，具体值见设计标注。
3. 集中对角斜筋配筋连梁应在梁截面内沿水平方向及竖直方向设置双向拉筋，拉筋应勾住外侧纵向钢筋，间距不应大于200，直径不应小于8。
4. 对角暗撑配筋连梁中暗撑箍筋的外缘沿梁截面宽度方向不宜小于梁宽的1/2，另一方向不宜小于梁宽的1/5；对角暗撑约束箍筋肢距不应大于350。
5. 交叉斜筋配筋连梁、对角暗撑配筋连梁的水平钢筋及箍筋形成的钢筋网之间应采用拉筋拉结，拉筋直径不宜小于6，间距不宜大于400。

图 3-30　连梁交叉斜筋 LL（JX）、连梁集中对角斜筋 LL（DX）及连梁对角暗撑 LL（JC）配筋构造

## 6. 剪力墙洞口补强构造

剪力墙洞口补强构造如图 3-31 所示。矩形洞口以 800mm 为界分为两种补强构造；圆形洞口以 300mm、800mm 为界分为三种补强构造。洞口每侧补强纵筋应按设计注写值，即洞口边长或直径不小于 800mm 时，洞口周边设补强钢筋，洞口边长或直径大于 800mm 时，洞口上下设补强暗梁，左右设剪力墙边缘构件。

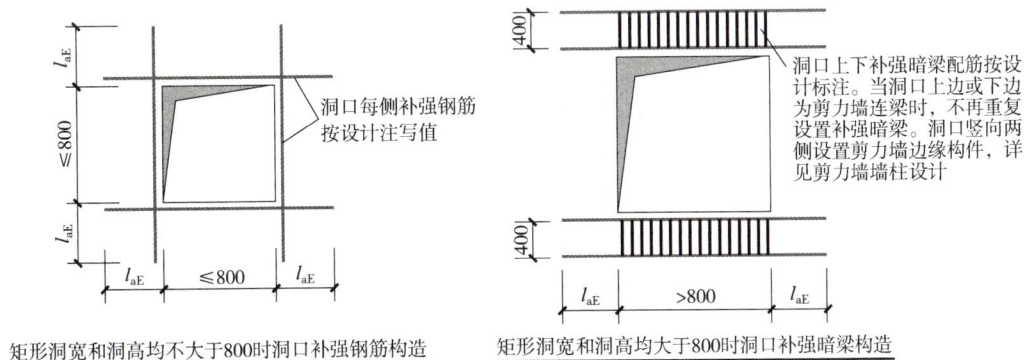

矩形洞宽和洞高均不大于800时洞口补强钢筋构造

矩形洞宽和洞高均大于800时洞口补强暗梁构造

图 3-31　剪力墙洞口补强构造

洞口每侧补强钢筋
按设计注写值

剪力墙圆形洞口直径
不大于300时补强钢筋构造

洞口每侧补强纵筋与补强箍筋按设计注写值

连梁中部圆形洞口补强钢筋构造
（圆形洞口预埋钢套管）

墙体分布钢筋
延伸至洞口边弯折

洞口上下补强暗梁配筋按设计标注。当洞口上边或下边为剪力墙连梁时，不再重复设置补强暗梁。洞口竖向两侧设置剪力墙边缘构件，详见剪力墙墙柱设计

环形加强钢筋

墙体分布钢筋

1—1

剪力墙圆形洞口直径
大于800时补强钢筋构造

洞口每侧补强钢筋
按设计注写值

环形加强钢筋

剪力墙圆形洞口直径大于300
但不大于800时补强钢筋构造

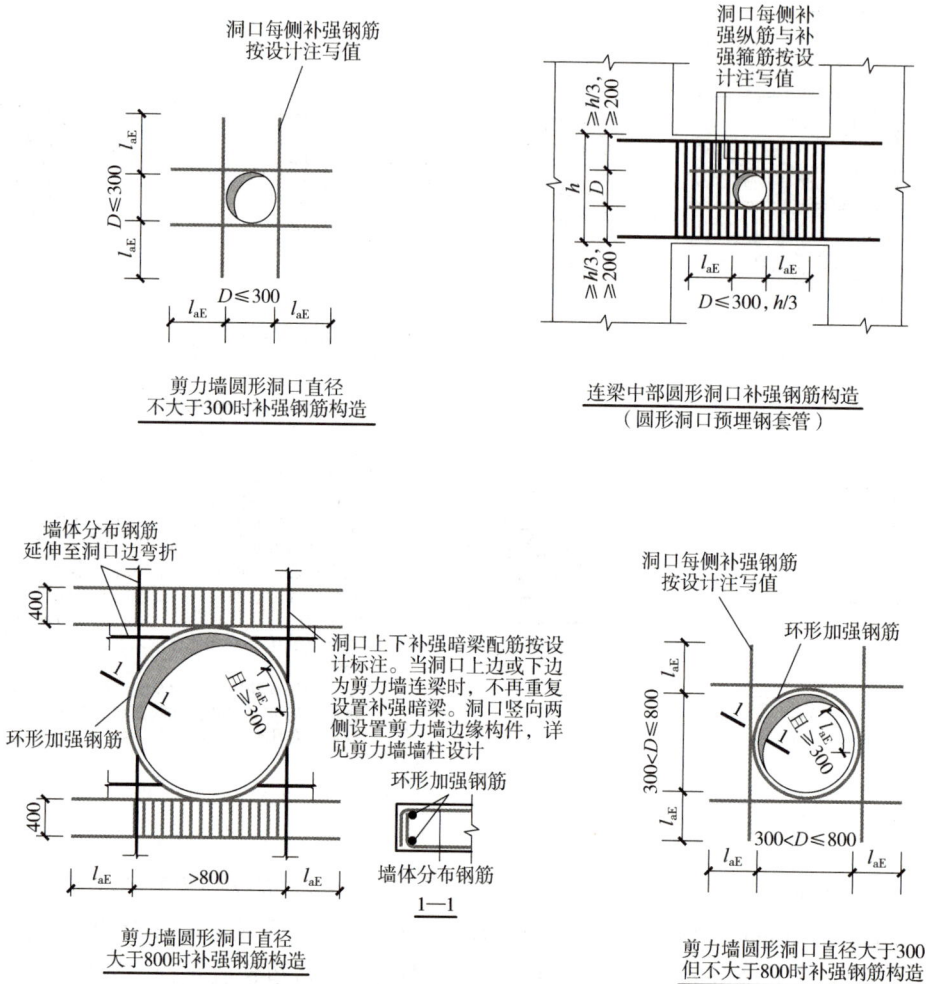

图 3-31　剪力墙洞口补强构造（续）

# 3.3　剪力墙钢筋算量

剪力墙钢筋构件
骨架图

## 3.3.1　剪力墙竖向筋计算

### 1. 剪力墙基础层插筋计算

剪力墙插筋是剪力墙钢筋与基础梁或基础板的锚固钢筋，包括垂直长度和锚固长度两个部分。

（1）剪力墙插筋长度计算　剪力墙基础插筋可以采用绑扎连接，也可以采用机械或焊接，如图 3-32、图 3-33 所示。

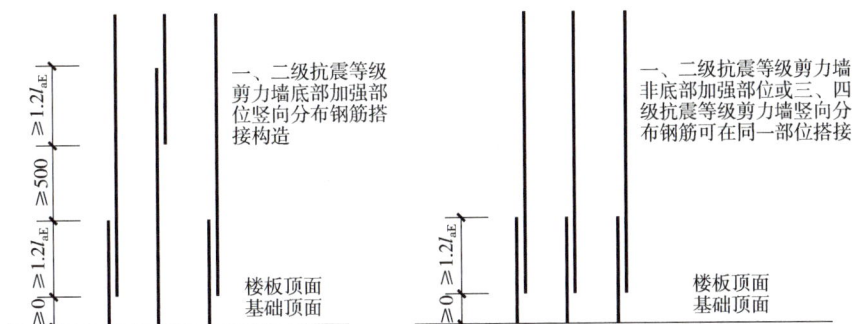

图 3-32　基础插筋采用绑扎连接构造

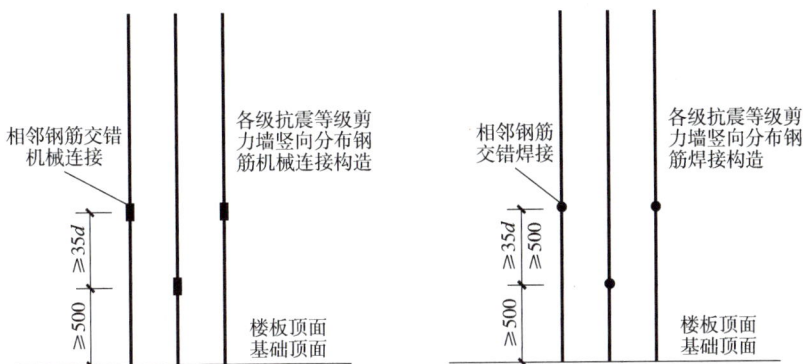

图 3-33　基础插筋采用机械或焊接构造

$$基础层剪力墙插筋长度 = 弯折长度\ \alpha + 锚固竖直长度\ h_1 + 搭接长度（1.2l_{aE}）$$
$$或非连接区\ 500mm \tag{3-1}$$

当采用机械连接时，钢筋搭接长度不计，剪力墙基础插筋长度为：

$$基础层剪力墙插筋长度 = 弯折长度\ \alpha + 锚固竖直长度\ h_1 + 钢筋伸出基础长度\ 500mm$$
$$\tag{3-2}$$

通常，在工程预算中计算钢筋重量时，一般不考虑钢筋错层搭接问题，因为错层搭接对钢筋总重量没有影响。

（2）剪力墙插筋根数计算　插筋距离暗柱边缘距离为竖筋间距的一半。

$$剪力墙插筋根数 = (墙净长 - 2 \times 插筋间距/2)/插筋间距 -$$
$$(墙长 - 两端暗柱截面长 - 2 \times 插筋间距/2) \tag{3-3}$$

### 2. 中间层剪力墙竖向钢筋计算

中间层剪力墙竖向钢筋布置分为无洞口和有洞口两种情况。

无洞口时布置图及有洞口时布置图如图 3-34、图 3-35 所示。

无洞口时：

$$中间层竖向钢筋 = 层高 + 搭接长度\ 1.2l_{aE} \tag{3-4}$$

剪力墙墙身有洞口时，墙身竖向钢筋在洞口上下两边截断，分别横向弯折 $15d$。

$$竖向钢筋长度 = 该层内钢筋净长 + 弯折长度\ 15d + 搭接长度\ 1.2l_{aE} \tag{3-5}$$

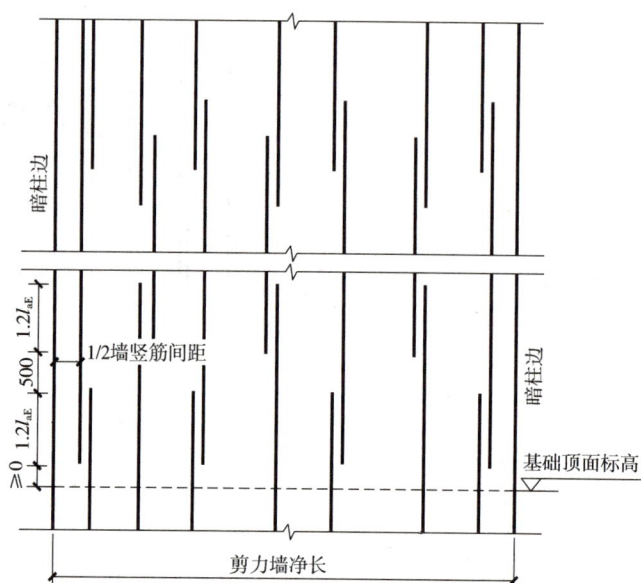

图 3-34  无洞口时中间层剪力墙竖向钢筋布置图

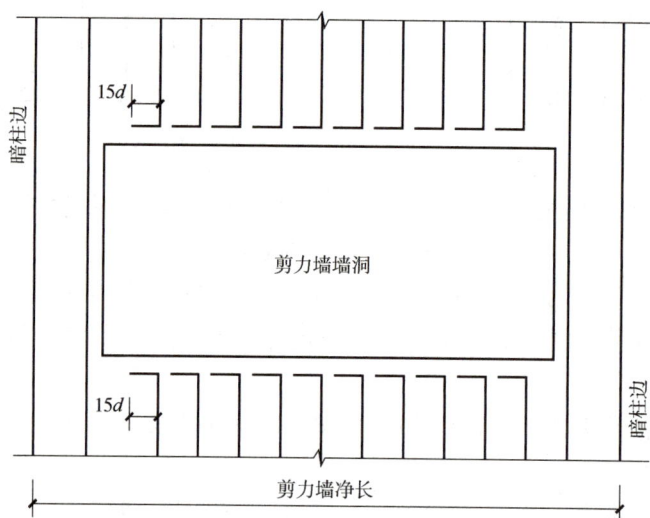

图 3-35  有洞口时中间层剪力墙竖向钢筋布置图

### 3. 顶层剪力墙竖向钢筋计算

顶层剪力墙竖向钢筋应在板中进行锚固，锚固长度为 12d。

$$顶层竖向钢筋长度 = 层高 + 板厚 + 锚固长度 12d \qquad (3\text{-}6)$$

【例 3-1】 剪力墙 $Q_1$，如图 3-36 所示，三级抗震，C30 混凝土保护层为 15mm，各层楼板厚度均为 100mm；$l_{aE}$ 及 $l_{lE}$ 的取值按图集 22G101—3 的规定来进行取值。剪力墙身表见表 3-4，试计算该剪力墙的竖向筋的工程量。

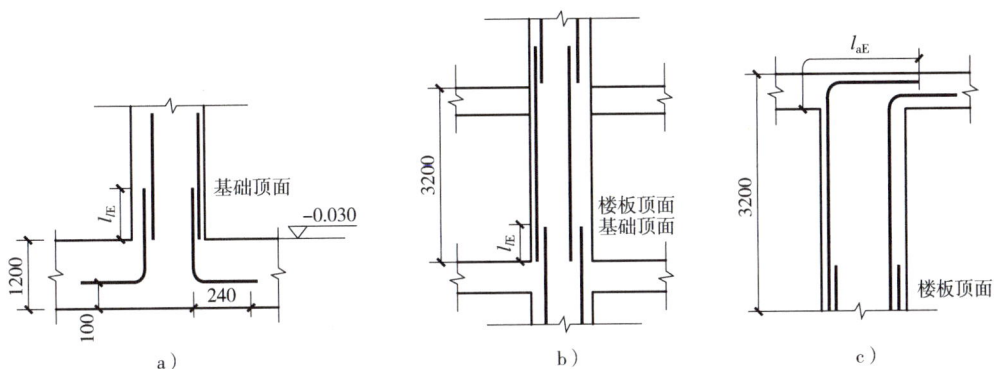

图 3-36　顶层剪力墙竖向分布钢筋示意图

a）基础层　b）中间层　c）顶层

表 3-4　剪力墙身表

| 编号 | 标高 | 墙厚 | 水平分布筋 | 垂直分布筋 | 拉筋 |
|------|------|------|-----------|-----------|------|
| Q12 排 | $-0.030 \sim 9.570\text{m}$ | 300mm | $\Phi 12@200$ | $\Phi 12@200$ | $\Phi 6@200$ |

【解】（1）基础层

$L=$ 基础内弯折 $+$ 基础内高度 $+$ 搭接长度 $l_{lE}$

　　$=240+(1200-100)+1.6 \times l_{aE}$

　　$=240+(1200-100)+1.6 \times 35 \times 12$

　　$=2012(\text{mm})$

根数：$N=$ 排数 $\times \left[\left(\text{墙净长}-50 \times 2\right)/\text{间距}+1\right]$

　　　　　$=2 \times \left[\left(5200-50 \times 2\right)/200+1\right] \approx 2 \times 27(\text{取整})$

　　　　　$=54(\text{根})$

（2）中间层

$L=$ 层高 $+$ 上面搭接长度 $l_{lE}$

　　$=3200+1.6 \times l_{aE}$

　　$=3200+1.6 \times 35 \times 12=3872(\text{mm})$

根数：$N=$ 排数 $\times \left[\left(\text{墙净长}-50 \times 2\right)/\text{间距}+1\right]$

　　　　　$=2 \times \left[\left(5200-50 \times 2\right)/200+1\right]$

　　　　　$\approx 2 \times 27(\text{取整})$

　　　　　$=54(\text{根})$

（3）顶层

$L=$ 层高 $-$ 保护层 $+\left(l_{aE}-\text{板厚}+\text{保护层}\right)$

　　$=3200-15+(35 \times 12-100+15)$

　　$=3520(\text{mm})$

根数同中间层：$N=54$ 根

### 3.3.2 剪力墙水平筋计算

#### 1. 基础层剪力墙水平钢筋计算

基础层剪力墙水平筋分为内侧钢筋、中间钢筋和外侧钢筋。内侧钢筋在剪力墙转角处搭接，外侧钢筋在转角处可以连续通过，也可以断开搭接。当剪力墙端无暗柱时，墙水平筋在端头锚固 $10d$。

（1）墙端为暗柱时

外侧钢筋连续通过：

$$外侧钢筋长度 = 墙长 - 保护层厚度 \times 2 \tag{3-7}$$

$$内侧钢筋长度 = 墙长 - 保护层厚度 + 15d \times 2（弯折长度） \tag{3-8}$$

外侧钢筋不连续通过：

$$外侧钢筋长度 = 墙净长 + 2l_{lE} \tag{3-9}$$

$$内侧钢筋长度 = 墙长 - 保护层厚度 + 15d \times 2（弯折长度） \tag{3-10}$$

（2）墙端为端柱时　剪力墙墙身水平钢筋在端柱中弯锚 $15d$，当墙体水平筋伸入端柱长度大于或等于 $l_{aE}$（$l_a$）时，不必上下弯折。

当墙端为端柱转角墙时：

$$外侧钢筋长度 = 墙净长 + 端柱长 - 保护层厚度 + 15d \tag{3-11}$$

$$内侧钢筋长度 = 墙净长 + 端柱长 - 保护层厚度 + 15d \tag{3-12}$$

当墙端为端柱翼墙或端柱端部墙时：

$$外侧钢筋长度 = 墙净长 - 端柱长 - 保护层厚度 + 15d \tag{3-13}$$

$$内侧钢筋长度 = 墙净长 + 端柱长 - 保护层厚度 + 15d \tag{3-14}$$

当剪力墙存在多排垂直筋和水平钢筋时，其中间水平钢筋在拐角处的锚固措施与该墙的内侧水平筋的锚固构造相同。

（3）基层剪力墙水平筋的根数

$$基础层水平钢筋根数 = 层高/间距 + 1 \tag{3-15}$$

部分设计图样明确表示基础层剪力墙水平筋的根数，也可以根据图样实际根数计算。

#### 2. 中间层剪力墙水平筋计算

当剪力墙中无洞口时，中间层剪力墙中水平钢筋设置与基础层相同，钢筋长度计算也与基础层相同。当剪力墙墙身有洞口时，墙身水平筋在洞口左右两边截断，分别向下弯折 $15d$。

$$洞口水平钢筋长度 = 该层内钢筋净长 + 弯折长度 15d \tag{3-16}$$

#### 3. 顶层剪力墙水平筋计算

顶层剪力墙水平筋设置同中间层剪力墙，钢筋长度计算同中间层。

【例3-2】根据例3-1的题干及图样，计算该剪力墙的水平筋工程量。

【解】$L$ = 左端柱长度 - 保护层 + 墙净长 + 左端柱长度 - 保护层 + 2 × 弯折

$= (400 - 15) + 5200 + (400 - 15) + 2 \times 15d$

$= 5970 + 2 \times 15 \times 12$

$= 6330（mm）$

根数：$N =$ 排数 $\times$（墙净高/间距 $+1$）

$$= 2 \times \left[\, (3200 - 100)/200 + 1 \,\right]$$

$$\approx 34\,(根)$$

### 3.3.3　剪力墙拉筋计算

#### 1. 基础层拉筋

$$长度 = 墙厚 - 2 \times 保护层 + 2d + 1.9d \times 2 + \max(75,\ 10d) \times 2 \tag{3-17}$$

$$根数 = \left[\,(剪力墙净长 - 50 \times 2)/拉筋间距 + 1\,\right] \times 基础水平筋排数 \tag{3-18}$$

#### 2. 墙身拉筋

长度计算同基础层拉筋。

$$根数 = 净墙面积/(间距 \times 间距) = (墙面积 - 门窗洞总面积 - 暗柱所占面积 -$$
$$暗梁所占面积 - 连梁所占面积)/(横向间距 \times 纵向间距) \tag{3-19}$$

墙身拉结筋有梅花形布置和矩形布置两种构造，如设计未明确注明，一般采用梅花形布置；在层高范围：从楼面往上第二排墙身水平筋，至顶板往下第一排墙身水平筋；在墙身宽度范围：从端部的墙柱边第一排墙身竖向钢筋开始布置；连梁范围内的墙身水平筋，也要布置拉结筋。一般情况，墙拉结筋间距是墙水平筋或竖向筋间距的 2 倍。

【例 3-3】墙身拉结筋布置如图 3-37 所示，计算条件见表 3-5，计算拉结筋的长度及根数。

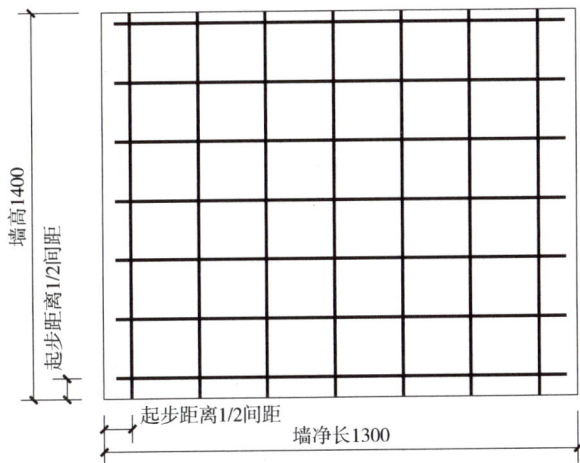

图 3-37　拉筋布置示意图

表 3-5　墙身拉结筋长度计算条件

| 混凝土强度 | 墙混凝土保护层/mm | 抗震等级 | 定尺长度/mm | 连接方式 | $l_{aE}/l_{lE}$ |
|---|---|---|---|---|---|
| C30 | 15 | 一级抗震 | 9000 | 对焊 | $34d/48d$ |

水平筋：$\Phi 14@200$；竖向钢筋：$\Phi 14@200$；拉筋 $\Phi 6@400 \times 400$；墙厚 300mm。

【解】（1）拉结筋长度（按中心线计算）

$$长度 = 墙厚 - 保护层 \times 2 - d + 11.9d \times 2$$

$$= 300 - 15 \times 2 - 6 + 11.9 \times 6 \times 2$$

$$= 406.8\,(mm)$$

（2）拉结筋根数

根数 = 墙净面积/拉筋的布置面积

$$= (1400 \times 1300)/(400 \times 400)$$

$$= 11.375，取 12 根$$

### 3.3.4 剪力墙开洞钢筋计算

剪力墙开洞的原因

#### 1. 水平筋

$$长度 = 水平筋伸到洞口边长度 - 保护层 + 15d \qquad (3-20)$$

根数：水平筋距离洞口边 50mm。

#### 2. 竖向筋

$$长度 = 竖向筋伸到洞口边长度 - 保护层 + 15d \qquad (3-21)$$

根数：水平筋距离洞口边 50mm。

#### 3. 洞口补强钢筋

此部分见 3.2 节中的剪力墙洞口补强构造部分内容。

【例 3-4】某剪力墙开洞钢筋布置如图 3-38 所示，图中 $L_1$ 为 1400mm，$L_2$ 为 600mm，$A_4$ 为 150mm，$A_2$ 为 200mm，洞宽 1 为 400mm。钢筋保护层厚度为 25mm，②号水平分布筋为 $\Phi$12@200。其②号筋布置范围如图 3-39 所示，布置范围为 600mm。计算②号水平钢筋的长度及根数。

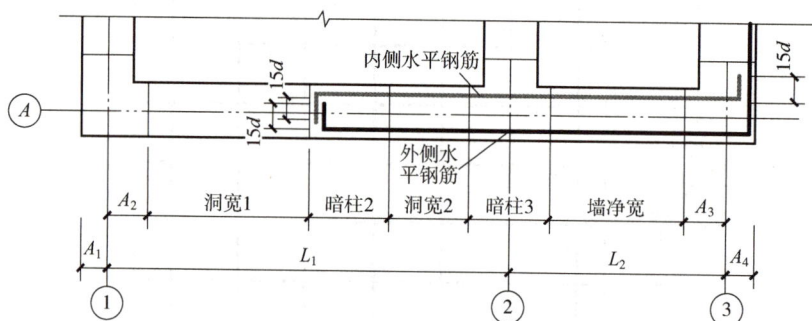

图 3-38 某剪力墙开洞钢筋布置

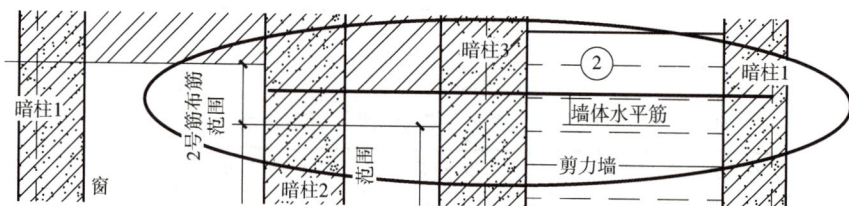

图 3-39 ②号筋布置范围

【解】（1）②号筋长度

外侧长度 = 墙外侧长度 $(L_1 + L_2 + A_4 - A_2 - 洞宽 1) - 保护层 \times 2 + 15d$

$$= (1400 + 600 + 150 - 200 - 400) - 25 \times 2 + 15 \times 12$$

$$= 1680 (mm)$$

$$内侧长度 = 墙外侧长度(L_1 + L_2 + A_4 - A_2 - 洞宽1) - 保护层 \times 2 + 15d \times 2$$
$$= (1400 + 600 + 150 - 200 - 400) - 25 \times 2 + 15 \times 12 \times 2$$
$$= 1860(mm)$$

②号水平分布筋长度 $= 1680 + 1860 = 3540(mm)$

（2）②号筋根数

$$②号筋根数 = (布筋范围 - 50 \times 2)/布筋间距 + 1$$
$$= (600 - 50 \times 2)/200 + 1$$
$$= 3.5(根)，故取为4根$$

## 素质拓展案例

### 剪力墙与钢筋混凝土

剪力墙是房建工程中的重要结构部件，一般采用钢筋混凝土制成，主要承受风荷载或地震作用引起的水平荷载和竖向荷载，以确保结构安全，防止发生剪切破坏。那么钢筋混凝土是怎么产生的呢？

钢筋混凝土的诞生地是法国。

法国花匠蒙尼亚经常要移栽温室中花盆中的花，一不小心就会把花盆打碎，他先用木盆代替瓦盆，但木盆比瓦盆贵。当时，水泥已得到了应用，蒙尼亚便用水泥来做花盆，虽然水泥花盆比瓦盆坚硬，但仍易碰裂。

1868年的一天，蒙尼亚终于想出一个好办法：在水泥花盆的外面缠上几道铁箍用以加固花盆。同时，为了花盆美观，他又在那些铁箍外面涂上一层水泥，水泥硬结后，发现这种花盆特别坚固，不易碎裂。后来蒙尼亚又用铁丝作骨架，然后在铁丝骨架外面抹上水泥，水泥硬结后就成了坚固美观的花盆。钢筋混凝土诞生了。现在，钢筋混凝土已经成为了世界各国的建筑领域里使用得最为广泛的建筑材料之一。

## 本章小结

本章主要介绍了剪力墙施工图制图规则、剪力墙标准构造详图、剪力墙钢筋算量。具体介绍了剪力墙平法施工图的表示方法、列表注写方式、截面注写方式、剪力墙洞口的表示方法、地下室外墙的表示方法及其他、剪力墙竖向筋计算、剪力墙水平筋计算、剪力墙拉筋计算及剪力墙开洞钢筋计算。希望同学们通过本章的学习可以对剪力墙结构有一个更深刻的认识，并熟练运用剪力墙平法施工图的知识。

## 实训练习

### 一、单项选择题

1. 下列关于剪力墙列表注写方式的说法，错误的是（　　）。

A. 剪力墙列表注写包括剪力墙柱表、剪力墙身表和剪力墙梁表注写

B. 墙柱编号由墙柱类型代号和序号组成

C. 剪力墙可视为由剪力墙柱、剪力墙身和剪力墙梁三类构件构成

D. 墙柱箍筋的注写方式与柱箍筋相同

2. 下列关于剪力墙截面注写方式的说法，错误的是（　　　）。

A. 可以随便选用比例进行原位放大绘制剪力墙平面布置图

B. 以直接在墙柱、墙身、墙梁上注写截面尺寸和配筋具体数值的方式来表达剪力墙平法施工图

C. 要对所有墙柱、墙身、墙梁分别按规定进行编号

D. 相同编号的墙柱、墙身、墙梁中选择一根墙柱、一道墙身、一根墙梁进行注写即可

3. 下列关于剪力墙洞口表示方法的说法错误的是（　　　）。

A. 洞口编号：矩形洞口为 JD×× （×× 为序号），圆形洞口为 YD×× （×× 为序号）

B. 剪力墙上的洞口不能直接在剪力墙平面布置图上原位表达

C. 当矩形洞口的洞宽、洞高均不大于 800mm 时，此项注写为洞口每边补强钢筋的具体数值

D. 洞口几何尺寸：矩形洞口为洞宽×洞高（$b \times h$），圆形洞口为洞口直径 $D$

4. 下列关于地下室外墙表示方法的说法，错误的是（　　　）。

A. 地下室外墙的原位标注，主要表示在外墙外侧配置的水平非贯通筋或竖向非贯通筋

B. 地下室外墙编号，由墙身代号、序号组成，表达为 DWQ××

C. 地下室外墙的表示方法也适用于地下室外墙中墙柱、连梁及洞口

D. 地下室外墙外侧水平、竖向非贯通筋配置相同者，可仅选择一处注写

5. 下列关于剪力墙钢筋算量的说法错误的是（　　　）。

A. 基础层剪力墙水平筋分为内侧钢筋、中间钢筋和外侧钢筋

B. 墙身拉结筋有梅花形和矩形布置两种构造方式

C. 剪力墙插筋是剪力墙钢筋与基础梁或基础板的锚固钢筋

D. 当采用绑扎连接时，钢筋搭接长度不计

## 二、多项选择题

1. 在剪力墙柱表中按规定需要表达的内容有（　　　）。

A. 注写墙柱编号，绘制该墙柱的截面配筋图，标注墙柱几何尺寸

B. 注写各段墙柱的起止标高，自墙柱根部往上以变截面位置或截面未变但配筋改变处为界分段注写

C. 注写各段墙柱的纵向钢筋和箍筋，注写值应与在表中绘制的截面配筋图对应一致

D. 拉结筋应注明布置方式为"矩形"布置或"梅花"布置

E. 注写墙梁截面尺寸 $b \times h$、上部纵筋、下部纵筋和箍筋的具体数值

2. 在剪力墙梁表中按规定需要表达的内容有（　　　）。

A. 注写墙梁编号、注写墙梁所在楼层号

B. 连梁设有集中对角斜筋时，注写一条对角线上的对角斜筋，并标注"×2"表明对称设置

C. 注写水平分布钢筋、竖向分布钢筋和拉结筋的具体数值

D. 拉结筋应注明布置方式为"矩形"布置或"梅花"布置

E. 注写墙梁截面尺寸 $b×h$，上部纵筋、下部纵筋和箍筋的具体数值

3. 下列关于剪力墙洞口具体表示方法的说法，正确的有（　　）。

A. 矩形洞口的洞宽、洞高均大于 800mm 时，此项注写为洞口每边补强钢筋的具体数值

B. 洞口编号：矩形洞口为 JD×× （×× 为序号），圆形洞口为 YD×× （×× 为序号）

C. 洞口中心相对标高，是相对于结构层楼（地）面标高的洞口中心高度

D. 洞口几何尺寸：矩形洞口为洞宽×洞高（$b×h$），圆形洞口为洞口直径 $D$

E. 当矩形或圆形洞口的洞宽或直径大于 800mm 时，在洞口的上、下需设置补强暗梁

4. 下列关于地下室外墙具体表示方法的说法，正确的有（　　）。

A. 地下室外墙编号，由墙身代号、序号组成，表达为 DWQ××

B. 当仅设置贯通筋，未设置附加非贯通筋时，则仅做集中标注

C. 注写地下室外墙编号，包括代号、序号、墙身长度（注为 ××～×× 轴）

D. 注写地下室外墙厚度 $b_w = ×××$

E. 地下室外墙的原位标注，仅表示在外墙外侧配置的水平非贯通筋

5. 下列关于竖向筋计算的说法，错误的有（　　）。

A. 插筋距离暗柱边缘距离为竖筋间距的三分之一

B. 在工程预算中计算钢筋重量时，一般不考虑钢筋错层搭接问题

C. 顶层剪力墙竖向钢筋应在板中进行锚固，锚固长度为 $12d$

D. 当采用机械连接时，钢筋搭接长度不计

E. 剪力墙墙身有洞口时，墙身竖向钢筋在洞口上下两边截断，分别横向弯折 $12d$

### 三、计算题

1. 如图 3-40 所示为一抗震剪力墙 Q1（2 排），混凝土强度等级为 C30，层高为 2800mm，楼板厚 100mm，保护层厚度为 15mm。搭接连接，搭接长度为 20mm。其中剪力墙标高为 ±0.000～2.800m，墙厚 240mm，竖向分布筋为 $\Phi 12@200$。试计算该剪力墙中间段墙身 Q1（2 排）的竖向筋长度及根数。

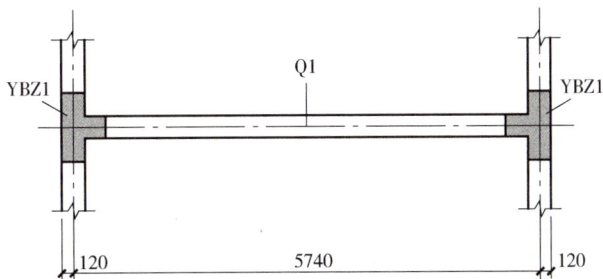

图 3-40　抗震剪力墙

2. 如图 3-41 所示为用截面注写方式表达的剪力墙平法施工图。三级抗震，剪力墙和基

础混凝土强度等级均为 C25，剪力墙和板的保护层厚度均为 15mm，基础保护层厚度为 40mm。各层楼板厚度均为 100mm，基础厚度为 1200mm。如图 3-42 所示为剪力墙墙身水平分布筋构造。试计算基础墙身水平分布钢筋长度及根数。

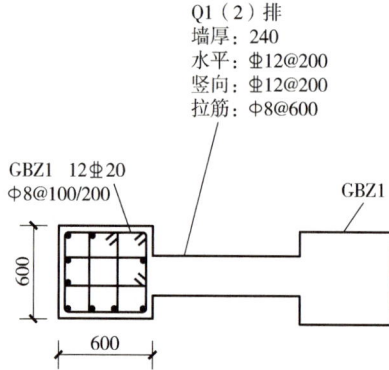

图 3-41　剪力墙平法施工图截面注写方式

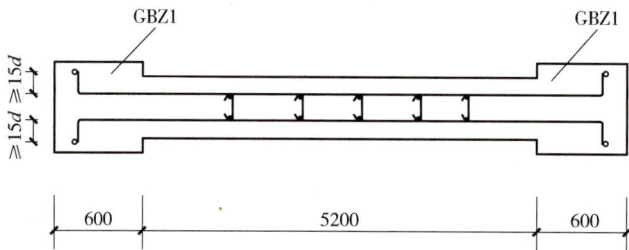

图 3-42　剪力墙墙身水平分布筋构造

3. 根据计算题第 2 题的题干及图样，计算基础墙身拉筋长度及根数。

# 实训工作单

| 班级 | | 姓名 | | 日期 | |
|---|---|---|---|---|---|
| 教学项目 | | 剪力墙 | | | |
| 学习项目 | 剪力墙施工图制图规则、剪力墙标准构造详图、剪力墙钢筋算量 | 学习要求 | | 了解剪力墙施工图制图规则、熟悉剪力墙的相关标准构造详图、了解并熟练应用剪力墙钢筋算量 | |
| 相关知识 | | 剪力墙工程的施工技术 | | | |
| 其他内容 | | | | | |
| 学习记录 | | | | | |
| 评语 | | | | 指导老师 | |

# 第 4 章

# 梁构件

## 【学习目标】

1) 了解梁平法施工图平面、截面的注写方式和表示方法。
2) 了解梁支座上部纵筋、不伸入支座的梁下部纵筋长度规定。
3) 认识梁构件平法施工图识图步骤和基本构造识图。
4) 掌握楼层框架梁上、下部钢筋计算。
5) 掌握楼层框架梁侧面纵筋计算。
6) 掌握楼层框架梁箍筋计算。

## 【素质目标】

拓展课外知识，了解中国传统文化，感受传统文化的博大精深，感受古人的聪明才智。学习中国历史，增加文化自信。

## 【教学要求】

| 本章要点 | 掌握层次 | 相关知识点 |
|---|---|---|
| 平面注写方式 | 掌握楼层框架梁上、下部钢筋计算 | 屋面框架梁上、下部钢筋计算 |
| 梁构件截面注写方式 | 掌握楼层框架梁侧面纵筋计算 | 楼层框架梁侧面钢筋搭接计算 |
| 梁支座上部纵筋的长度规定 | 掌握楼层框架梁箍筋计算 | 楼层框架梁吊筋计算 |
| 梁构件基本构造识图 | 认识梁构件基本构造识图 | 梁构件识图 |
| 楼层框架梁上、下部钢筋计算 | 了解平面注写方式 | 列表注写方式 |
| 楼层框架梁侧面纵筋计算 | 了解梁构件截面注写方式 | 梁构件平面注写方式 |
| 楼层框架梁箍筋计算 | 了解梁支座上部纵筋的长度规定 | 梁支座下部纵筋的长度规定 |

## 【项目案例导入】

如图 4-1 所示，认真识读该施工图。

## 【项目问题导入】

根据图 4-1，回答以下问题：

1. 梁构件施工图的表示方法、平面和截面的注写方式？
2. 梁构件钢筋识图的步骤和方法？
3. 几种梁构件钢筋的计算？

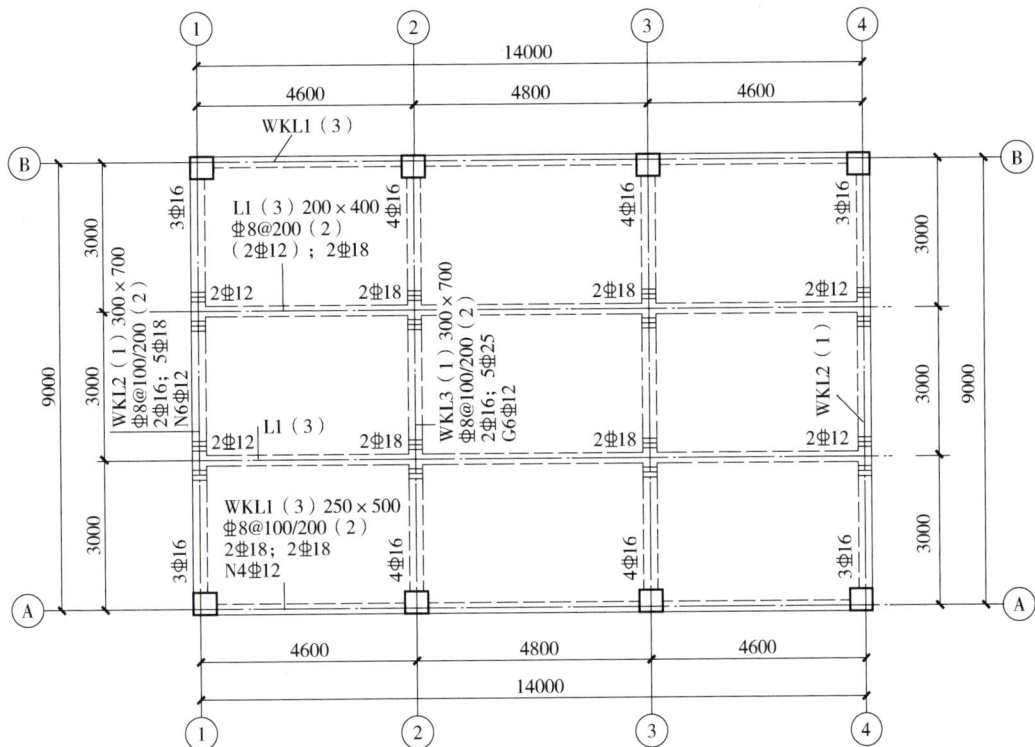

图 4-1　屋面层梁平法施工图（1:100）

# 4.1　梁构件施工图制图规则

## 4.1.1　梁平法施工图的表示方法

1）梁平法施工图是在平面布置图上采用平面注写方式或截面注写方式表达。

2）梁平面布置图应分别按梁的不同结构层（标准层），将全部梁和与其相关联的柱墙、板采用适当比例绘制。

3）在梁平法施工图中，应按相关规定注明各结构层的顶面标高及相应的结构层号。

4）对于轴线未居中的梁，应标注其与定位轴线的尺寸（贴柱边的梁可不注）。

## 4.1.2　平面注写方式

梁平面注写方式是指在梁平面布置图上，分别在不同编号的梁中各选一根梁，在其上注写截面尺寸和配筋具体数值来表达梁平法施工图的方式。梁平面注写方式如图 4-2 所示。

梁平面注写方式包括集中标注和原位标注。集中标注表达梁的通用数值，如截面尺寸、箍筋配置、梁上部贯通钢筋等；当集中标注的数值不适用于梁的某个部位时，可采用原位标注。原位标注表达梁的特殊数值，如梁在某一跨改变的梁断面尺寸，该处的梁底配筋或增设的钢筋等。在施工时，原位标注取值优先于集中标注。

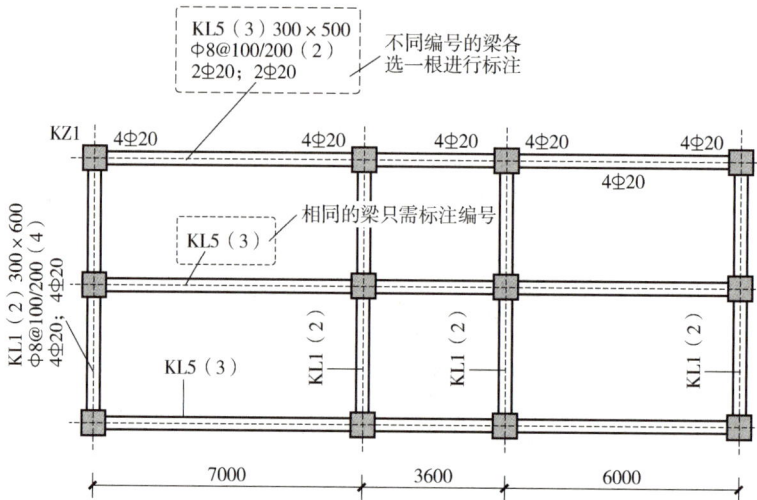

图 4-2　梁平面注写方式

## 1. 梁的集中标注

1）梁的编号，该项为必注值。梁的编号由梁类型、代号、序号、跨数及是否带有悬挑等组成，见表 4-1。

表 4-1　梁的编号

| 梁类型 | 代号 | 序号 | 跨数及是否带有悬挑 |
|---|---|---|---|
| 楼层框架梁 | KL | ×× | （××）、（××A）或（××B） |
| 楼层框架扁梁 | KBL | ×× | （××）、（××A）或（××B） |
| 屋面框架梁 | WKL | ×× | （××）、（××A）或（××B） |
| 框支梁 | KZL | ×× | （××）、（××A）或（××B） |
| 拖柱转换梁 | TZL | ×× | （××）、（××A）或（××B） |
| 非框架梁 | L | ×× | （××）、（××A）或（××B） |
| 悬挑梁 | XL | ×× | （××）、（××A）或（××B） |
| 井字梁 | JZL | ×× | （××）、（××A）或（××B） |

注：1. （××A）为一端有悬挑，（××B）为两端有悬挑，悬挑不计入跨数。

2. 楼层框架扁梁节点核心区代号 KBH。

3. 本表中非框架梁 L、井字梁 JZL 表示端支座为铰链；当非框架梁 L、井字梁 JZL 端支座上部纵筋为充分利用钢筋的抗拉强度时，在梁代号后加 "g"。

4. 当非框架梁 L 按受扭设计时，在梁代号后加 "N"。

2）在梁的集中标注内容中，有五项必注值和一项选注值，集中标注可以从梁的任意一跨引出，规定如下：

①梁的编号，见表 4-1，该项为必注值。

②梁截面尺寸，该项为必注值。

当为等截面梁时，用 $b×h$ 表示。

当为竖向加腋梁时，用 $b \times h \, Yc_1 \times c_2$ 表示，其中 $c_1$ 为腋长，$c_2$ 为腋高，如图4-3所示。

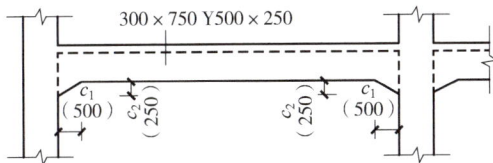

图4-3 竖向加腋梁截面注写

当为水平加腋梁时，一侧加腋时用 $b \times h \, PYc_1 \times c_2$ 表示，其中 $c_1$ 为腋长，$c_2$ 为腋宽，加腋部位应在平面图中绘制，如图4-4所示。

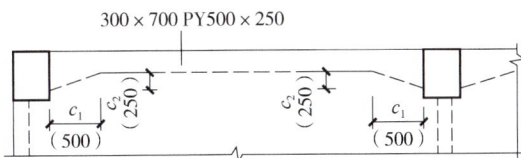

图4-4 水平加腋梁截面注写

当有悬挑梁且根部和端部的高度不同时，用斜线分隔根部与端部的高度值，即为 $b \times h_1/h_2$，如图4-5所示。

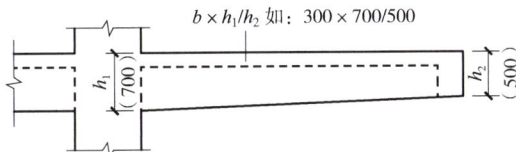

图4-5 悬挑梁不等高截面注写

悬挑梁构造

3）梁箍筋，包括钢筋级别、直径、加密区与非加密区间距及肢数，该项为必注值。箍筋加密区与非加密区的不同间距及肢数需用斜线"/"分隔；当梁箍筋为同一种间距及肢数时，则不需用斜线；当加密区与非加密区的箍筋肢数相同时，则将肢数注写一次；箍筋肢数应写在括号内。加密区范围见相应抗震等级的标准构造详图。

箍筋

当抗震设计中的非框架梁、悬挑梁、井字梁以及非抗震设计中的各类梁采用不同的箍筋间距及肢数时，也用斜线"/"将其分隔开来。注写时，先注写梁支座端部的箍筋（包括箍筋的箍数、钢筋种类、直径、间距与肢数），在斜线后注写梁跨中部分的箍筋间距及肢数。

混凝土梁箍筋、纵筋的作用

4）梁上部通长筋或架立筋配置（通长筋可为相同或不同直径采用搭接连接、机械连接或焊接的钢筋），该项为必注值。所注规格与根数应根据结构受力要求及箍筋肢数等构造要求而定。当同排纵筋中既有通长筋又有架立筋时，应用加号"+"将通长筋和架立筋相连。注写时需将角部纵筋写在加号的前面，架立筋写在加号后面的括号内，以示不同直径及与通长筋的区别。当全部采用架立筋时，则将其写入括号内。

当梁的上部纵筋和下部纵筋为全跨相同，而且多数跨配筋相同时，此项可加注下部纵筋的配筋值，用分号"；"将上部与下部纵筋的配筋值分隔开来，少数跨不同者，应按相关规定注明。

5）梁侧面纵向构造钢筋或受扭钢筋配置，该项为必注值。当梁腹板高度 $h_w \geqslant 450mm$

时，需配置纵向构造钢筋，所注规格与根数应符合规范规定。此项注写值以大写字母 G 打头，接续注写设置在梁两个侧面的总配筋值，且对称配置。受扭纵向钢筋应满足梁侧面纵向构造钢筋的间距要求，且不再重复配置纵向构造钢筋。

当梁侧面需配置受扭纵向钢筋时，此项注写值以大写字母 N 打头，接续注写配置在梁两个侧面的总配筋值，且对称配置。

当梁侧面构造钢筋时，其搭接与锚固长度可取为 $15d$。当为梁侧面受扭纵向钢筋时，其搭接长度为 $l_l$ 或 $l_{aE}$（抗震），锚固长度为 $l_a$ 或 $l_{aE}$（抗震）；其锚固方式同框架梁下部纵筋。

6）梁顶面标高高差，该项为选注值。梁顶面标高高差是指相对于结构层楼面标高的高差值，对于位于结构夹层的梁，则是指相对于结构夹层楼面标高的高差。有高差时，需将其写入括号内，无高差时不注。

注：当某梁的顶面高于所在结构层的楼面标高时，其标高高差为正值，反之为负值。

### 2. 梁的原位标注

（1）梁支座上部纵筋

1）当上部纵筋多于一排时，用"/"将各排纵筋自上而下分开。

2）当同排纵筋有两种直径时，用"＋"将两种直径的纵筋连在一起，注写时将角部纵筋写在前面。

3）当梁中间支座两边的上部钢筋不同时，需在支座两边分别注写；当梁中间支座两边的上部纵筋相同时，可仅在支座的一边标注配筋值，另一边省去不注，如图 4-6 所示。

4）对于端部带悬挑的梁，其上部纵筋注写的悬挑梁根部支座部位。当支座两边的上部纵筋相同时，可仅在支座的一边标注配筋值。

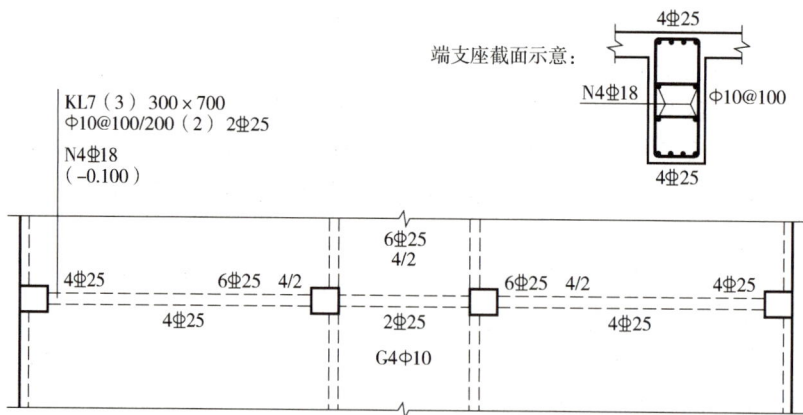

图 4-6　梁中间支座两边的上部纵筋不同注写方式

（2）梁下部纵筋

1）当下部纵筋多于一排时，用斜线"/"将各排纵筋自上而下分开。

2）当同排纵筋有两种直径时，用加号"＋"将两种直径的纵筋相连，注写时角筋写在前面。

3）当梁下部纵筋不全部伸入支座时，将不伸入梁支座的下部纵筋数量写在括号内。

4）当梁的集中标注中已按照其相关规定分别注写了梁上部和下部均为通长的纵筋值时，则不需在梁下部重复做原位标注。

5）当梁设置竖向加腋时，加腋部位下部斜纵筋应在支座下部以 Y 打头注写在括号内。

当梁设置水平加腋时，水平加腋内上、下部斜纵筋应在加腋支座上部以 Y 打头注写在括号内，上下部斜纵筋之间用"/"分隔，如图 4-7、图 4-8 所示。

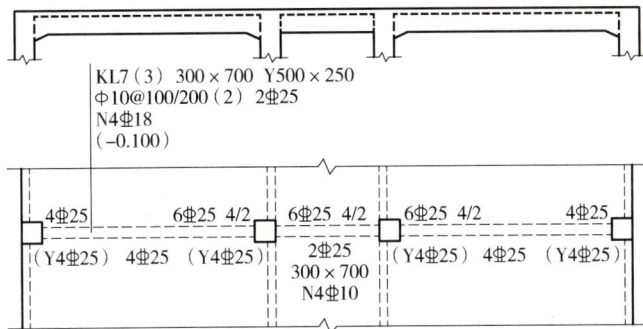

图 4-7　梁竖向加腋平面注写方式

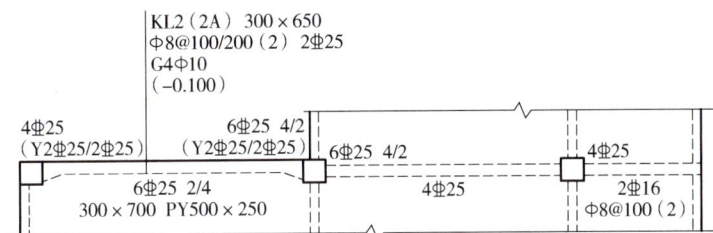

图 4-8　梁水平加腋平面注写方式

（3）附加箍筋或吊筋　在主次梁交接处，可将附加箍筋或吊筋直接画在平面图中的主梁上，并引注总配筋值，如图 4-9 所示。

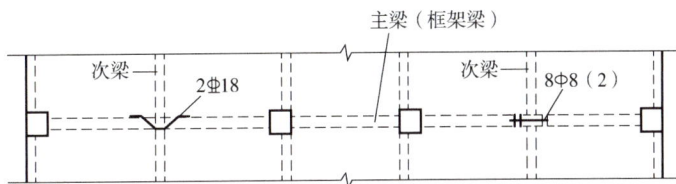

图 4-9　附加箍筋或吊筋

附加箍筋吊筋的作用

附加箍筋与吊筋的区别

### 3. 框架扁梁的平面注写方式

框架扁梁的注写规则与框架梁相同，只是对于上部纵筋和下部纵筋，还需注明未穿过柱截面的纵向受拉钢筋根数，如图 4-10 所示。

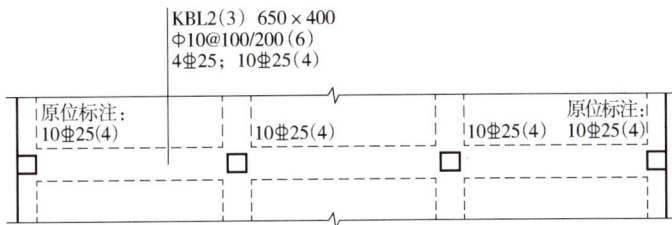

框架扁梁的特点

图 4-10　框架扁梁的平面注写方式

#### 4. 井字梁的平面注写方式

井字梁通常由两向非框架梁构成，以框架梁为支座（特殊情况下以专门设置的非框架大梁为支座）。为明确区分井字梁与或作为井字梁支座的梁，在梁平法施工图中，井字梁用单粗虚线表示（当井字梁顶面高出板面时可用单粗实线表示），作为井字梁支座的梁采用双细虚线表示（当梁顶面高出板面时可用双实细线表示），如图 4-11 所示。

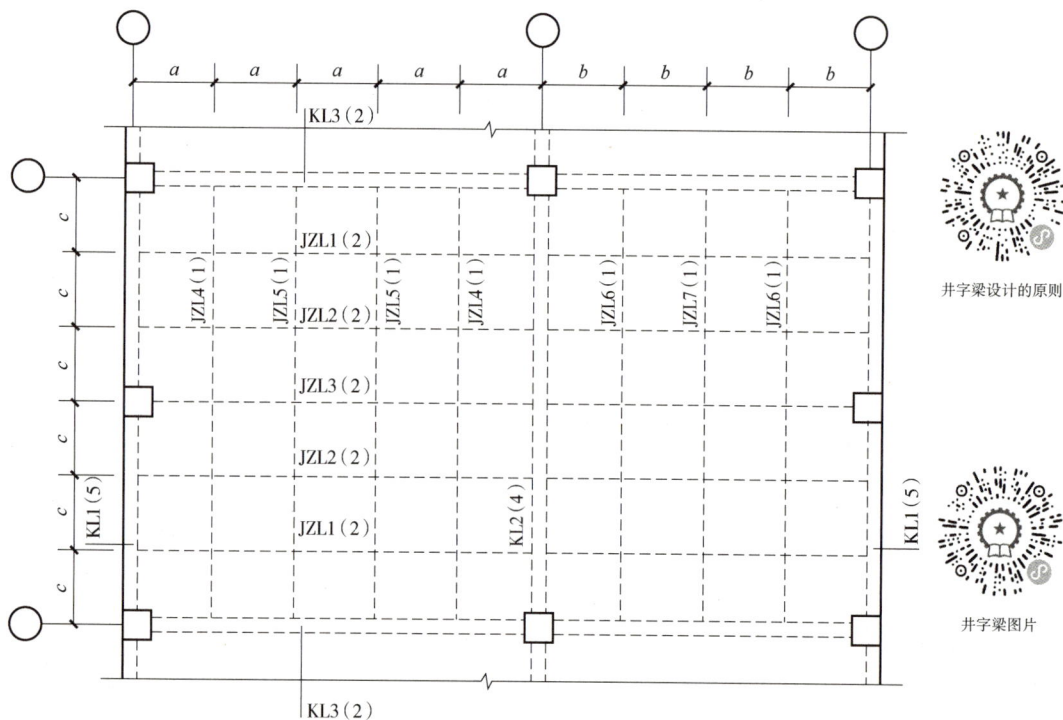

图 4-11  井字梁的平面注写方式

### 4.1.3  梁构件截面注写方式

梁截面注写方式是在分标准层绘制的梁平面布置图上，分别在不同编号的梁中各选择一根梁用剖面号引出配筋图，并在其上注写截面尺寸和配筋具体数值的方式来表达梁平法施工图。

梁的截面注写方式包括以下内容：

1）在截面注写的配筋图中可注写的内容有梁截面尺寸、上部钢筋和下部钢筋、侧面构造钢筋或受扭钢筋、箍筋等，其表达方式与梁平面注写方式相同。

2）对所有梁进行编号，从相同编号的梁中选择一根梁，用剖面号引出截面位置，再将截面配筋详图画在本图或其他图上。当某梁的顶面标高与结构层的楼面标高不同时，尚应继续梁编号后注写梁顶面标高高差（注写规定与平面注写方式相同）。

3）在截面配筋详图上注写截面尺寸 $b \times h$、上部筋、下部筋、侧面构造筋或受扭筋以及箍筋的具体数值时，其表达形式与平面注写方式相同。

4）截面注写方式既可以单独使用，也可以与平面注写方式结合使用。

5）应用截面注写方式表达的梁平法施工图示例，如图 4-12 所示。

| 层号 | 标高（m） | 层高（m） |
|---|---|---|
| 屋面2 | 65.670 | |
| 塔层2 | 62.370 | 3.30 |
| 屋面1（塔层1） | 59.070 | 3.30 |
| 16 | 55.470 | 3.60 |
| 15 | 51.870 | 3.60 |
| 14 | 48.270 | 3.60 |
| 13 | 44.670 | 3.60 |
| 12 | 41.070 | 3.60 |
| 11 | 37.470 | 3.60 |
| 10 | 33.870 | 3.60 |
| 9 | 30.270 | 3.60 |
| 8 | 26.670 | 3.60 |
| 7 | 23.070 | 3.60 |
| 6 | 19.470 | 3.60 |
| 5 | 15.870 | 3.60 |
| 4 | 12.270 | 3.60 |
| 3 | 8.670 | 3.60 |
| 2 | 4.470 | 4.20 |
| 1 | -0.030 | 4.50 |
| -1 | -4.530 | 4.50 |
| -2 | -9.030 | 4.50 |

4⌀16
N2⌀16　⌀8@200
6⌀22 2/4

1—1
300×550

2⌀16
N2⌀16　⌀8@200
6⌀22 2/4

2—2
300×550

2⌀14
⌀8@200
3⌀18

3—3
250×450

8⌀25 4/4　2⌀18　8⌀25 4/4

7⌀25 2/5
KL1（4）300×700
⌀10@100/200（2）
2⌀25
G4⌀10

7⌀25 2/5
N4⌀16

L4（1）
（-0.100）

8⌀10（2）
8⌀10（2）

2⌀20
2⌀20

6⌀22 2/4

6⌀22 4/2

KL1（4）

1800

Lg3（1）2
（-0.100）

2⌀18

6⌀22 4/2

8⌀25 4/4　7⌀25 2/5

2100

8⌀25 4/4

2⌀18

8⌀25 3/5
KL2（4）300×700
⌀10@100/200（2）
2⌀25
G4⌀10

6⌀22 4/2

7200　7200　3600

3000　4200

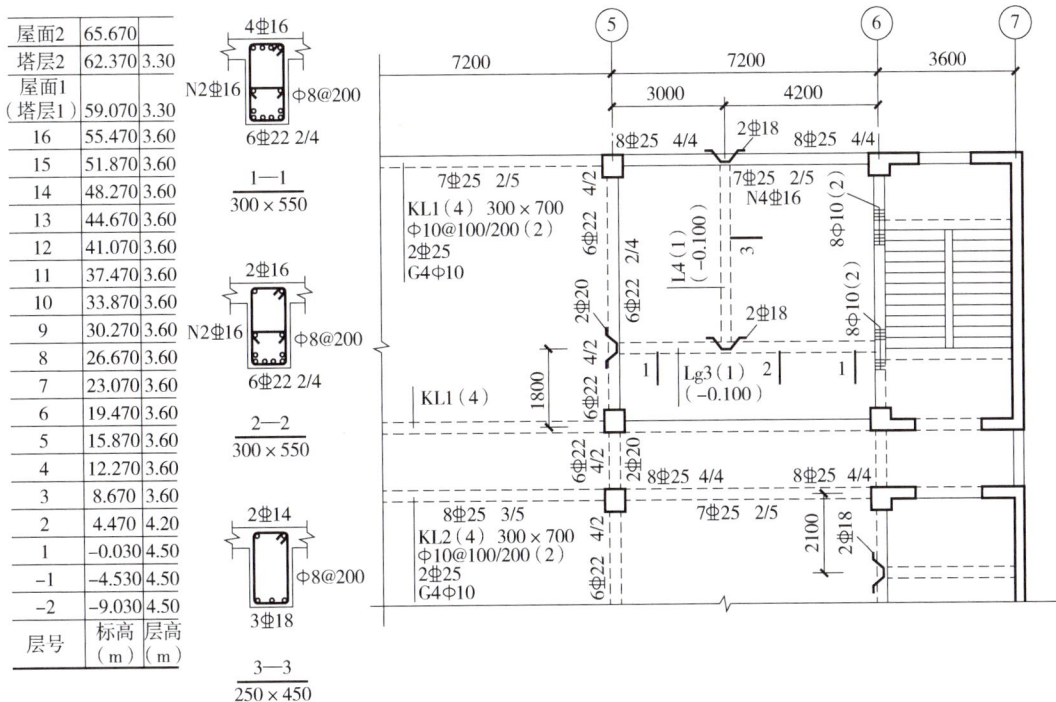

图 4-12　梁平法施工图截面注写方式

## 4.1.4　梁支座上部纵筋的长度规定

1）为方便施工，凡框架梁的所有支座和非框架梁（不包括井字梁）的中间支座上部纵筋的伸出长度 $a_0$ 值在标准构造详图中统一取值为：

①第一排非通长筋及与跨中直径不同的通长筋从柱（梁）边起伸出至 $l_n/3$ 位置。

②第二排非通长筋伸出至 $l_n/4$ 位置。

$l_n$ 的取值规定为：

①对于端支座，$l_n$ 为本跨的净跨值。

②对于中间支座，$l_n$ 为支座两边较大一跨的净跨值。

2）悬挑梁（包括其他类型梁的悬挑部分）上部第一排纵筋伸出至梁端头并下弯，第二排伸出至 $3l/4$ 位置，$l$ 为自柱（梁）边算起的悬挑净长。当具体工程需要将悬挑梁中的部分上部钢筋从悬挑梁根部开始斜向弯下时，应由设计者另加注明。

3）设计者在执行1）、2）中关于梁支座端上部纵筋伸出长度的统一取值规定时，特别是在大小跨相邻和端跨外为长悬臂的情况下，还应注意按现行规范《混凝土结构设计规范》（GB 50010）的相关规定进行校核，若不满足时应根据规范规定进行变更。

悬挑梁施工注意
事项有哪些

## 4.1.5　不伸入支座的梁下部纵筋长度规定

1）当梁（不包括框支梁）下部纵筋不全部伸入支座时，不伸入支座的梁下部纵筋截断点距支座边的距离，在标准构造详图中统一取为 $0.1l_{ni}$（$l_{ni}$ 为本跨梁的净跨值）。

2）当按上述第1）条规定确定不伸入支座的梁下部纵筋的数量时，应符合《混凝土结构设计规范》（GB 50010）的有关规定。

# 4.2 梁构件钢筋识图方法

## 4.2.1 梁构件平法施工图识图步骤

1）查看图名、比例。

2）首先校核轴线编号及其间距尺寸，要求必须与建筑图、剪力墙施工图、柱施工图保持一致。

3）与建筑配合，明确梁的编号、数量和布置。

4）阅读结构设计总说明或有关说明，明确梁的混凝土强度等级及其他要求。

5）根据梁的编号，查阅图中标注或截面标注，明确梁的截面尺寸、配筋和标高。再根据抗震等级、设计要求和标准构造详图确定纵向钢筋、箍筋和吊筋的构造要求（如纵向钢筋的锚固长度、切断位置、弯折要求和连接方式、搭接长度等；箍筋加密区的范围；附加箍筋、吊筋的构造）。

## 4.2.2 梁构件基本构造识图

1）楼层框架梁 KL 纵向钢筋构造如图 4-13 所示。

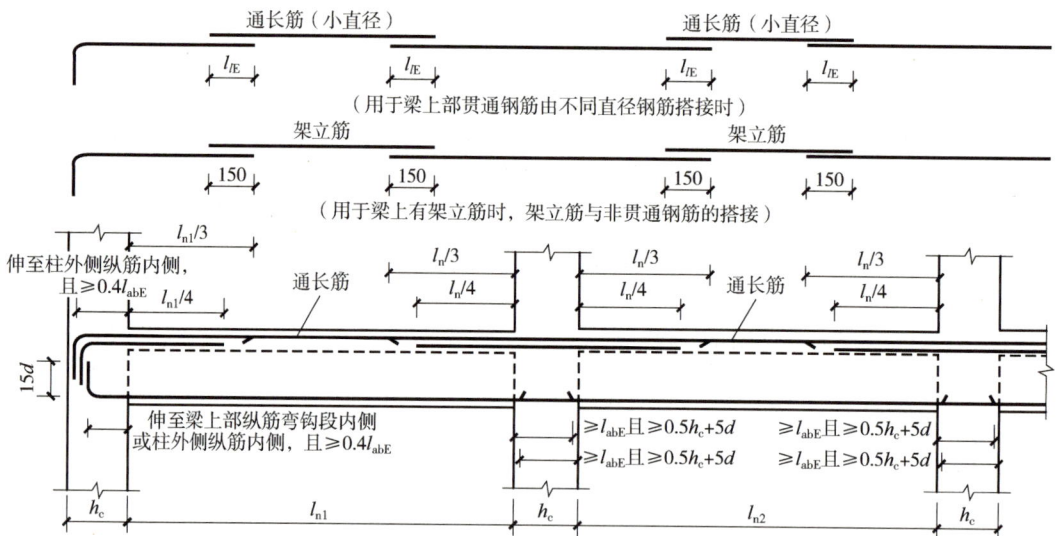

图 4-13　楼层框架梁 KL 纵向钢筋构造

注：1. 跨度值 $l_n$ 为左跨 $l_{ni}$ 和右跨 $l_{ni+1}$ 的较大值，其中 $i = 1$、2、3…。

2. 图中 $h_c$ 为柱截面沿框架方向的高度。

3. 梁上部通长钢筋与非贯通钢筋直径相同时，连接位置宜位于跨中 $l_{ni}/3$ 范围内；梁下部钢筋连接位置宜位于支座 $l_{ni}/3$ 范围内，且在同一连接区段内钢筋接头面积百分率不宜大于 50%。

4. 当上柱截面尺寸小于下柱截面尺寸时，梁上部钢筋的锚固长度起算位置应为上柱内边缘，梁下纵筋的锚固长度起算位置为下柱内边缘。

2）端支座锚固如图 4-14、图 4-15 所示，中间层中间节点梁下部钢筋在节点外搭接如图 4-16 所示。

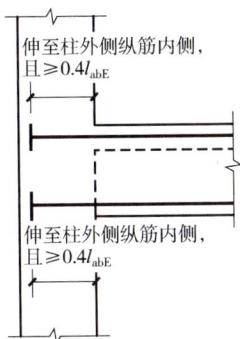

图 4-14　端支座加锚头
（锚板）锚固

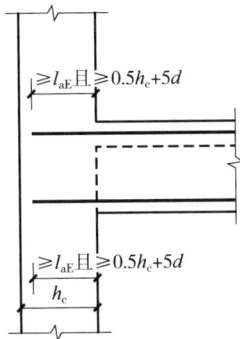

图 4-15　端支座直锚

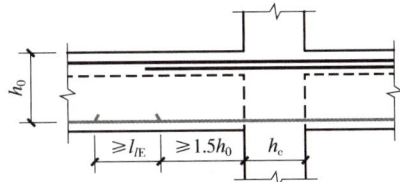

图 4-16　中间层中间节点梁下部钢筋
在节点外搭接

3）屋面框架梁端纵向钢筋构造

①抗震屋面框架梁纵向钢筋构造如图 4-17 所示。

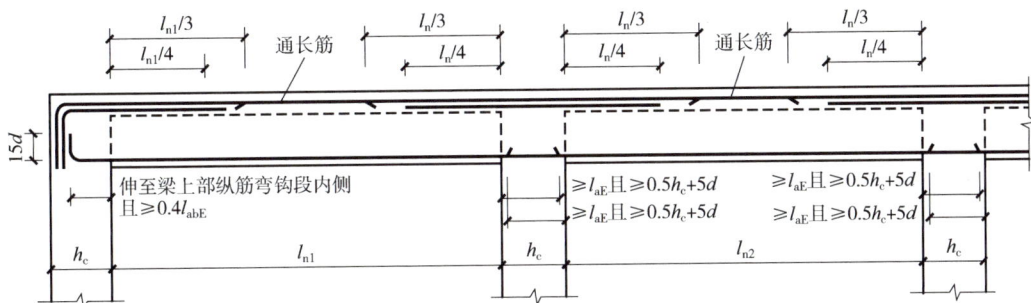

图 4-17　抗震屋面框架梁纵向钢筋构造

②非抗震屋面框架梁纵向钢筋构造如图 4-18 所示。

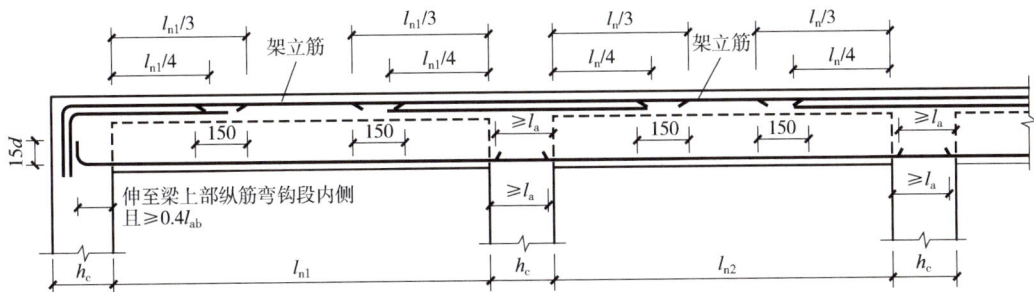

图 4-18　非抗震屋面框架梁纵向钢筋构造

注：1. 跨度值 $l_n$ 为左跨 $l_{ni}$ 和右跨 $l_{ni+1}$ 的较大值，其中 $i = 1$、2、3…。

2. 图中 $h_c$ 为柱截面沿框架方向的高度。

3. 梁上部通长钢筋与非贯通钢筋直径相同时，连接位置宜位于跨中 $l_{ni}/3$ 范围内；梁下部钢筋连接位置宜位于支座 $l_{ni}/3$ 范围内，且在同一连接区段内钢筋接头面积百分率不宜大于 50%。

4）框架梁水平加腋构造如图 4-19 所示，框架梁竖向加腋构造如图 4-20 所示。

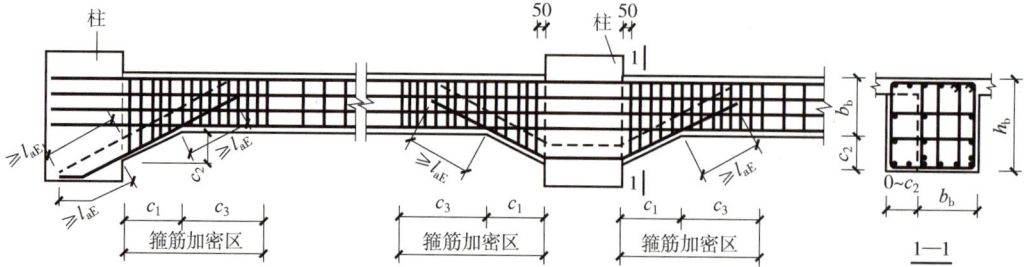

图 4-19 框架梁水平加腋构造

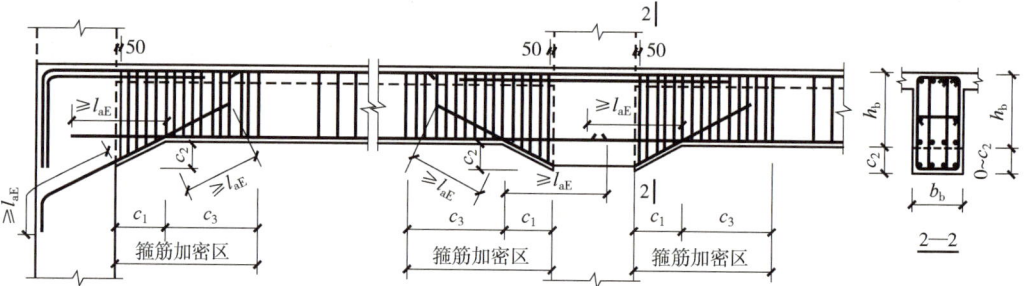

图 4-20 框架梁竖向加腋构造

注：1. 当梁结构平法施工图中，水平加腋部位的配筋设计未给出时，其梁腋上下部斜纵筋（仅设置第一排）直径分别同梁内上下纵筋，水平间距不宜大于200mm；水平加腋部位侧面纵向构造筋的设置及构造要求同梁内侧面纵向构造筋。

2. 加腋部位箍筋规格及肢距与梁端部的箍筋相同。

3. 本图中框架梁竖向加腋构造适用于加腋部分参与框架梁计算，配筋由设计标注了其他情况设计应另行给出做法。

4. 附加筋在中柱内锚固也可按端支座形式分别锚固。

5）悬挑梁与各类悬挑端配筋构造如图 4-21 所示。

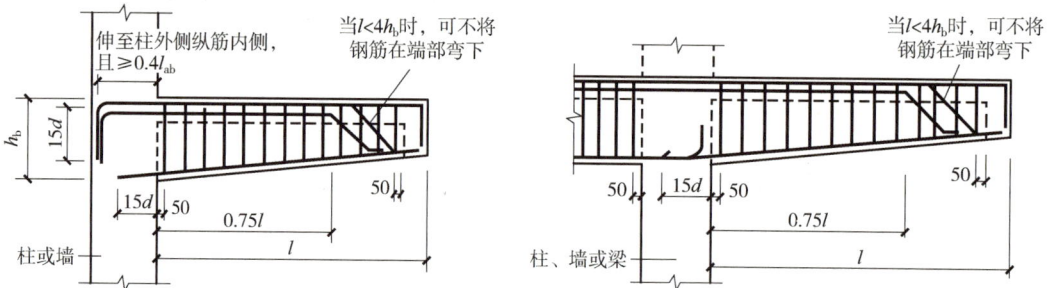

图 4-21 悬挑梁与各类悬挑端配筋构造

6）KL、WKL 中间支座纵向钢筋构造如图 4-22、图 4-23 所示。

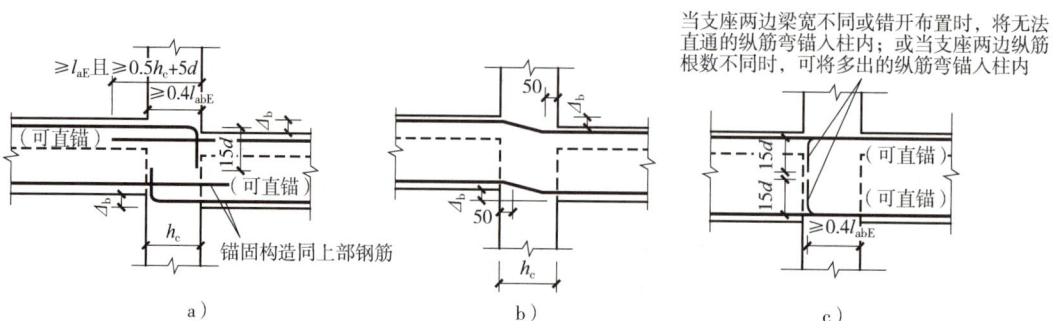

图 4-22 KL 中间支座纵向钢筋构造

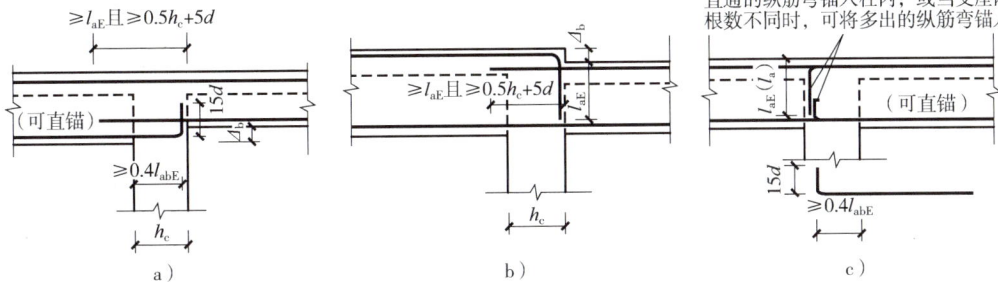

当支座两边梁宽不同或错开布置时，将无法
直通的纵筋锚入柱内；或当支座两边纵筋
根数不同时，可将多出的纵筋弯锚入柱内

图 4-23 WKL 中间支座纵向钢筋构造

7）梁的箍筋构造。框架梁（KL、WKL）箍筋加密区范围如图 4-24、图 4-25 所示。

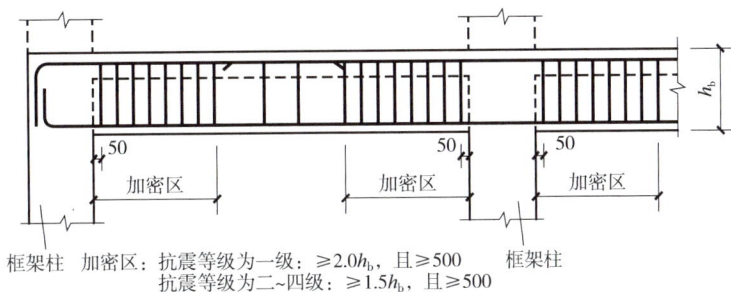

图 4-24 框架梁（KL、WKL）箍筋加密区范围（一）

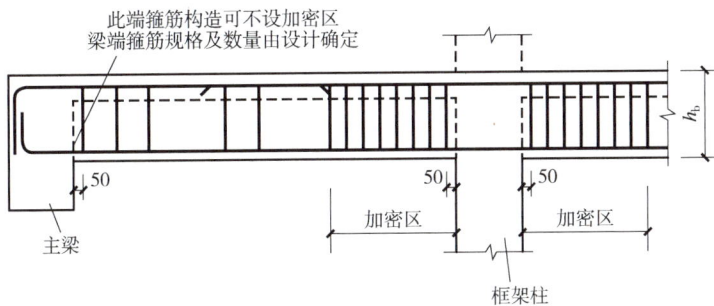

图 4-25 框架梁（KL、WKL）箍筋加密区范围（二）

8）非框架梁 L 配筋构造如图 4-26 所示。

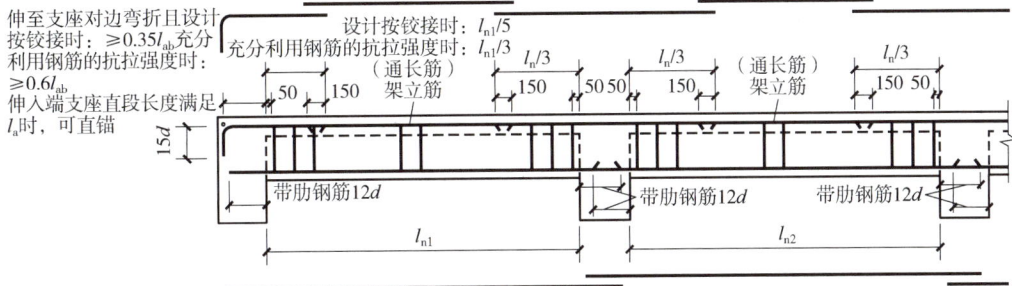

图 4-26 非框架梁 L 配筋构造

9）附加箍筋、吊筋的构造如图4-27所示。

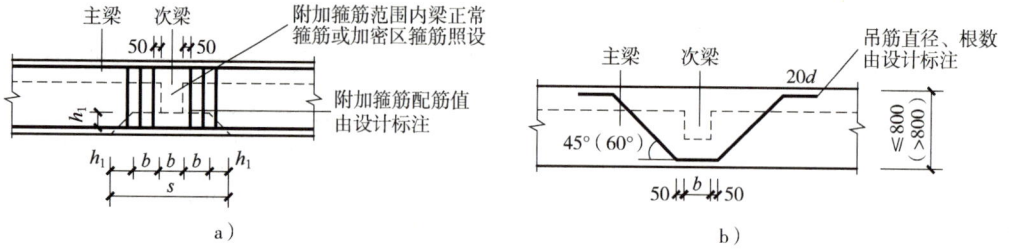

图4-27　附加箍筋、吊筋的构造

a）附加箍筋范围　b）附加吊筋范围

10）不伸入支座梁下部纵向钢筋构造如图4-28所示。

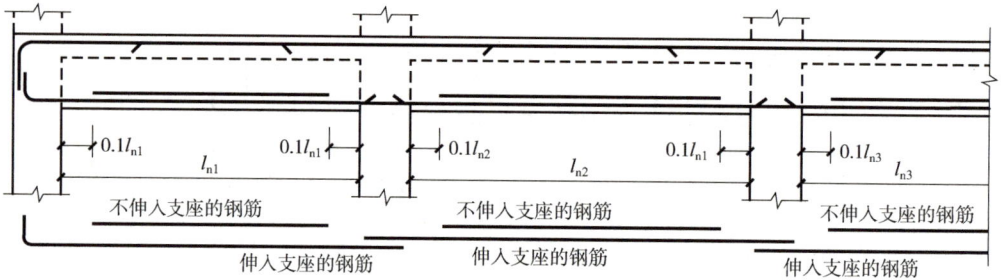

图4-28　不伸入支座梁下部纵向钢筋构造

# 4.3　梁构件钢筋算量

## 4.3.1　楼层框架梁上部钢筋计算

### 1. 楼层框架梁上部贯通筋长度的算法

1）当 $[h_c -$ 保护层（直锚长度）$] < l_{aE}$ 时，表明梁支座足够宽，上部纵筋可以直锚在支座里，即：

$$上部贯通筋长度 = l_n + \max\ \{l_{aE},\ 0.5h_c + 5d\} \qquad (4\text{-}1)$$

式中　　$l_n$ ——通跨净长；

$l_{aE}$ ——锚固长度；

$h_c$ ——柱截面沿框架梁方向的宽度；

$d$ ——钢筋直径。

2）当 $[h_c -$ 保护层（直锚长度）$] \geqslant l_{aE}$ 时，表明梁支座不能满足直锚长度，上部纵筋必须弯锚在支座里，即：

$$上部贯通筋长度 = 通跨净长 + 左右支座锚固长度 = l_n + \max\ \{l_{aE},\ 0.4l_{aE} + 15d,$$
$$支座宽 h_c - 保护层 + 弯折 15d\} \qquad (4\text{-}2)$$

【例4-1】如图4-29所示，KZ1：$300 \times 500$，抗震等级二级，C25混凝土，保护层厚度为20mm，$l_{aE} = 33d$，试计算KL1的上部贯通筋长度。

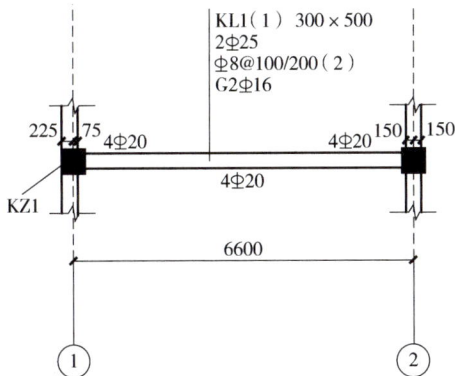

图 4-29　上部通长筋示意图

**【解】**（1）判断直锚/弯锚

支座宽 $h_c = 450\text{mm}$，锚固长度 $l_{aE} = 33d = 33 \times 25 = 825（\text{mm}）$

$(h_c - \text{保护层}) = (450 - 20)\text{mm} = 430\text{mm} < l_{aE}(825)$，故需要弯锚。

（2）上部贯通筋长度计算

1）净跨长度：$6600 - 225 - 225 = 6150（\text{mm}）$

2）左支座锚固长度：$l_{aE} = 33 \times 25 = 825（\text{mm}）$

右支座锚固长度：$0.4l_{aE} + 15d = 0.4 \times 825 + 15 \times 25 = 705（\text{mm}）$

支座宽 $-$ 保护层 $+$ 弯折 $15d$：$450 - 20 + 15 \times 25 = 805（\text{mm}）$

取最大值 805mm。

3）上部贯通筋长度：$6150 + 825 + 805 = 7780（\text{mm}）$

**2. 楼层框架梁上部支座负筋长度的算法**

（1）端支座负筋

$$\text{第一排钢筋长度} = \text{本跨净跨长}/3 + \text{锚固} \tag{4-3}$$

$$\text{第二排钢筋长度} = \text{本跨净跨长}/4 + \text{锚固} \tag{4-4}$$

注：当梁的支座负筋有三排时，第三排钢筋的长度计算同第二排。

（2）中间支座负筋

$$\text{第一排钢筋长度} = 2 \times l_n/3 + \text{支座宽度} \tag{4-5}$$

$$\text{第二排钢筋长度} = 2 \times l_n/4 + \text{支座宽度} \tag{4-6}$$

注：$l_n$ 为相邻梁跨大跨的净跨长。

**【例 4-2】** 如图 4-30 所示，KZ12：$200 \times 500$，抗震等级二级，C25 混凝土，保护层厚度为 20mm，$l_{aE} = 33d$，试计算 KL12 负筋的长度。

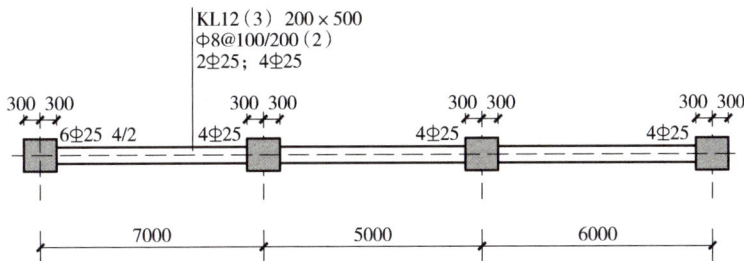

图 4-30　负筋示意图

【解】（1）支座1负筋

1）第一排负筋 2B25 长 = 锚固值 + $l_n/3$

$$= h_c - 20 + 15d + l_n/3$$
$$= 600 - 20 + 15 \times 25 + (7000 - 2 \times 300)/3$$
$$= 3088(\text{mm})$$

2）第二排负筋 2B25 长 = $600 - 20 + 15 \times 25 + (7000 - 2 \times 300)/4 = 2555(\text{mm})$

（2）中间支座负筋公式 = 支座宽 + 两端直线段延伸长度

1）支座2负筋 2B25 长 = 支座宽 + $2 \times l_n/3$

$$= 600 + 2 \times [(7000 - 2 \times 300)/3]$$
$$= 4867(\text{mm})$$

2）支座3负筋 2B25 长 = $600 + 2 \times [(5000 - 2 \times 300)/3]$

$$= 3533(\text{mm})$$

3）支座4负筋 2B25 长 = $600 - 20 + 15d + (6000 - 2 \times 300)/3$

$$= 2755(\text{mm})$$

### 3. 楼层框架梁上部架立筋长度的算法

架立筋的长度 = 梁的净跨长度 − 两端支座负筋的延伸长度 + 150 × 2　　　　(4-7)

对于等跨梁而言：

架立筋的长度 = 净跨长 − 净跨长/3 × 2 + 150 × 2 = $l_n/3 + 150 \times 2$　　　　(4-8)

注：当梁上部既有贯通筋又有架立筋时，搭接长度为150mm。

【例4-3】如图4-31所示，KZ2：200×500，抗震等级二级，C25混凝土，保护层厚度为20mm，$l_{aE} = 33d$，试计算 KL2 架立筋的长度。

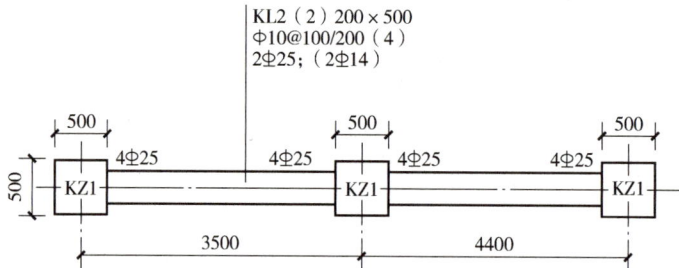

KL2（2）200×500
Φ10@100/200（4）
2Φ25；（2Φ14）

500　　　　500　　　　500

4Φ25　　4Φ25　4Φ25　　4Φ25

500　KZ1　　　　KZ1　　　　KZ1

3500　　　　　　4400

图 4-31　架立筋示意图

【解】第一跨架立筋：长度 = 3500 − 500 − (3500 − 500)/3 − (4400 − 500)/3 + 2 × 150 = 1000(mm)

第二跨架立筋：长度 = 4400 − 500 − 2 × (4400 − 500)/3 + 2 × 150 = 1600(mm)

## 4.3.2　楼层框架梁侧面纵筋计算

### 1. 构造纵筋长度的计算

1）当梁净高 $h_w \geqslant 450\text{mm}$ 时，在梁的两个侧面沿高度配置纵向构造钢筋；纵向构造钢筋间距 $a \leqslant 200\text{mm}$。

2）当梁宽 ≤350mm 时，拉筋直径为 6mm；梁宽 >350mm 时，拉筋直径为 8mm。拉筋间距为非加密间距的两倍。当设有多排拉筋时，上下两排拉筋竖向错开设置。

$$梁侧面构造纵筋 = l_n(通跨净长) + 15d \times 2(两端锚固值) + 15d(搭接) \quad (4-9)$$

### 2. 拉筋长度的计算

1）当梁宽 ≤350mm 时，拉筋直径为 6mm。

2）当梁宽 >350mm 时，拉筋直径为 8mm。

3）拉筋间距为非加密区箍筋间距的 2 倍。

4）有侧面纵筋一定有拉筋，当拉筋同时勾住主筋和箍筋时：

$$拉筋长度 = (梁宽 b - 保护层 \times 2) + 4d + 2 \times [\max(10d, 75mm) + 1.9d] \quad (4-10)$$

5）当拉筋只勾住主筋时：

$$拉筋长度 = (梁宽 b - 保护层 \times 2) + 2d + 2 \times [\max(10d, 75mm) + 1.9d] \quad (4-11)$$

$$拉筋根数 = (l_n - 50 \times 2)/非加密区间距的 2 倍 + 1 \quad (4-12)$$

【例 4-4】 如图 4-32 所示，KZ7：$200 \times 500$，抗震等级二级，C25 混凝土，保护层厚度为 20mm，$l_{aE} = 33d$，试计算 KL7 构造纵筋、拉结筋的长度。

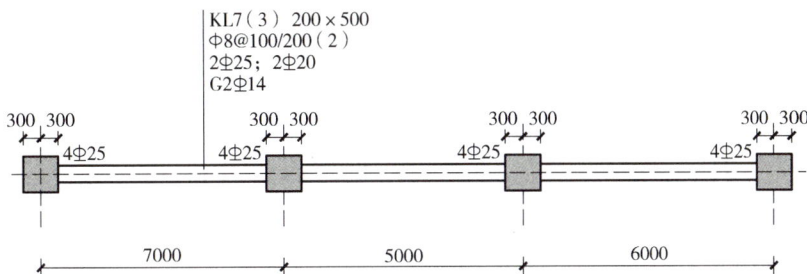

图 4-32　构造纵筋、拉结筋示意图

【解】（1）构造纵筋长度的计算

净长 $= 7000 + 5000 + 6000 - 2 \times 300 = 17400(mm)$

两端锚固 $= 2 \times 15d = 750mm$

搭接长度 $= (17820/9000 - 1) \times 15d = 367.5mm$

总长 $= 17400 + 750 + 367.5 = 18517.5(mm)$

（2）拉筋长度的计算

拉筋长度：$= 200 - 2 \times 20 + 2 \times 6 + 2 \times [\max(10d, 75mm) + 1.9d] = 344.8(mm)$

拉筋根数：一跨拉筋根数 $= (7000 - 600 - 2 \times 50)/400 + 1 = 17(根)$

二跨拉筋根数 $= (5000 - 600 - 2 \times 50)/400 + 1 = 12(根)$

三跨拉筋根数 $= (6000 - 600 - 2 \times 50)/400 + 1 = 14.25(根)$，取 15 根

## 4.3.3　楼层框架梁下部钢筋计算

### 1. 下部贯通筋长度的计算

下部贯通筋长度的计算（同上部贯通筋）分为直锚情况和弯锚情况。

1）当端支座足够大时，直锚在端支座里：

$$下部贯通筋长度 = 通跨净长 l_n + 左右锚入支座内长度 \max(l_{aE}, 0.5h_c + 5d) \quad (4-13)$$

2）当支座不能满足直锚长度时，必须弯锚：

下部贯通筋长度 = 通跨净长 $l_n$ + 左右锚入支座内长度 $\max[(l_{aE},\ 0.5h_c + 5d)$,

支座宽 − 保护层 + 弯折 $15d]$                  (4-14)

### 2. 下部非贯通筋长度的计算

1）当端支座足够宽时，端支座下部非贯通筋直锚在支座内，端支座锚固长度和中间支座锚固长度为：$\max(l_{aE},\ 0.5h_c + 5d)$。

梁下部非贯通筋长度按如下公式计算：

首尾跨下部非贯通筋长度 = 净跨 $l_{n1}(l_{n3})$ + 左锚入支座内长度 $\max(l_{aE},\ 0.5h_c +$

$5d)$ + 右锚入支座内长度 $\max(l_{aE},\ 0.5h_c + 5d)$                  (4-15)

中间跨下部非贯通筋长度 = 净跨 $l_{n2}$ + 左锚入支座内长度 $\max(l_{aE},\ 0.5h_c + 5d) +$

右锚入支座内长度 $\max(l_{aE},\ 0.5h_c + 5d)$                  (4-16)

2）当梁端支座不能满足直锚长度时，必须弯锚，端支座下部钢筋应弯锚在支座内，端支座锚固长度为：$\max(0.4l_{abE} + 15d$，支座宽 $h_c$ − 保护层厚度 $+15d)$，中间支座锚固长度为：$\max(l_{aE},\ 0.5h_c + 5d)$。

下部非贯通筋长度按如下公式计算：

首尾跨下部非贯通筋长度 = 净跨 $l_{n1}(l_{n3})$ + 端支座锚固长度 $\max(l_{aE},\ 0.5h_c + 5d$，支座宽 $h_c$ −

保护层厚度 $+15d)$ + 中间支座内锚固长度 $\max(l_{aE},\ 0.5h_c + 5d)$

(4-17)

中间跨下部非贯通筋长度 = 净跨 $l_{n2}$ + 左锚入支座内长度 $\max(l_{aE},\ 0.5h_c + 5d) +$

右锚入支座内长度 $\max(l_{aE},\ 0.5h_c + 5d)$                  (4-18)

【例 4-5】 如图 4-33 所示，KZ1：$300 \times 700$，抗震等级二级，C30 混凝土，保护层厚度为 20mm，$l_{aE} = 33d$，试计算 KL1 下部通长筋的长度。

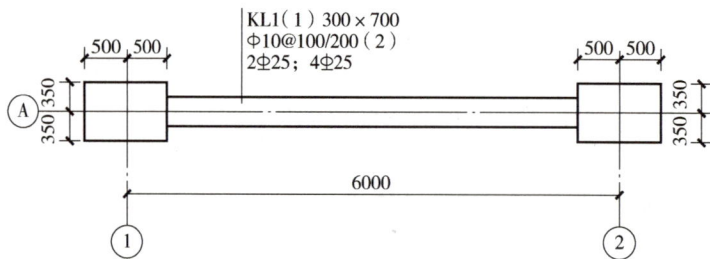

图 4-33  下部通长筋示意图

【解】（1）判断直锚/弯锚

支座宽 $h_c = 1000mm$，锚固长度 $l_{aE} = 33d = 33 \times 25 = 825（mm）$

$(h_c - 保护层) = (1000 - 20)mm = 980mm > l_{aE}(825)$，故需要直锚。

（2）下部贯通筋长度计算

楼层框架梁下部贯通钢筋长度 = 跨净长 $l_n$ + 左锚入支座内长度 $\max(l_{aE},\ 0.5h_c + 5d) +$ 右锚入支座内长度 $\max(l_{aE},\ 0.5h_c + 5d)$

$= [(6000 - 500 - 500) + \max(825,\ 475) + \max(825,\ 475)]mm$

$= 6650（mm）$

## 4.3.4  楼层框架梁箍筋计算

箍筋长度：箍筋总长 − 周长 + 锚固$\{2 \times [\max(10d,\ 75)1.9d]\}$                  (4-19)

$n = （加密区长度/加密区间距 +1）\times 2 + （非加密区长度/非加密区间距 −1）$     (4-20)

【例4-6】 如图4-34所示，KZ22：$300 \times 700$，抗震等级一级，C30混凝土，保护层厚度为20mm，$l_{aE} = 33d$，试计算KL22箍筋的长度。

【解】 1）确定加密区长度：$2hb = 2 \times 700 = 1400(\text{mm})$

2）一端加密区根数：$(1400 - 50)/100 + 1 = 14.5 \approx 15(\text{根})$

中间非加密区根数：$(7000 - 600 - 1400 \times 2)/200 - 1 = 17(\text{根})$

计算总根数：$17 + 15 \times 2 = 47(\text{根})$

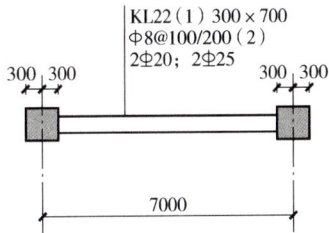

图4-34　箍筋示意图

# 素质拓展案例

## 古建筑木结构——梁架结构以及梁

中国古代建筑大都是以木结构为主要结构形式，梁架结构的构架形式最常见的是抬梁式、穿斗式、抬梁穿斗结合式、井干式或干栏式。

抬梁式结构复杂，要求加工细致，但结实牢固，经久耐用，且内部有较大的使用空间，同时，还能产生宏伟的气势，又可做出美观的造型。

穿斗式构架的特点是柱子较细、密，每根柱子上顶一根檩条，柱与柱之间用木材串接，连成一个整体。采用穿斗式构架，可以用较小尺寸的材料建筑较大的房屋，而且其网状的构造也很牢固。不过因为柱、枋较多，室内不能形成连通的大空间。

当人们逐渐发现抬梁式与穿斗式这两种结构各自的优缺点以后，就出现了将两者相结合使用的房屋——混合式框架，即两头靠山墙处用穿斗式木构架，而中间使用抬梁式木构架，这样既增加了室内使用空间，又不必全部使用大型木料。

干栏式构架是先用柱子在底层做一高台，台上放梁、铺板，再于其上建房子。这种结构的房子高出地面，可以避免地面湿气的侵入。

但是后期的干栏式木构架实际上是穿斗的形式，只不过建筑底层架空，不封闭而已。

井干式构架是原木嵌接成框架，层层叠垒，形成墙壁，上面的屋顶也用原木做成。这种结构较为简单，所以建造容易，不过也极为简陋，而且耗费木材。因其形式与古代的水井的护墙与栏杆形式相同而得名。

"梁"是中国建筑构架中最重要的构建之一，它是一段横断面大多呈矩形的横木，明清时期基本接近方形，而中国南方的很多梁则采用圆形断面，这样较好地节约了木材。

梁承托着建筑物上部构架中的构建及屋面的全部重量，是建筑上部构架中最为重要的部分。而依据梁在建筑构架中的具体位置、详细形状、具体作用等的不同，又有不同的名称，如七架梁、六架梁、五架梁、四架梁、三架梁、双步梁、单步梁，还有抱头梁、抹角梁、顺扒梁、十字梁、桃尖梁、太平梁等。大多数的梁的方向，都是与建筑物的横断面一致。

古建筑木结构——梁架结构

# 本章小结

本章介绍了梁构件的制图规则、识图方法和钢筋的算量，主要讲述了梁平法施工图的表示方法、平面和截面的注写方式、上部纵筋和不伸入纵筋长度的规定、梁构件平法识图施工图的识图步骤和基本构造识图、楼层框架梁上、下部、侧面和箍筋的计算。通过本章的学习，同学们可以对梁构件的注写方式、识图方法以及各个构造的钢筋计算有一定的认识，为以后继续学习梁构件钢筋算量相关知识打下基础。

# 实训练习

## 一、单项选择题

1.（　　）是指在梁平面布置图上，分别在不同编号的梁中各选一根，在其上注写截面尺寸和配筋具体数值来表达梁平法施工图的方式。

　　A. 平面注写方式　　B. 截面注写方式　　C. 列表注写方式　　D. 立面注写方式

2. 梁的（　　）由梁编号、类型代号、序号、跨数及有无悬挑代号等组成。

　　A. 原位标注　　　　B. 集中标注　　　　C. 横向标注　　　　D. 竖向标注

3.（　　）的注写规则与框架梁相同，只是对于上部纵筋和下部纵筋，还需注明未穿过柱截面的纵向受拉钢筋根数。

　　A. 附加箍筋　　　　B. 附加吊筋　　　　C. 框架梁　　　　　D. 框架扁梁

4.（　　）通常由两向非框架梁构成，以框架梁为支座或以专门设置的非框架大梁为支座。

　　A. 主梁　　　　　　B. 次梁　　　　　　C. 井字梁　　　　　D. 屋面梁

5. 当梁净高 $h_w \geqslant$（　　）mm 时，在梁的两个侧面沿高度配置纵向构造钢筋，纵向构造钢筋间距 $a \leqslant 200$mm。

　　A. 300　　　　　　　B. 350　　　　　　　C. 400　　　　　　　D. 450

## 二、多项选择题

1. 集中标注表达梁的通用数值，如（　　）等。

　　A. 截面尺寸　　　　　　　　　　　B. 箍筋配置

　　C. 梁上部贯通钢筋　　　　　　　　D. 负筋配置

　　E. 吊筋配置

2. 梁的编号由（　　）组成。

　　A. 梁类型代号　　B. 序号　　　　　C. 跨数　　　　　D. 有无悬挑代号

　　E. 截面尺寸

3. 梁箍筋包括（　　）组成。

　　A. 半径　　　　　　　　　　　　　B. 钢筋级别

　　C. 直径　　　　　　　　　　　　　D. 加密区与非加密区间距

　　E. 肢数

4. 梁的原位标注由（　　）组成。

　　A. 支座负筋　　　　　　　　　　　B. 梁支座上部纵筋

　　C. 梁下部纵筋　　　　　　　　　　D. 附加箍筋或吊筋

　　E. 受扭筋

5. 梁构件平法施工图识图步骤有（　　）。

　　A. 查看图名、比例

B. 先看校核轴线编号及其间距尺寸，要求必须与建筑图、剪力墙施工图、柱施工图保持一致

C. 与建筑配合，明确梁的编号、数量和布置

D. 阅读结构设计总说明或有关说明，明确梁的混凝土强度等级及其他要求

E. 根据梁的编号，查阅图中标注或截面标注，明确梁的截面尺寸、配筋和标高

### 三、计算题

1. 楼层框架梁 KL1 的平法表示如图 4-35 所示。梁只有上、下通长筋，且柱子截面较大，保护层厚度为 20mm，混凝土强度等级为 C30，二级抗震等级，采用 HRB335 级钢筋。试计算上、下通长筋的长度。

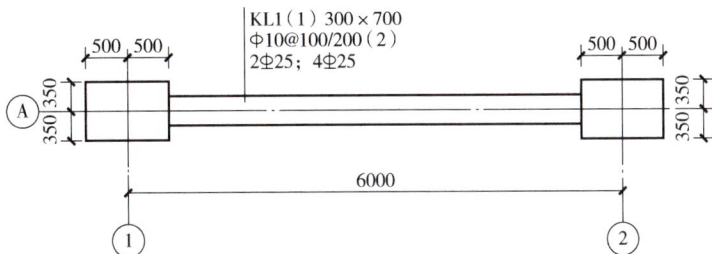

图 4-35　楼层框架梁 KL1 的平法图

2. 如图 4-36 所示，KZ12：$200 \times 500$，抗震等级二级，C25 混凝土，保护层厚度为 25mm，$l_{aE} = 33d$，试计算 KL12 负筋的长度。

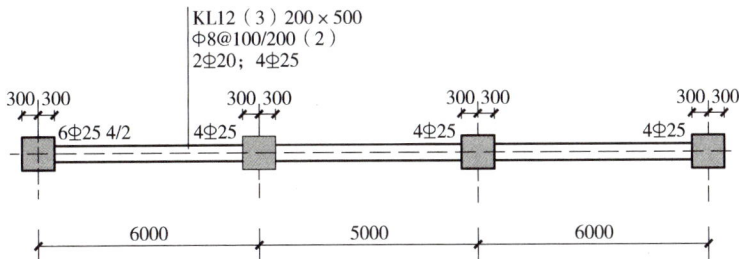

图 4-36　负筋示意图

3. 如图 4-37 所示，KZ7：$200 \times 500$，抗震等级二级，C25 混凝土，保护层厚度为 25mm，$l_{aE} = 33d$，试计算 KL7 构造纵筋、拉结筋的长度。

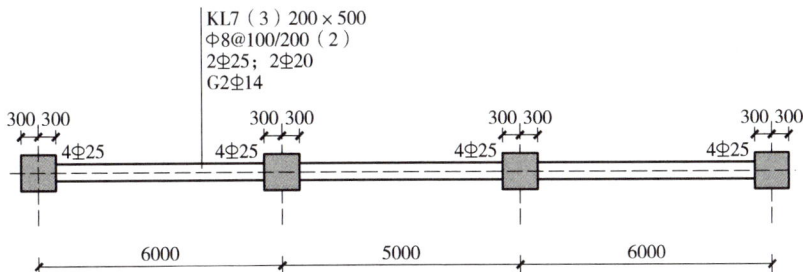

图 4-37　构造纵筋、拉结筋示意图

# 实训工作单

| 班级 | | 姓名 | | 日期 | |
|---|---|---|---|---|---|
| 教学项目 | | 梁构件 | | | |
| 学习项目 | 　　梁平法施工图的表示方法、平面和截面的注写方式、上部纵筋和不伸入纵筋长度的规定；梁构件平法识图施工图的识图步骤和基本构造识图；楼层框架梁上、下部、侧面和箍筋的计算 | | 学习要求 | 　　重点掌握楼层框架梁上、下部、侧面和箍筋的计算 | |
| 相关知识 | | | | | |
| 其他内容 | | | | | |
| 学习记录 | | | | | |
| 评语 | | | | 指导老师 | |

# 第5章

# 板构件

## 【学习目标】

1）了解有梁楼板、无梁楼板的平法施工图的制图规则以及楼板相关构造的制图规则。
2）掌握板构件标准构造详图。
3）掌握板底、顶部贯通纵筋钢筋算量的计算方式。
4）了解板支座负筋、板负筋的分布筋的钢筋计算。

## 【素质目标】

了解钢筋混凝土板在行业的发展状态，了解钢筋混凝土楼板的优点。

## 【教学目标】

| 本章要点 | 掌握层次 | 相关知识点 |
|---|---|---|
| 板构件施工图制图规则 | 了解板构件施工图制图规则 | 梁板连接 |
| 板构件标准构造详图 | 掌握板构件标准构造详图 | 板构件构造图的内容、识图步骤、平法识图 |
| 板构件钢筋算量 | 掌握板底、顶部贯通纵筋钢筋算量的计算方式<br>了解板支座负筋、板负筋的分布筋的钢筋计算 | 板底部及上部贯通纵筋计算方法<br>板支座负筋（非贯通）、板负筋的分布筋计算方法 |

## 【项目案例导入】

如图 5-1 所示为楼板 1 的平面图。

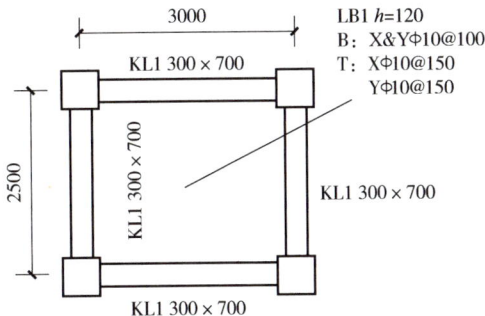

图 5-1　楼板 1 的平面图

## 【项目问题导入】

试计算其底筋的长度。

# 5.1 板构件施工图制图规则

## 5.1.1 有梁楼盖平法施工图制图规则

有梁楼盖的制图规则适用于以梁为支座的楼面与屋面板平法施工图设计。

### 1. 有梁楼盖板平法施工图的表示方法

有梁楼盖板平法施工图是指在楼面板和屋面板平面布置图上，采用平面注写的表达方式，直接标注板构件的各项数据的施工图。为方便设计表达和施工识图，规定结构平面的坐标方向如下：

1）当两向轴网正交布置时，图面从左至右为 $x$ 向，从下至上为 $y$ 向。

2）当轴网转折时，局部坐标方向顺轴网转折角度做相应转折。

3）当轴网向心布置时，切向为 $x$ 向，径向为 $y$ 向。

有梁楼盖板平法施工图平面注写主要包括板块集中标注和板块原位标注。

此外，对于平面布置比较复杂的区域，如轴网转折交界区域、向心布置的核心区域等，其平面坐标方向应由设计者另行规定并在图上明确表示。

### 2. 板块集中标注

板块集中标注的内容为板块编号、板厚、贯通纵筋，以及当板面标高不同时的标高高差，有梁板盖板集中标注如图 5-2 所示。

对于普通楼面，两向均以一跨为一板块；对于密肋楼盖，两向主梁（框架梁）均以一跨为一板块（非主梁密肋不计）。所有板块应逐一编号，相同编号的板块可选择其中一板块做集中标注，其他仅注写置于圆圈内的板编号，以及当板面标高不同时的标高高差。

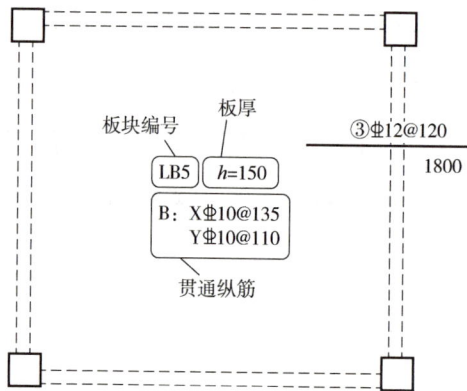

图 5-2 有梁板盖板集中标注示意图

1）板块集中标注中，板块编号的规定见表 5-1。

表 5-1 板块编号

| 板类型 | 代号 | 序号 |
|---|---|---|
| 屋面板 | WB | ×× |
| 楼面板 | LB | ×× |
| 悬挑板 | XB | ×× |

2）板块集中标注中，板厚标注为 $h = ×××$；当悬挑板的端部改变截面厚度时，用斜线分隔根部与端部的高度值，标注为 $h = ×××/×××$。当设计已在图注中统一注明板厚时，此项可不注。

3）纵筋按板块的下部纵筋和上部贯通纵筋分别注写（当板块上部不设贯通纵筋时则不注），并以 B 代表下部纵筋，以 T 代表上部贯通纵筋，B&T 代表下部与上部；$x$ 向贯通纵筋以 X 打头，$y$ 向贯通纵筋以 Y 打头，两向贯通纵筋配置相同时则以 X&Y 打头。

单向板分布筋可不必标注，但是需要在图中统一注明。

当在某些板内（例如悬挑板 XB 的下部）配置有构造钢筋时，则 $x$ 向以 Xc，$y$ 向以 Yc 打头注写。

当 $y$ 向采用放射配筋时（切向为 $x$ 向，径向为 $y$ 向），设计者应注明配筋间距的定位尺寸。

当纵筋采用两种规格钢筋"隔一布一"方式时，表达为 A$xx/yy$@ × × ×，表示直径为 $xx$ 的钢筋和直径为 $yy$ 的钢筋两者之间间距为 × × ×，直径 $xx$ 钢筋的间距为 × × × 的 2 倍，直径 $yy$ 钢筋的间距为 × × × 的 2 倍。

4）板块集中标注中板面标高高差是指相对于结构层楼面标高的高差，应将其标注在括号内，且有高差则注，无高差不注。

设计与施工应注意：单向或双向连续板的中间支座上部同向贯通纵筋，不应在支座位置连接或分别锚固。当相邻两跨的板上部贯通纵筋配置相同，且跨中部位有足够空间连接时，可在两跨任意一跨的跨中连接部位连接，当相邻两跨的上部贯通纵筋配置不同时，应将配置较大者越过其标注的跨数终点或起点伸至相邻跨的跨中连接区域连接。

单向板与双向板

设计应注意板中间支座两侧上部纵筋的协调配置，施工及预算应按具体设计和相应标准构造要求实施。等跨与不等跨板上部纵筋的连接有特殊要求时，其连接部位及方式应由设计者注明。对于梁板式转换层楼板，板下部纵筋在支座内的锚固长度不应小于 $l_a$。当悬挑板需要考虑竖向地震作用时，下部纵筋伸入支座内长度不应小于 $l_{aE}$。

【例 5-1】现有一楼板板块标注为：LB1　$h=180$；B：X$\Phi$12@120；Y$\Phi$12@150。试分析其标注的含义。

【解】表示为楼板 1 的板厚为 180mm，板下部配置的贯通纵筋 X 向为 $\Phi$12@120；Y 向为 $\Phi$12@150；板上部未配置贯通纵筋。

【例 5-2】现有一楼板板块标注为：LB2　$h=150$；B：X&Y$\Phi$8@100；T：X&Y$\Phi$10@150。试分析其标注的含义。

【解】表示楼板 2 的板厚为 150mm，底部和顶部均为双层双向配筋，既有板底贯通筋又有板顶贯通筋。底部贯通筋 $x$ 向和 $y$ 向配筋相同均为 $\Phi$8@100，顶部贯通筋 $x$ 向和 $y$ 向配筋相同均为 $\Phi$10@150。

### 3. 板块原位标注

1）有梁楼盖板原位标注为板支座原位标注。板支座原位标注的内容为板支座上部非贯通纵筋和悬挑板上部受力钢筋。板支座原位标注图示如图 5-3 所示。

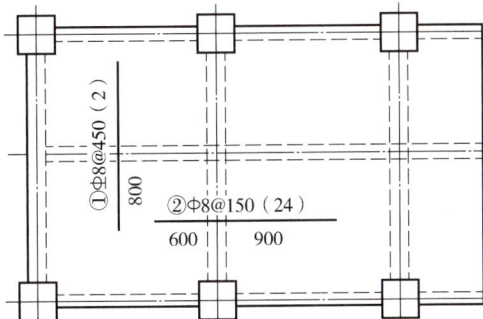

图 5-3　板支座原位标注图示

板支座原位标注的钢筋，应在配置相同跨的第一跨表达（当在梁悬挑部位单独配置时则在原位表达）。在配置相同跨的第一跨（或梁悬挑部位），垂直于板支座（梁或墙）绘制一段适宜长度的中粗实线（当该筋通长设置在悬挑板或短跨板上部时，实线段应画至对边或贯通短跨），以该线段代表支座上部非贯通纵筋，并在线段上方注写钢筋编号（如①、②等）、配筋值、横向连续布置的跨数（注写在括号内，且当为一跨时可不注），以及是否横向布置到梁的悬挑端。

2）板支座上部非贯通筋自支座中线向跨内的伸出长度，注写在线段的下方位置。

3）当中间支座上部非贯通纵筋向支座两侧对称伸出时，可仅在支座一侧线段下方标注伸出长度，另一侧不注，如图5-4所示。

4）当向支座两侧非对称伸出时，应分别在支座两侧线段下方注写伸出长度，如图5-5所示。

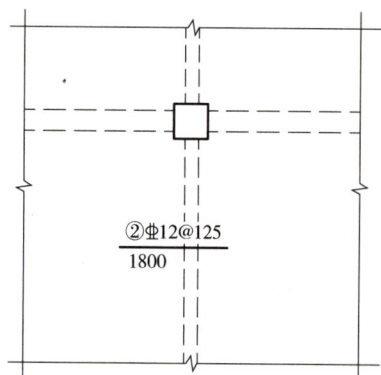

图5-4　板支座上部非贯通纵筋对称伸出　　图5-5　板支座上部非贯通纵筋非对称伸出

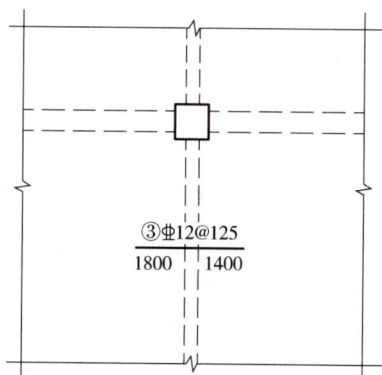

5）对线段画至对边贯通全跨或贯通全悬挑长度的上部通长纵筋，贯通全跨或伸出至全悬挑一侧的长度值不注，只注明非贯通筋另一侧的伸出长度值，如图5-6所示。

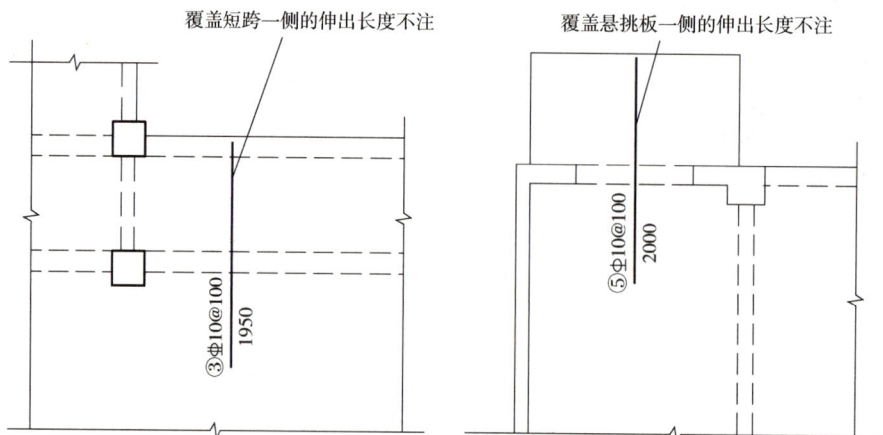

图5-6　板支座上部非贯通筋贯通全跨或伸出至悬挑端

6）当板支座为弧形，支座上部非贯通纵筋呈放射状分布时，设计者应注明配筋间距的度量位置并加注"放射分布"四字，必要时应补绘平面配筋图，如图 5-7 所示。

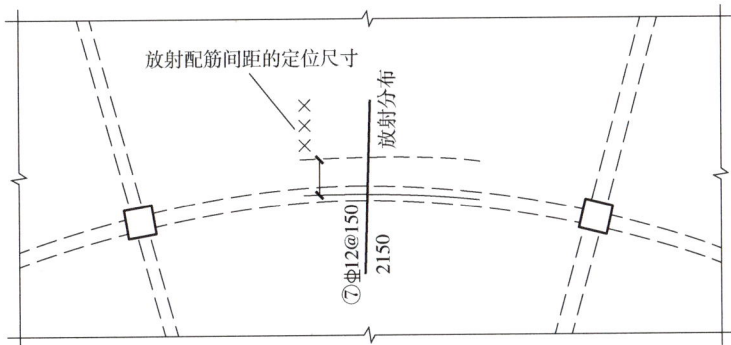

图 5-7　弧形支座处放射配筋

7）悬挑板上部受力钢筋标注如图 5-8 所示。

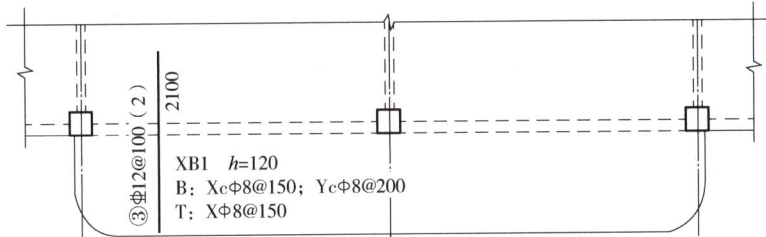

图 5-8　悬挑板上部受力钢筋标注

8）当板的上部已配置有贯通纵筋，但需增配板支座上部非贯通纵筋时，应结合已配置的同向贯通纵筋的直径与间距采取"隔一布一"方式配置。

"隔一布一"方式为非贯通纵筋的标注间距与贯通纵筋相同，两者组合后的实际间距为各自标注间距的 1/2。当设定贯通纵筋为纵筋总截面面积的 50% 时，两种钢筋应取相同直径；当设定贯通纵筋大于或小于总截面面积的 50% 时，两种钢筋则取不同直径。

设计施工应注意：当支座一侧设置了上部贯通纵筋（在板集中标注中以 T 打头），而在支座另一侧仅设置了上部非贯通纵筋时，如果支座两侧设置的纵筋直径、间距相同，应将两者连通，避免各自在支座上部分别锚固。

### 4. 平法规则中的其他规定

1）当悬挑板需要考虑竖向地震作用时，设计应注明该悬挑板纵向钢筋抗震锚固长度按哪种抗震等级。

2）板上部纵向钢筋在端支座（梁、剪力墙顶）的锚固要求，22G101—1 图集标准构造详图中规定：当设计按铰接时，平直段伸至端支座对边后弯折，且平直段长度 $\geqslant 0.35l_{ab}$，弯折段投影长度 $12d$（$d$ 为纵向钢筋直径），当充分利用钢筋的抗拉强度时，平直段伸至端支座对边后弯折，且平直段长度 $\geqslant 0.6l_{ab}$，弯折段投影长度 $12d$。设计者应在平法施工图中注明采用何种构造，当多数采用同种构造时可在图注中写明，并将少数不同之处在图中注明。

3）板支承在剪力墙顶的端节点，当设计考虑墙外侧竖向钢筋与板上部纵向受力钢筋搭接传力时，应满足搭接长度要求，设计者应在平法施工图中注明。

4）板纵向钢筋的连接可采用绑扎搭接、机械连接或焊接，当板纵向钢筋采用非接触方式的搭接连接时，其搭接部位的钢筋净距不宜小于 30mm，且钢筋中心距不应大于 $0.2l_l$ 及 150mm 的较小者。

注：非接触搭接使混凝土能够与搭接范围内所有钢筋的全表面充分粘接，可以提高搭接钢筋之间通过混凝土传力的可靠度。

### 5.1.2　无梁楼盖平法施工图制图规则

无梁楼盖板是指没有梁的楼盖板，楼板由戴帽的柱头支撑，使同高的楼层扩大净空，节省建材，加快施工进度，而且质地更密，抗压性更高，抗振动冲击更强，结构更合理。无梁楼盖平法施工图是在楼面板和屋面板布置图上，采用平面注写的表达方式。

无梁楼盖

板平面注写主要有板带集中标注、板带原位标注两部分内容。

#### 1. 板带集中标注

集中标注应在板带贯通纵筋配置相同跨的第一跨标注，$x$ 向为左端跨，$y$ 向为右端跨。对于相同编号的板带，可择其一板块做集中标注，其他仅标注板带编号。板带集中标注的具体内容为板带编号、板带厚、板带宽和贯通纵筋。

板带编号见表 5-2。

表 5-2　板带编号

| 板带类型 | 代号 | 序号 | 跨数及有无悬挑 |
|---|---|---|---|
| 柱上板带 | ZSB | ×× | （××）、（××A）或（××B） |
| 跨中板带 | KZB | ×× | （××）、（××A）或（××B） |

注：跨数按柱网轴线计算，两相邻柱轴线之间为一跨；（××A）为一端有悬挑，（××B）为两端有悬挑，悬挑不计入跨数。

板带厚注写为 $h = ×××$，板带宽注写为 $b = ×××$。当无梁楼盖整体厚度和板带宽度已在图中注明时，此项可不注。

贯通纵筋按板带下部和板带上部分别标注，并以 B 代表下部，T 代表上部，B&T 代表下部和上部。当采用放射配筋时，设计者应注明配筋间距的度量位置，必要时补绘配筋平面图。

设计与施工应注意的是：相邻等跨板带上部贯通纵筋应在跨中 1/3 净跨长范围内连接；当同向连续板带的上部贯通纵筋配置不同时，应将配置较大者越过其标注的跨数终点或起点伸至相邻跨的跨中连接区域连接。

设计应注意板带中间支座两侧上部贯通纵筋的协调配置，施工及预算应按具体设计和相应标准构造要求实施。等跨与不等跨板上部贯通纵筋的连接构造要求见相关标准构造详图；当具体工程对板带上部纵向钢筋的连接有特殊要求时，其连接部位及方式应由设计者注明。

当局部区域的板面标高与整体不同时，应在无梁楼盖的板平法施工图上注明板面标高高差及分布范围。

#### 2. 板带原位标注

1）板带支座上部非贯通纵筋。以一段与板带同向的中粗实线段代表板带支座上部非贯

通纵筋；对柱上的板带，实线段贯穿柱上区域绘制；对跨中的板带，实线段横贯柱网轴线绘制。在线段上标注钢筋编号（如①、②等）、配筋值及在线段的下方标注自支座中线向两侧跨内的伸出长度。

当板带支座非贯通纵筋自支座中线向两侧对称伸出时，其伸出长度可仅在一侧标注；当配置在有悬挑端的边柱上时，该筋伸出到悬挑尽端。当支座上部非贯通纵筋呈放射分布时，设计者在图样上应注明配筋间距的定位位置。

2）不同部位的板带支座上部非贯通纵筋相同者，可仅在一个部位注写，其余则在代表非贯通纵筋的线段上注写编号。

【例 5-3】 现有一楼面板的板带集中标注为：ZSB2（3A） $h$：200 $b$：2800；B：$\phi$8@200；T：$\phi$10@150。试分析其板带集中标注的含义。

【解】 ZSB2（3A）表示 2 号柱上板带，有 3 跨且一端有悬挑；$h$：200 表示板带厚200mm。$b$：2800 表示宽2800mm；B：$\phi$8@200，T：$\phi$10@150 表示板带配置贯通筋下部为$\phi$8@200，上部为$\phi$10@150。

【例 5-4】 某平面图的横跨板带支座标注为⑤$\phi$10@250，在线段一侧的下方注有 800。试分析其标注的含义。

【解】 ⑤$\phi$10@250 表示支座上部⑤号非贯通纵筋为$\phi$10@250，自支座中线向两侧跨内的伸出长度均为 800mm。

### 3. 暗梁表示方法

1）暗梁平面注写包括暗梁集中标注、暗梁支座原位标注两部分内容。施工图中在柱轴线处画中粗虚线表示暗梁。

2）暗梁集中标注包括暗梁编号、暗梁截面尺寸（箍筋外皮宽度×板厚）、暗梁箍筋、暗梁上部通长筋或架立筋四部分内容。暗梁编号应符合表 5-3 的规定。

暗梁

表 5-3 暗梁编号

| 构件类型 | 代号 | 序号 | 跨数及有无悬挑 |
|---|---|---|---|
| 暗梁 | AL | ×× | （××）、（××A）或（××B） |

注：1. 跨数按柱网轴线计算（两相邻柱轴线之间为一跨）。
　　2.（××A）为一端有悬挑，（××B）为两端有悬挑，悬挑不计入跨数。

3）暗梁支座原位标注包括梁支座上部纵筋，梁下部纵筋。当在暗梁上集中标注的内容不适用于某跨或某悬挑端时，则将其不同数值标注在该跨或该悬挑端，施工时按原位注写取值。

4）柱上板带标注的配筋仅设置在暗梁之外的柱上板带范围内。

5）暗梁中纵向钢筋连接，锚固及支座上部纵筋的伸出长度等要求同轴线处柱上板带中纵向钢筋。

### 4. 平法规则中的其他规定

1）当悬挑板需要考虑竖向地震作用时，设计应注明该悬挑板纵向钢筋抗震锚固长度按哪种抗震等级。

2）无梁楼盖板纵向钢筋的锚固和搭接需满足受拉钢筋的要求。

3）无梁楼盖跨中板带上部纵向钢筋在梁端支座的锚固要求：当设计铰接时，平直段伸至端支座对边后弯折，且平直段长度≥$0.35l_{ab}$，弯折段投影长度$12d$（$d$为纵向钢筋直径）；当充分利用钢筋的抗拉强度时，直段伸至端支座对边后弯折，且平直段长度≥$0.6l_{ab}$，弯后直段长度$12d$。设计者应在平法施工图中注明采用何种构造，当多数采用同种构造时可在图注中写明，并将少数不同之处在图中注明。

4）无梁楼盖跨中板带支承在剪力墙顶的端节点，当板上部纵向钢筋充分利用钢筋的抗拉强度时（锚固在支座中），直段伸至端支座对边后弯折，且平直段长度≥$0.6l_{ab}$，弯折段投影长度$12d$，当设计考虑墙外侧竖向钢筋与板上部纵向受力钢筋搭接传力时，应满足搭接长度要求；设计者应在平法施工图中注明采用何种构造，当多数采用同种构造时可在图注中写明，并将少数不同之处在图中注明。

5）板纵向钢筋的连接可采用绑扎搭接、机械连接或焊接。当板纵向钢筋采用非接触方式的绑扎搭接连接时，其搭接部位的钢筋净距不宜小于30mm，且钢筋中心距不应大于$0.2l_l$及150mm的较小者。

注：非接触搭接使混凝土能够与搭接范围内所有钢筋的全表面充分粘接，可以提高搭接钢筋之间通过混凝土传力的可靠度。

### 5.1.3 楼板其他相关构造制图规则

#### 1. 楼板相关构造类型与表示方法

1）楼板相关构造的平法施工图设计是在板平法施工图上采用直接引注方式表达。

2）楼板相关构造类型与编号应符合表5-4的规定。

表5-4 楼板相关构造类型与编号

| 构造类型 | 代号 | 序号 | 说明 |
| --- | --- | --- | --- |
| 纵筋加强带 | JQD | ×× | 以单向加强纵筋取代原位置配筋 |
| 后浇带 | HJD | ×× | 有不同的留筋方式 |
| 柱帽 | ZM× | ×× | 适用于无梁楼盖 |
| 局部升降板 | SJB | ×× | 板厚及配筋与所在板相同；构造升降高度≤300mm |
| 板加腋 | JY | ×× | 腋高与腋宽可选注 |
| 板开洞 | BD | ×× | 最大边长或直径<1m；加强筋长度有全跨贯通和自洞边锚固两种 |
| 板翻边 | FB | ×× | 翻边高度≤300mm |
| 角部加强筋 | Crs | ×× | 以上部双向非贯通加强钢筋取代原位置的非贯通配筋 |
| 悬挑板阴角附加筋 | Cis | ×× | 板悬挑阴角上部斜向附加钢筋 |
| 悬挑板阳角放射筋 | Ces | ×× | 板悬挑阳角上部放射筋 |
| 抗冲切箍筋 | Rh | ×× | 通常用于无柱帽无梁楼盖的柱顶 |
| 抗冲切弯起筋 | Rb | ×× | 通常用于无柱帽无梁楼盖的柱顶 |

## 2. 楼板其他相关构造直接引注

（1）纵筋加强带 JQD 的引注　纵筋加强带的平面形状及定位由平面布置图表达，加强带内配置的加强贯通纵筋等由引注内容表达。

纵筋加强带设单向加强贯通纵筋，取代其所在位置板中原配置的同向贯通纵筋。根据受力需要，加强贯通纵筋可在板下部配置，也可在板下部和上部均设置。纵筋加强带 JQD 引注图示如图 5-9 所示。

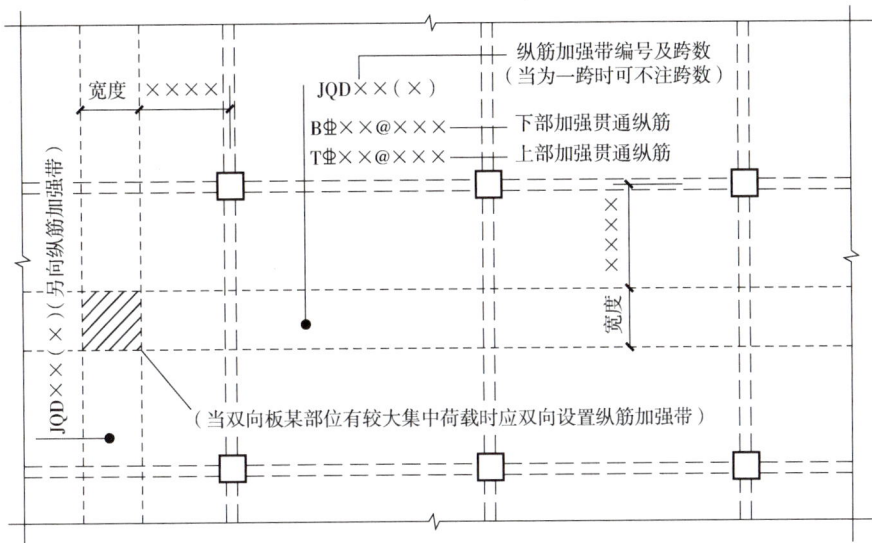

图 5-9　纵筋加强带 JQD 引注图示

当板下部和上部均设置加强贯通纵筋，而板带上部横向无配筋时，加强带上部横向配筋应由设计者注明。

当将纵筋加强带 JQD 设置为暗梁形式时应注写箍筋，其引注图示如图 5-10 所示。

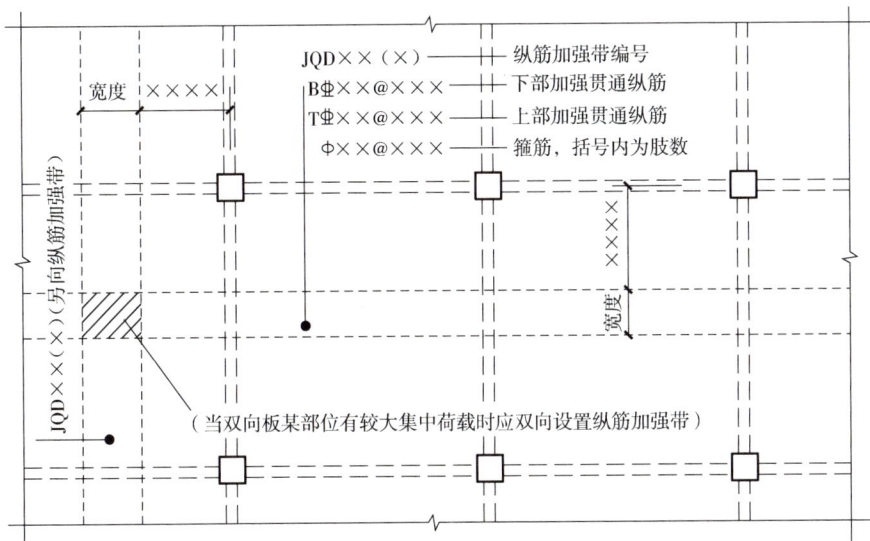

图 5-10　纵筋加强带 JQD 设置为暗梁形式时引注图示

（2）后浇带 HJD 的引注　后浇带的平面形状以及定位由平面布置图表达，后浇带留筋方式等由引注内容表达，主要包括：

1）后浇带编号以及留筋方式代号有贯通和 100% 搭接两种留筋方式。贯通留筋的后浇带宽度通常取大于或等于 800mm；100% 搭接留筋的后浇带宽度通常取 800mm 与（$l_l + 60$mm 或 $l_{lE} + 60$mm）的较大值（$l_l$、$l_{lE}$ 为受拉钢筋的搭接长度、受拉钢筋抗震搭接长度）。

2）后浇混凝土的强度等级 C××，宜采用补偿收缩混凝土，设计应注明相关施工要求。

3）当后浇带区域留筋方式或后浇混凝土强度等级不一致时，设计者应在图中注明与图示不一致的部位及做法。

后浇带 HJD 引注图示如图 5-11 所示。

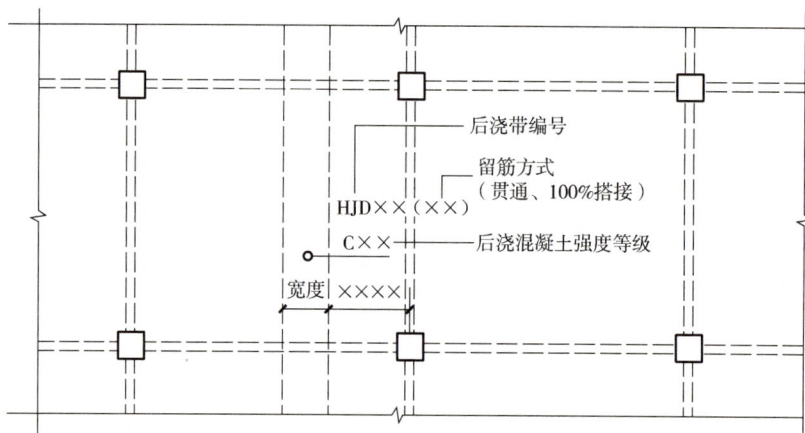

后浇带

后浇带的做法

图 5-11　后浇带 HJD 引注图示

（3）柱帽 ZM× 的引注　柱帽 ZM× 的引注图示如图 5-12 ~ 图 5-15 所示。

a）　　　　　　　　　　　　　b）

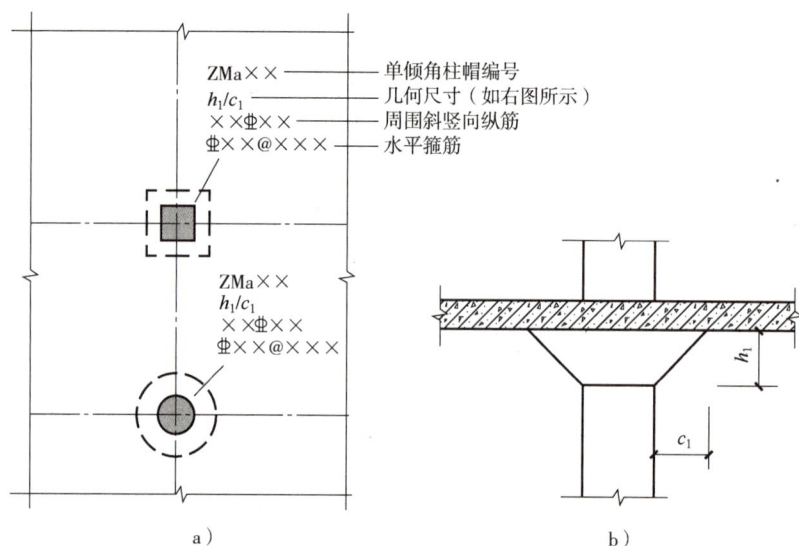

图 5-12　单倾角柱帽 ZMa 引注图示

a）单倾角柱帽平面引注　b）单倾角柱帽的立面形状

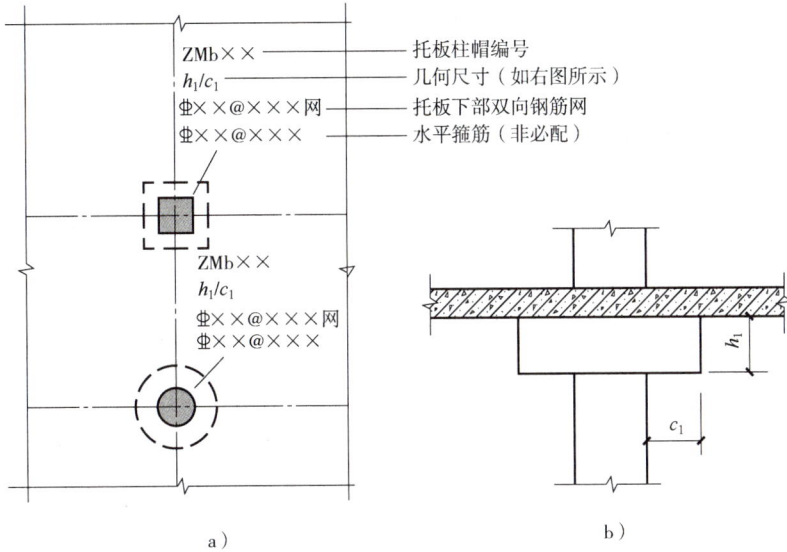

图 5-13 托板柱帽 ZMb 引注图示

a）托板柱帽平面引注 b）托板柱帽的立面形状

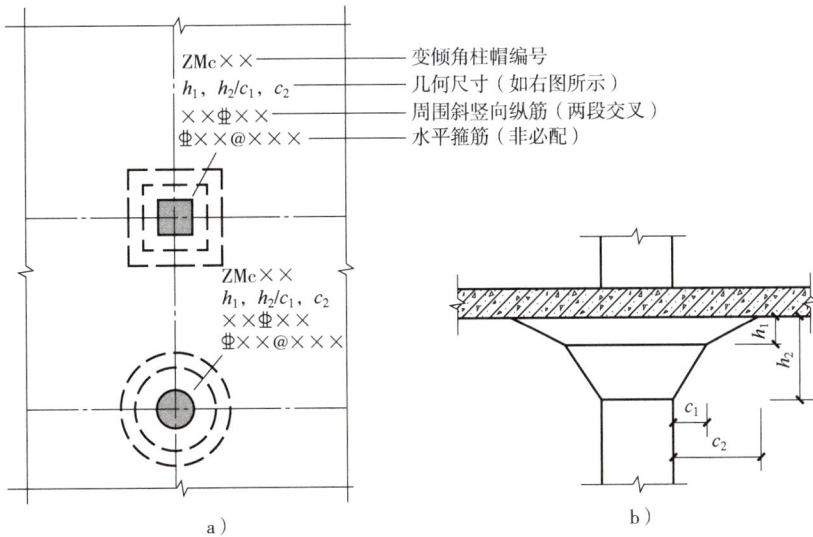

图 5-14 变倾角柱帽 ZMc 引注图示

a）变倾角柱帽平面引注 b）变倾角柱帽的立面形状

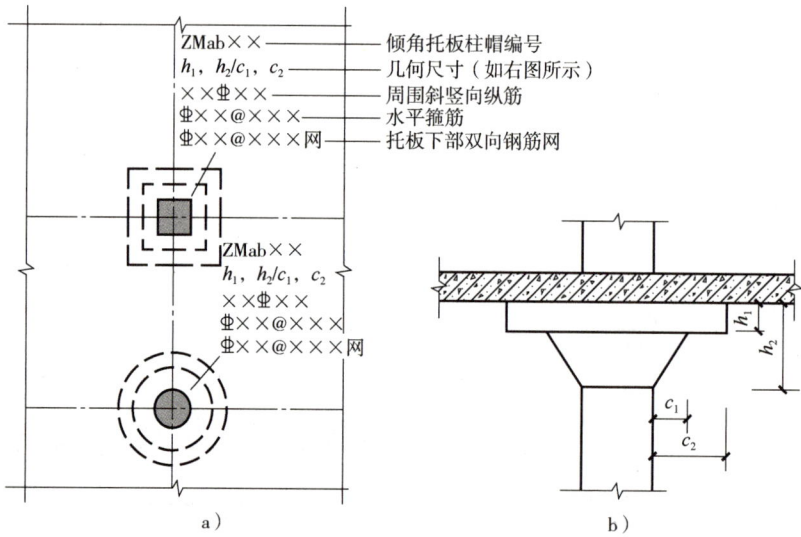

图 5-15　倾角托板柱帽 ZMab 引注图示

a）倾角托板柱帽平面引注　b）倾角托板柱帽的立面形状

柱帽的平面形状包括矩形、圆形或多边形等，其平面形状由平面布置图表达。

柱帽的立面形状有单倾角柱帽 ZMa、托板柱帽 ZMb、变倾角柱帽 ZMc 和倾角托板柱帽 ZMab 等，其立面几何尺寸和配筋由具体的引注内容表达，图中 $c_1$、$c_2$ 当 $x$、$y$ 方向不一致时，应标注 $(c_1,x,c_1,y)$、$(c_2,x,c_2,y)$。

（4）局部升降板 SJB 的引注　局部升降板 SJB 的引注图示如图 5-16 所示。局部升降板的平面形状及定位由平面布置图表达，其他内容由引注内容表达。

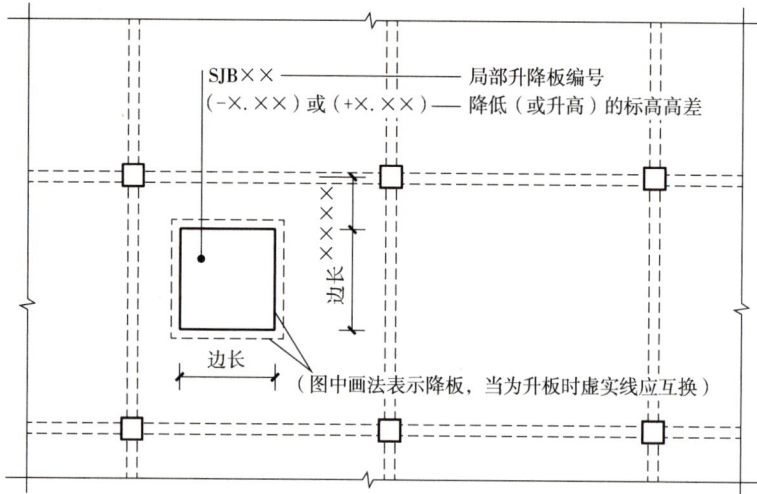

图 5-16　局部升降板 SJB 的引注图示

局部升降板的板厚、壁厚和配筋，在标准构造详图中取与所在板块的板厚和配筋相同的参数，设计不注；当采用不同板厚、壁厚和配筋时，设计应补充绘制截面配筋图。

局部升降板升高与降低的高度，在标准构造详图中限定为不小于 300mm，当高度 >300mm

时，设计应补充绘制截面配筋图。

设计应注意：局部升降板的下部与上部配筋均应设计为双向贯通纵筋。

（5）板加腋 JY 的引注　板加腋 JY 的引注图示如图 5-17 所示。

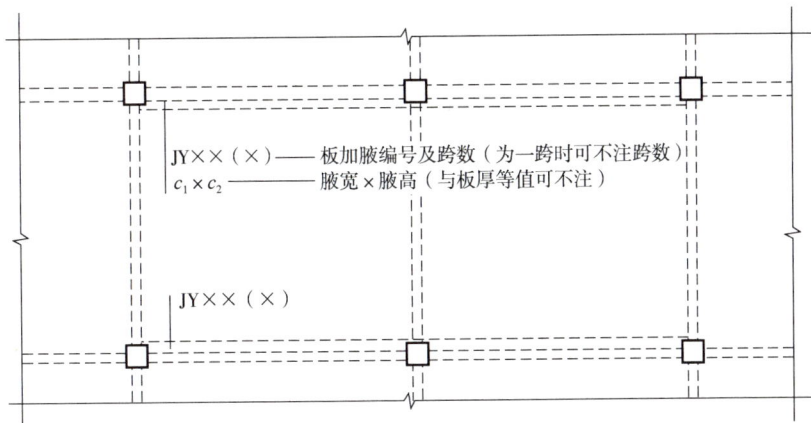

图 5-17　板加腋 JY 的引注图示

板加腋 JY 的位置与范围由平面布置图表达。腋宽、腋高及配筋等由引注内容表达。

当为板底加腋时，腋线应为虚线；当为板面加腋时，腋线应为实线；当腋宽与腋高同板厚时，设计不用注明。加腋配筋按标准构造，设计不注。当加腋配筋与标准构造不同时，设计应补充绘制截面配筋图。

（6）板开洞 BD 的引注　板开洞 BD 的引注图示如图 5-18 所示。

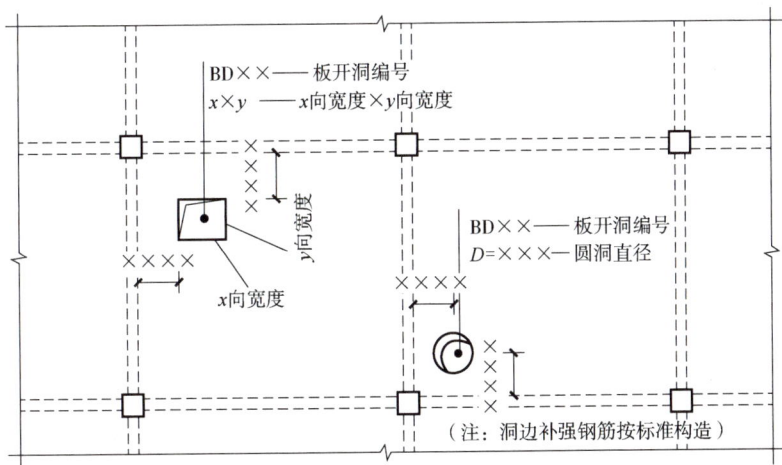

图 5-18　板开洞 BD 的引注图示

板开洞的平面形状及定位由平面布置图表达，洞的几何尺寸等由引注内容表达。

当矩形洞口边长或圆形洞口直径小于或等于 1000mm，并且当洞边无集中荷载作用时，洞边补强钢筋可按标准构造的规定设置，设计不注；当洞口周边加强钢筋不伸至支座时，应在图中画出所有加强钢筋，并且标注不伸至支座的钢筋长度。当具体工程所需要的补强钢筋与标准构造不同时，设计应加以注明。

当矩形洞口边长或圆形洞口直径大于 1000mm，或虽小于或等于 1000mm 但是洞边有集中荷载作用时，设计应根据具体情况采取相应的处理措施。

（7）板翻边 FB 的引注　板翻边 FB 的引注图示如图 5-19 所示。

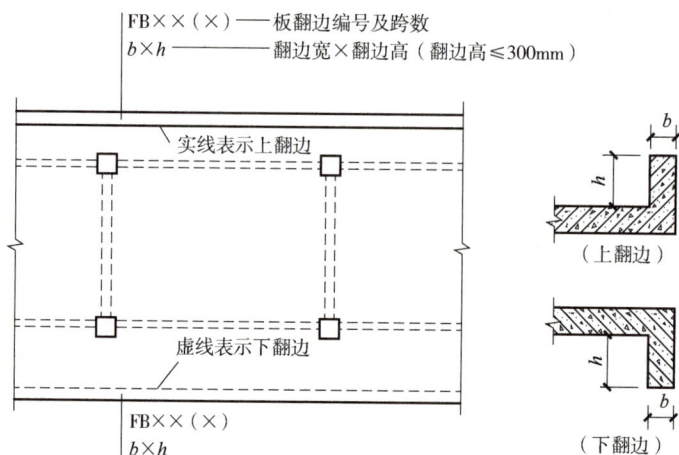

图 5-19　板翻边 FB 的引注图示

板翻边可为上翻也可为下翻，翻边尺寸等在引注内容中表达，翻边高度在标准构造详图中为小于或等于 300mm。当翻边高度大于 300mm 时，由设计者自行处理。

（8）角部加强筋 Crs 的引注　角部加强筋 Crs 的引注图示如图 5-20 所示。

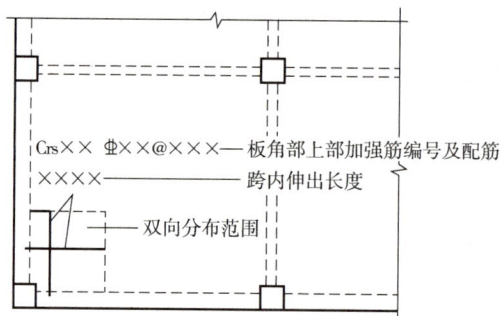

图 5-20　角部加强筋 Crs 的引注图示

角部加强筋一般用于板块角区的上部，根据规范规定的受力要求选择配置。角部加强筋将在其分布范围内取代原配置的板支座上部非贯通纵筋，且当其分布范围内配有板上部贯通纵筋时则间隔布置。

（9）悬挑板阴角附加筋 Cis 的引注　悬挑板阴角附加筋 Cis 的引注图示如图 5-21 所示。悬挑板阴角附加筋是指在悬挑板的阴角部位斜放的附加钢筋，该附加钢筋设置在板上部悬挑受力钢筋的下面，自阴角位置向内分布。

（10）悬挑板阳角放射筋 Ces 的引注　悬挑板阳角放射筋 Ces 的引注图示如图 5-22 所示。

（11）抗冲切箍筋 Rh 的引注　抗冲切箍筋 Rh 的引注图示如图 5-23 所示。抗冲切箍筋通常在无柱帽无梁楼盖的柱顶部位设置。

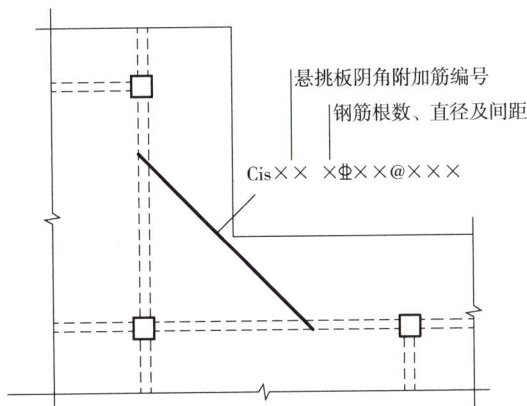

悬挑板阴角附加筋编号

钢筋根数、直径及间距

Cis×× ×Φ××@×××

图 5-21　悬挑板阴角附加筋 Cis 的引注图示

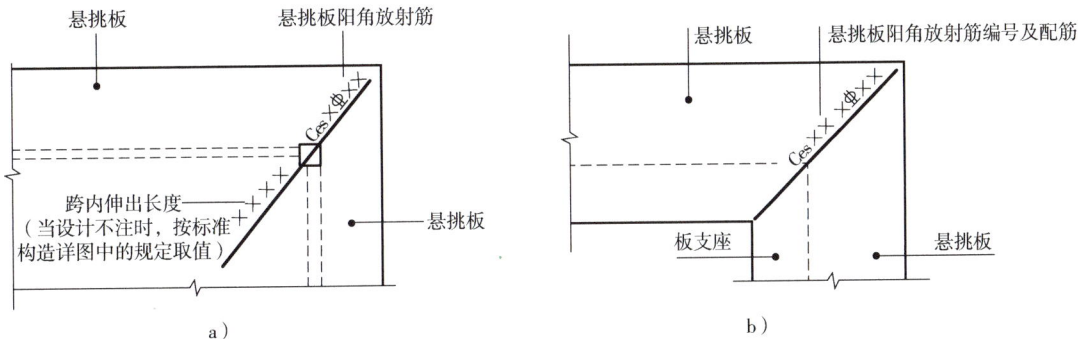

a)

b)

图 5-22　悬挑板阳角放射筋 Ces 的引注图示

a）悬挑板阳角放射筋 Ces 的引注图示 1　b）悬挑板阳角放射筋 Ces 的引注图示 2

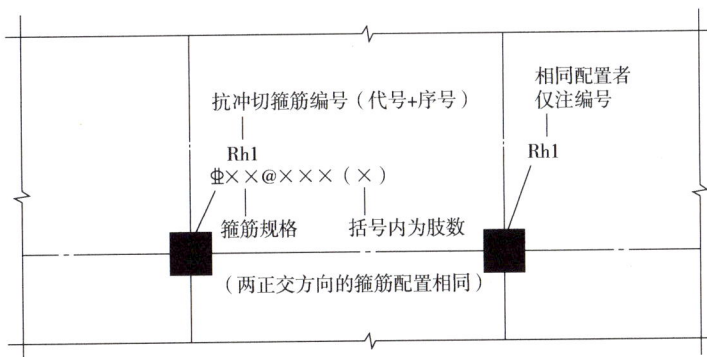

抗冲切箍筋编号（代号+序号）

相同配置者
仅注编号

Rh1

Φ××@×××（×）

Rh1

箍筋规格　　括号内为肢数

（两正交方向的箍筋配置相同）

图 5-23　抗冲切箍筋 Rh 的引注图示

（12）抗冲切弯起筋 Rb 的引注　抗冲切弯起筋 Rb 的引注图示如图 5-24 所示，抗冲切弯起筋一般也在无柱帽、无梁楼盖的柱顶部位设置。

图集中未包括的其他构造，应由设计者根据具体工程情况按照规范要求进行设计。

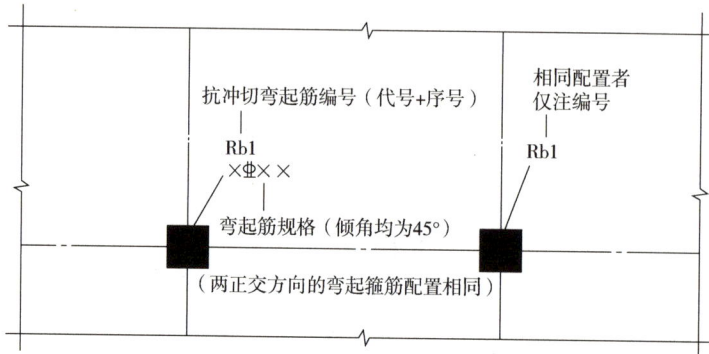

图 5-24　抗冲切弯起筋 Rb 的引注图示

## 5.2　板构件标准构造详图

### 1. 板构件构造详图的内容

板构件构造详图主要包括以下内容：

1）图名和比例。

2）定位轴线及其编号应与建筑平面图一致。

3）板的厚度和标高。

4）板的配筋情况。

5）必要的设计详图和说明。

### 2. 板构件构造详图的识读步骤

板构件构造详图的识读步骤如下：

1）查看图名、比例。

2）校核轴线编号及其间距尺寸，要求必须与建筑图、梁平法施工图保持一致。

3）阅读结构设计总说明或图样说明，明确现浇板的混凝土强度等级及其他要求。

4）明确现浇板的厚度和标高。

5）明确现浇板的配筋情况，并参阅说明，了解未标注的分布钢筋情况等。

识读现浇板施工图时，应注意现浇板钢筋的弯钩方向，以便确定钢筋是在板的底部还是顶部。

需要特别强调的是，应分清板中纵横方向钢筋的位置关系。对于四边整浇的混凝土矩形板，由于力沿短边方向传递的多，下部钢筋一般是短边方向钢筋在下，长边方向钢筋在上，而上部钢筋正好相反。

### 3. 板构件相关构造平法识图

（1）有梁楼盖楼面板 LB 和屋面板 WB 钢筋构造　有梁楼盖楼面板 LB 和屋面板 WB 钢筋构造如图 5-25 所示。

（2）板在端部支座的锚固构造　板在端部支座的锚固构造如图 5-26、图 5-27 所示。

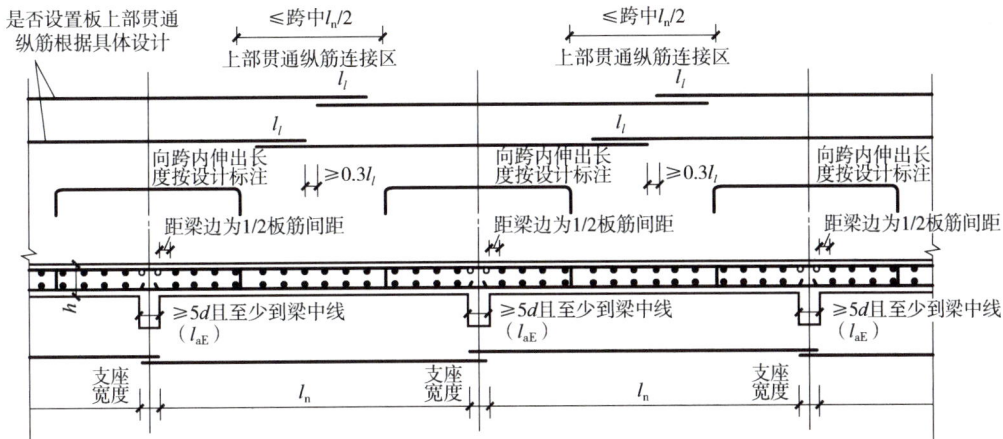

图 5-25　有梁楼盖楼面板 LB 和屋面板 WB 钢筋构造

（括号内的锚固长度 $l_{aE}$ 用于梁板式转换层的板）

注：1. 当相邻等跨或不等跨的上部贯通纵筋配置不同时，应将配置较大者越过其标注的跨数终点或起点伸
　　　出至相邻跨的跨中连接区域连接。
　　2. 除本图所示搭接外，板纵筋可采用机械连接或焊接。接头位置：上部钢筋如本图所示连接区，下部
　　　钢筋宜在距支座 1/4 净跨内。
　　3. 板位于同一层面的两向交叉纵筋哪个方向在下，哪个方向在上，应按具体设计说明。
　　4. 图中板的中间支座均按梁绘制，当支座为混凝土剪力墙时，其构造相同。
　　5. 梁板式转换层的板中 $l_{abE}$、$l_{aE}$ 按抗震等级四级取值，设计也可根据实际工程情况另行指定。

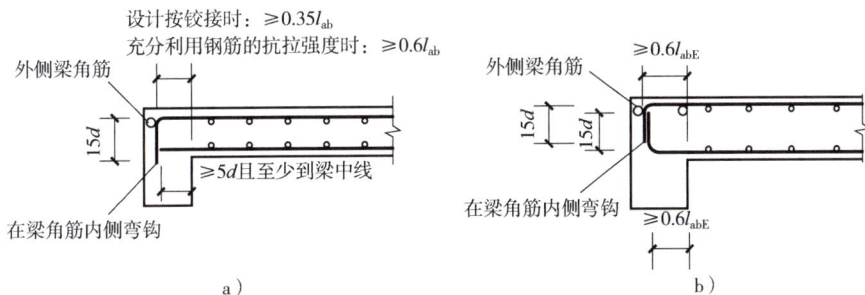

a)　　　　　　　　　　　　　　　　　b)

图 5-26　板在端部支座的锚固构造（一）

a）普通楼屋面板　b）梁板式转换层的楼面板

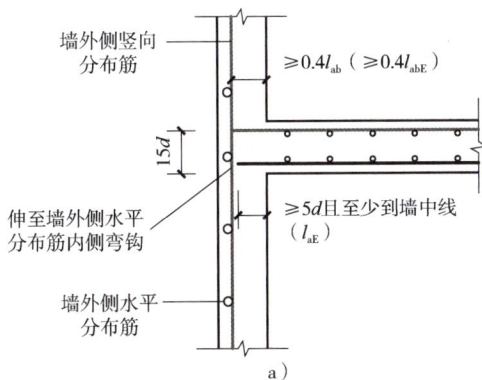

a)

图 5-27　板在端部支座的锚固构造（二）

a）端部支座为剪力墙中间层（括号内的数值用于梁板式转换层的板，当板下部纵筋直锚长度不足时，可按照图 c 弯锚计算）

（1）板端按铰接设计时　　（2）板端上部纵筋按充分利用钢筋的抗拉强度时　　（3）搭接连接

b）

c）

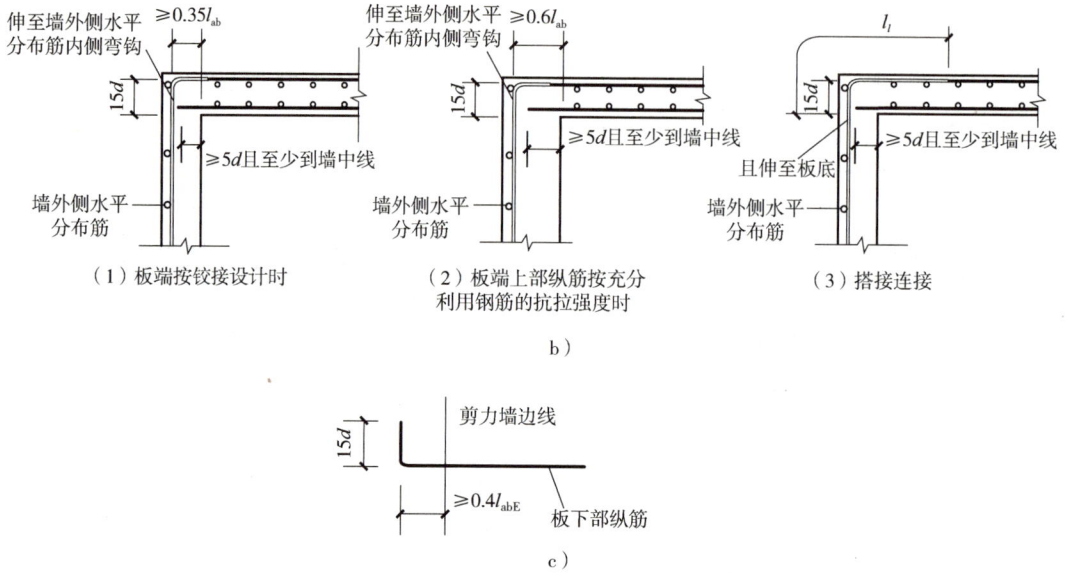

图 5-27　板在端部支座的锚固构造（二）（续）

b）端部支座为剪力墙墙顶　c）板下部纵筋弯锚（用于梁板式转换层的板下部纵筋）

注：1. 图中板上部纵筋在端支座应伸至梁或墙支座外侧纵筋内侧后弯折 $15d$；当平直段长度分别 $\geqslant l_a$、$\geqslant l_{aE}$ 时可不弯折。

2. 图中"设计按铰接时""充分利用钢筋的抗拉强度时"由设计指定。

3. 梁板式转换层的板中 $l_{abE}$、$l_{aE}$ 的取值，当设计指定时按设计，设计未指定时按抗震等级四级取值。

4. 当锚固钢筋的保护层厚度不大于 $5d$ 时，锚固钢筋长度范围内应设置横向构造钢筋，其直径不应小于 $d/4$（$d$ 为锚固钢筋的最大直径），间距不应大于 $10d$，且均不应大于 $10d$（$d$ 为锚固钢筋的最小直径）。

5. 板纵筋在支座部位的锚固长度范围内保护层厚度不大于 $5d$ 时，与其交叉的各个方向纵筋间距需满足锚固区横向钢筋的要求。如不满足，应补充锚固区附加横向钢筋。

6. 板端部支座为剪力墙墙顶时，图 5-27a、b、c 中采用何种做法由设计指定。

**（3）不等跨板上部贯通纵筋连接构造**　不等跨板上部贯通纵筋连接构造如图 5-28 所示。

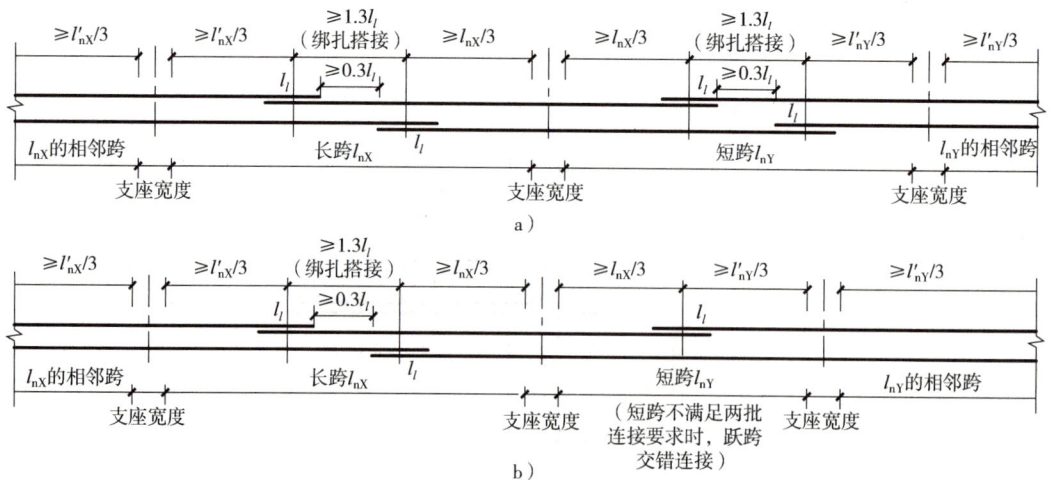

a）

b）

图 5-28　不等跨板上部贯通纵筋连接构造

a）不等跨板上部贯通纵筋连接构造示意图一　b）不等跨板上部贯通纵筋连接构造示意图二

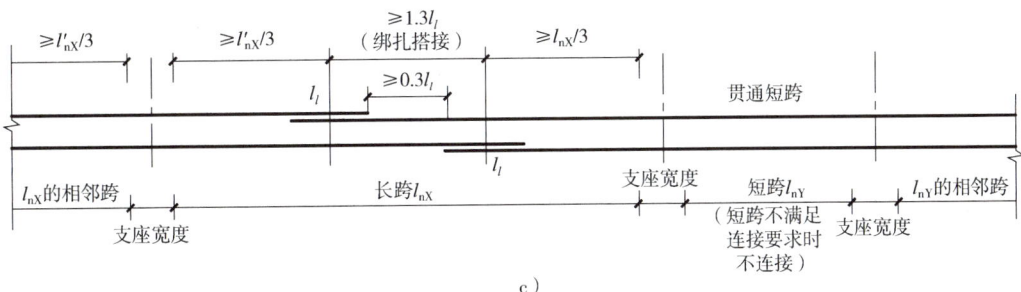

c）

**图 5-28　不等跨板上部贯通纵筋连接构造（续）**

c）不等跨板上部贯通纵筋连接构造示意图三

注：1. $l'_{nX}$、$l'_{nY}$ 是相邻两跨的较大净跨度值，当钢筋足够长时能通则通。

2. 当相邻连续板的跨度相差大于 20% 时，板上部钢筋伸入跨内的长度应由设计确定。

3. 板贯通钢筋无论采用搭接连接还是机械连接或焊接，其位于同一连接区段内的钢筋接头面积百分率不应大于 50%。具体何种钢筋采用何种连接方式，应以设计要求为准。

4. 板相邻跨贯通钢筋配置不同时，应将配置较大者延伸到配置较小者跨中连接区域内连接。

（4）无梁楼盖柱上板带 ZSB 与跨中板带 KZB 纵向钢筋构造

1）柱上板带 ZSB 纵向钢筋构造如图 5-29 所示。

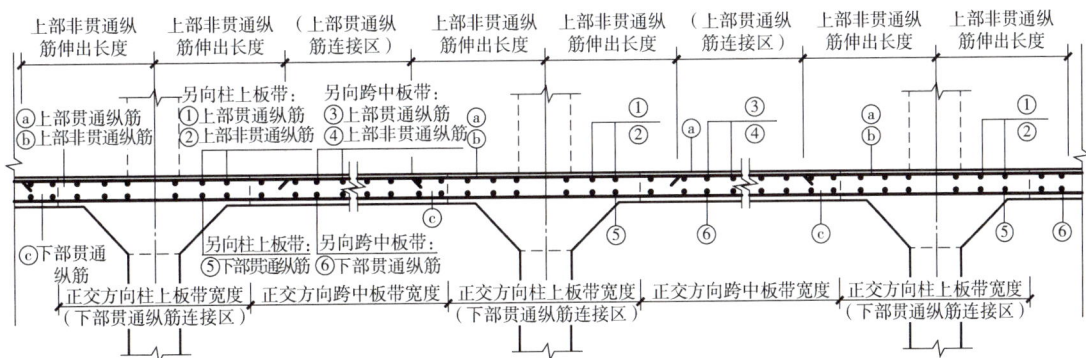

**图 5-29　柱上板带 ZSB 纵向钢筋构造**

（板带上部非贯通纵筋向跨内伸出长度按设计标注）

注：1. 当相邻等跨或不等跨的上部贯通筋配置不同时，应将配置较大者越过其标注的跨数终点或起点伸出至相邻跨的跨中连接区域连接。

2. 板贯通纵筋在连接区域内也可采用机械连接或焊接连接。

3. 板各部位同一层面的两向交叉纵筋何向在下何向在上，应按具体设计说明确定。本图构造同样适用于无柱帽的无梁楼盖。

4. 无梁楼盖柱上板带内贯通纵筋搭接长度应为 $l_{lE}$。无柱帽柱上板带的下部贯通纵筋，宜在距柱面 2 倍板厚以外连接，采用搭接时钢筋端部宜设置垂直于板面的弯钩。

2）跨中板带 KZB 纵向钢筋构造如图 5-30 所示。

（5）板带悬挑端纵向钢筋构造　板带悬挑端纵向钢筋构造如图 5-31 所示。

（6）悬挑板钢筋构造　悬挑板 XB 钢筋构造如图 5-32 所示。

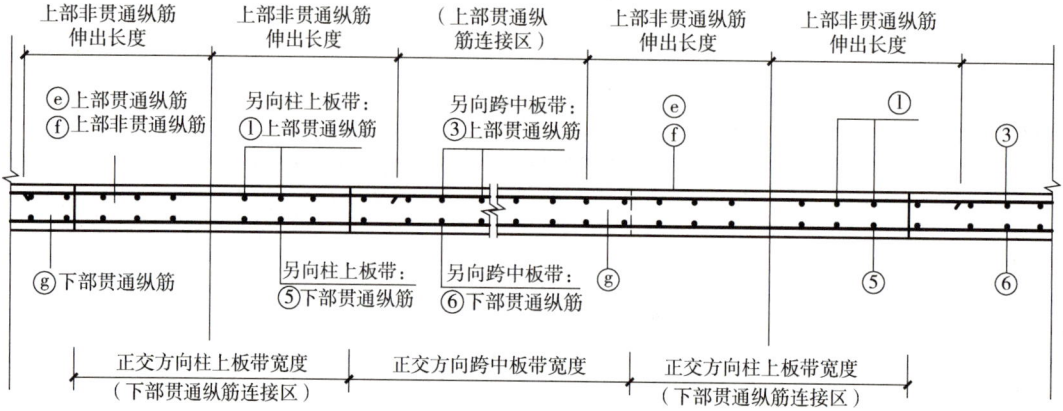

图 5-30 跨中板带 KZB 纵向钢筋构造

（板带上部非贯通纵筋向跨内伸出长度按设计标注）

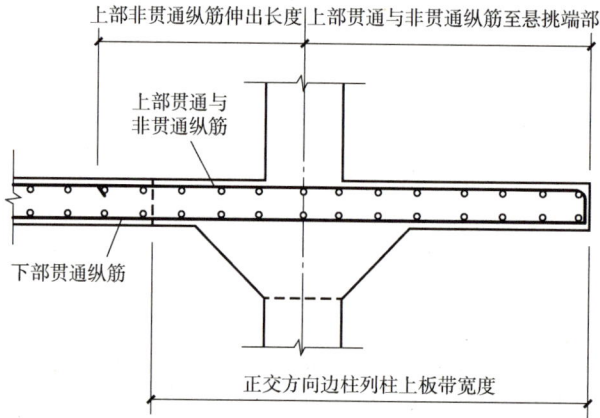

图 5-31 板带悬挑端纵向钢筋构造

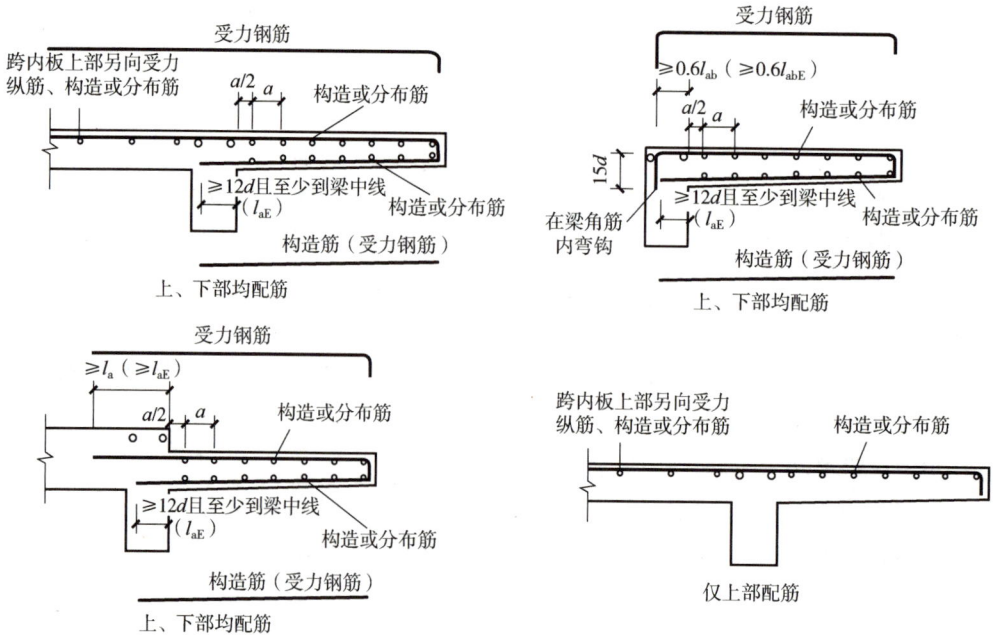

图 5-32 悬挑板 XB 钢筋构造

图 5-32　悬挑板 XB 钢筋构造（续）

注：括号中数值用于需考虑竖向地震作用时（由设计明确）。

（7）单（双）向板配筋示意图　单（双）向板配筋示意图如图 5-33 所示。

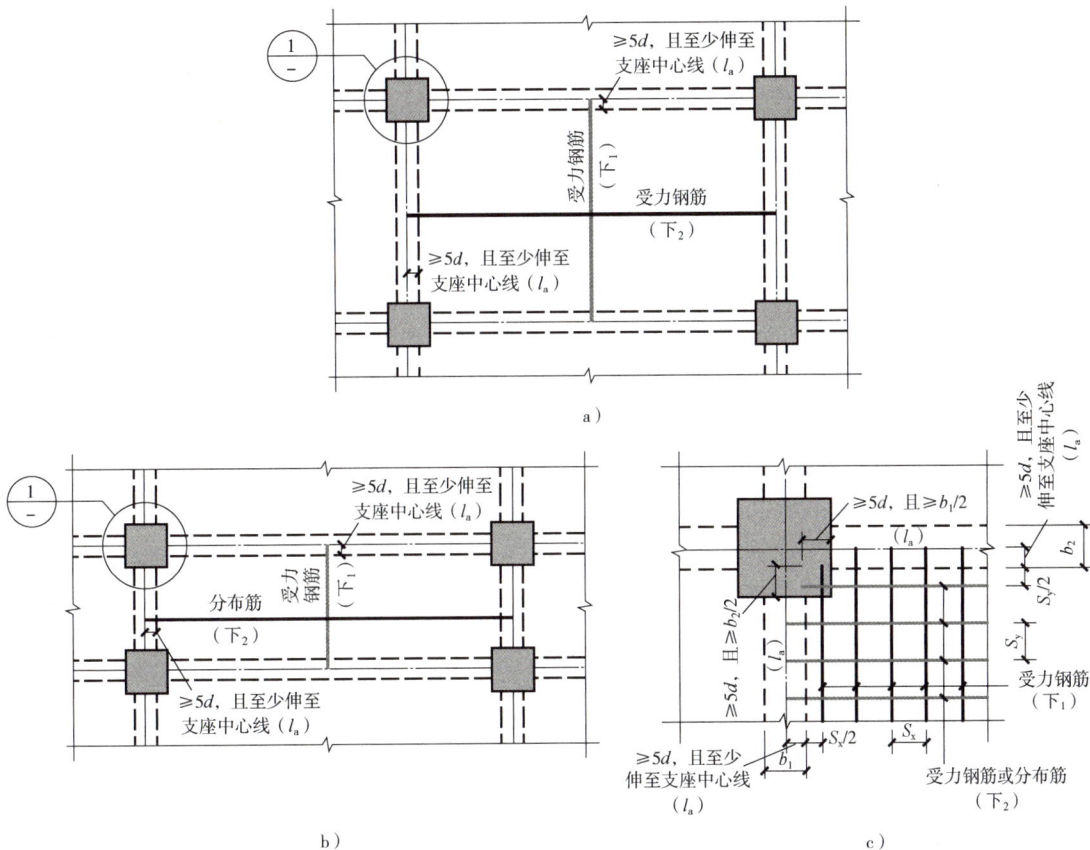

图 5-33　单（双）向板配筋示意图

a）双向板下部钢筋排布构造　b）单向板下部钢筋排布构造　c）剖面图 1 结构构造

注：1. 图中板支座均按梁绘制，当板支座为混凝土剪力墙时，板下部钢筋排布构造相同。

2. 双向板下部双向交叉钢筋上、下位置关系应按具体设计说明排布。

3. 当设计未说明时，短跨方向钢筋应置于长跨方向钢筋之下。

4. 当下部受力钢筋采用 HPB300 级时，其末端应做 180°弯钩。图中括号内的锚固长度适用于以下情形：

　　1）在梁板式转换层的板中，受力钢筋伸入支座的锚固长度应为 $l_{aE}$。

　　2）当连续板内温度、收缩应力较大时，板下部钢筋伸入支座锚固长度应按设计要求；当设计未指定时，取为 $l_a$。

5. 当下部贯通筋兼作抗温度钢筋时，其在支座的锚固由设计指定。

# 5.3 板构件钢筋算量

## 5.3.1 板底部贯通纵筋的计算

### 1. 板底部贯通纵筋的配筋特点

1）横跨一个整跨或几个整跨。

2）两端伸至支座梁（墙）的中心线，且直锚长度≥5$d$。包括下列两种情况之一：

①伸入支座的直锚长度为1/2的梁厚（墙厚），此时已经满足≥5$d$。

②满足直锚长度≥5$d$的要求，此时直锚长度已经大于1/2的梁厚（墙厚）。

### 2. 端支座为梁时板底部贯通纵筋的计算

计算板底部贯通纵筋的长度，计算方法一般为：

1）先选定直锚长度＝梁宽/2。

2）验算一下此时选定的直锚长度是否≥5$d$。如果满足"直锚长度≥5$d$"，则没有问题；如果不满足"直锚长度≥5$d$"，则取定5$d$为直锚长度。

以单块板底部贯通纵筋的计算为例：

板底部贯通纵筋的直段长度＝净跨长度＋两端的直锚长度

3）计算板底部贯通纵筋的根数：第一根贯通纵筋在距墙边为1/2板筋间距处开始设置。这样，板上部贯通纵筋的布筋范围等于净跨长度。在这个范围内除以钢筋的间距，所得到的间隔个数就是钢筋的根数。

【例5-5】现有一建筑板LB3的集中标注为LB3  $h=120$；B：X&Y 为 $\Phi 10@180$；该块板的尺寸为4500mm×3800mm，$x$方向的梁宽为360mm，$y$方向的梁宽为270mm，均为正中轴线，$x$方向的KL1上部纵筋直径为20mm，$y$方向的KL3上部纵筋直径为18mm。求该块板LB3的下部贯通筋的长度与根数。

【解】$x$方向：支座直锚长度＝梁宽/2＝270/2＝135＞5$d$，取135（mm）

梁KL1角筋中心到混凝土内侧的距离＝20/2＋20＝30（mm）

板下部纵筋布筋范围＝净跨长＋30×2＝3800－360＋60＝3500（mm）

$x$方向的下部贯通纵筋的根数＝3500/180＝19.44根，取20根

$y$方向：支座直锚长度＝梁宽/2＝360/2＝180＞5$d$，取180（mm）

下部贯通纵筋的直线段长度＝净跨长＋两端直锚长度＝3800－360＋150×2＝3740（mm）

梁KL3角筋中心到混凝土内侧的距离＝18/2＋18＝27（mm）

板下部纵筋布筋范围＝净跨长＋27×2＝4500－270＋54＝4284（mm）

$x$方向的下部贯通纵筋的根数＝4284/180＝24（根）

## 5.3.2 板上部贯通纵筋的计算

### 1. 板上部贯通纵筋的配筋特点

1）横跨一个整跨或几个整跨。

2）两端伸至支座梁（墙）外侧纵筋的内侧，再弯直钩15$d$；当直锚长度≥$l_a$时可不弯折。

**2. 端支座为梁时板上部贯通纵筋的计算**

（1）计算板上部贯通纵筋的长度

板上部贯通纵筋两端伸至梁外侧角筋的内侧，再弯直钩 $15d$；当直锚长度 $\geq l_a$ 时可不弯折。具体的计算方法如下。

①先计算直锚长度 = 梁截面宽度 - 保护层 - 梁角筋直径。

②若直锚长度 $\geq l_a$ 则不弯折；否则弯直钩 $15d$。

以单块板上部贯通纵筋的计算为例：

板上部贯通纵筋的直段长度 = 净跨长度 + 两端的直锚长度

（2）计算板上部贯通纵筋的根数　板上部贯通纵筋的根数的计算与下部贯通纵筋的根数的计算相同。

**3. 端支座为剪力墙时板上部贯通纵筋的计算**

板上部贯通纵筋两端伸至剪力墙外侧水平分布筋的内侧，弯锚长度为 $l_a$。具体的计算方法如下：

1）先计算直锚长度 = 墙厚度 - 保护层 - 墙身水平分布筋直径。

2）再计算弯钩长度 = $l_a$ - 直锚长度。

以单块板上部贯通纵筋的计算为例：

板上部贯通纵筋的直段长度 = 净跨长度 + 两端的直锚长度

其钢筋根数的计算与下部钢筋计算方法相同。

【例 5-6】 现有一建筑板 LB1 的集中标注为 LB1　$h=150$；B：X&Y 为 $\Phi 10@150$；该块板的尺寸为 $4800\text{mm} \times 3600\text{mm}$，$x$ 方向的梁宽为 $360\text{mm}$，$y$ 方向的梁宽为 $270\text{mm}$，均为正中轴线，$x$ 方向的 KL1 上部纵筋直径为 $18\text{mm}$，$y$ 方向的 KL2 上部纵筋直径为 $20\text{mm}$。求该块板 LB1 的下部贯通筋的长度与根数。

【解】 $x$ 方向：支座直锚长度 = 梁宽/2 = 270/2 = 135（mm）> 5$d$，取 135（mm）

梁 KL1 角筋中心到混凝土内侧的距离 = 18/2 + 18 = 27（mm）

板上部纵筋布筋范围 = 净跨长 + 27 × 2 = 3600 - 360 + 54 = 3294（mm）

$x$ 方向的上部贯通纵筋的根数 = 3294/150 = 21.96 根，取 22 根

$y$ 方向：支座直锚长度 = 梁宽/2 = 360/2 = 180（mm）> 5$d$，取 180（mm）

上部贯通纵筋的直线段长度 = 净跨长 + 两端直锚长度 = 3600 - 360 + 180 × 2 = 3600（mm）

梁 KL2 角筋中心到混凝土内侧的距离 = 20/2 + 20 = 30（mm）

板上部纵筋布筋范围 = 净跨长 + 30 × 2 = 4800 - 270 + 60 = 4590（mm）

$y$ 方向的上部贯通纵筋的根数 = 4590/150 = 30.6 根，取 31 根

## 5.3.3　板支座负筋（非贯通筋）计算

板支座负筋可以分为端支座负筋和中间支座负筋两种情况，其中端支座负筋的计算和面筋通长筋的计算类似。

端支座负筋计算公式：总长 = 板内净长 $l_n$ + 伸入端支座内长度 + 弯钩长度

首末钢筋距梁角筋为 1/2 板筋间距时：

$$根数 = （板净跨 l_n + 2 × 保护层厚度 c - 板筋间距）/板间距 + 1$$

【例 5-7】 如图 5-34 所示为某中间支座负筋平法施工图。其中板保护层厚度为 15mm；

梁保护层厚度为20mm；起步距离=1/2钢筋间距。试计算①号支座负筋的总长度及根数。

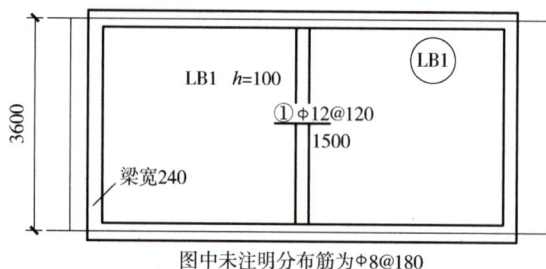

图 5-34　某中间支座负筋平法施工图

【解】1）①号支座负筋弯折长度 $= h - 15 = 100 - 15 = 85\,(\mathrm{mm})$

总长度 = 平直段长度 + 两端弯折 $= 2 \times 1500 + 2 \times 85 = 3170\,(\mathrm{mm})$

2）根数 = （板净跨 $l_n$ + $2 \times$ 保护层厚度 $c$ − 板筋间距）/板间距 +1

$\qquad = (3600 + 2 \times 20 - 120)/120 + 1 = 30.33$ 根，取 31 根

式中，15 为板保护层厚度，20 为梁保护层。

### 5.3.4　板负筋的分布筋计算

分布筋与其平行的支座负筋搭接150mm（注意：分布钢筋为光圆钢筋时不做弯钩）。

分布筋的长度 = 板净跨 − 两侧支座钢筋板内净长 $+ 2 \times 150$

分布筋根数 = （支座钢筋板内净长 − 起步距离）/分布筋间距 +1

【例5-8】如图5-35所示为LB1的配筋图，试计算①轴线上的支座负筋的分布筋，其中分布筋为 $\Phi 6@200$。

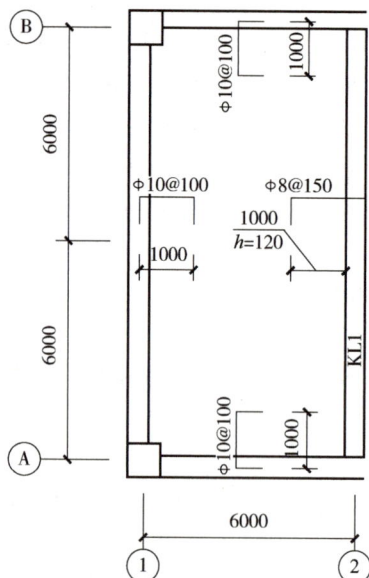

图 5-35　LB1 的配筋图

【解】1）分布筋的长度 = 板净跨 − 两侧支座钢筋板内净长 $+ 2 \times 150$

$\qquad = (6000 - 1000 - 1000) + 300 = 4300\,(\mathrm{mm})$

2）分布筋根数＝（支座钢筋板内净长－起步距离）/分布筋间距＋1

$$= (1000 - 50)/200 + 1 = 4.75 \text{ 根, 取 } 5 \text{ 根}$$

式中，6000 为板净跨，1000 为支座钢筋板内净长，50 为起步距离，200 为分布筋间距。

# 素质拓展案例

## 钢筋混凝土板的分类与优点

钢筋混凝土板是用钢筋混凝土材料制成的板，是房屋建筑和各种工程结构中的基本结构或构件，常用作屋盖、楼盖、平台、墙、挡土墙、基础、地坪、路面、水池等，应用范围极广。钢筋混凝土板按平面形状分为方板、圆板和异形板。按结构的受力作用方式分为单向板和双向板。最常见的有单向板、四边支承双向板和由柱支承的无梁平板。板的厚度应满足强度和刚度的要求。钢筋混凝土板强度高、刚度大、耐久性和耐火性好，还具有良好的可塑性，便于工业化生产和施工，是目前我国各类建筑中楼板的基本形式。

# 本章小结

通过学习本章的内容，使同学们了解到板构件施工图制图规则，掌握了板构件标准构造详图以及板构件的钢筋算量的基本计算方式，加强了同学们对板构件识图及钢筋计算的认识，为以后继续学习板构件相关知识打下基础。

# 实训练习

## 一、单项选择题

1. 关于有梁楼盖板的表示方法，下列选项中说法错误的是（　　）。

    A. 有梁楼盖板平法施工图平面注写主要包括板块集中标注和板支座原位标注

    B. 当轴网向心布置时，径向为 $x$ 向，切向为 $y$ 向

    C. 当两向轴网正交布置时，图面从左至右为 $x$ 向，从下至上为 $y$ 向

    D. 当轴网转折时，局部坐标方向顺轴网转折角度做相应转折

2. 下列关于各个名称编号错误的是（　　）。

    A. 悬挑板：XB　　　B. 跨中板带：KZD　　C. 楼面板：LB　　　D. 柱上板带：ZSB

3. 当板纵向钢筋采用非接触方式的搭接连接时，其搭接部位的钢筋净距不宜（　　）。

    A. ≥30mm　　　　B. ≥15$d$　　　　　C. ＜30mm　　　　D. ＜15$d$

4. 板上部纵筋在端支座应伸至梁或墙支座外侧纵筋内侧后弯折长度为（　　）。

    A. 15$d$　　　　　B. $l_a$　　　　　　　C. $l_{aE}$　　　　　　D. 5$d$

5. 下列关于板底部贯通纵筋说法错误的是（　　）。

    A. 伸入支座的直锚长度为 1/2 的梁厚（墙厚），此时已经满足 ≥5$d$，两端伸至支座梁（墙）的中心线，且直锚长度 ≥5$d$

    B. 直锚长度 = 梁宽/2

    C. 第一根贯通纵筋在距墙边为 1/2 板筋间距处开始设置

    D. 直锚长度满足直锚长度 $\geq 5d$ 时，取 $5d$ 为锚固长度

## 二、简答题

1. 板块集中标注设计与施工时应注意什么问题？

2. 简述"隔一布一"的布筋方式。

3. 简述无梁楼盖跨中板带上部纵向钢筋在梁端支座的锚固要求。

# 实训工作单

| 班级 | | 姓名 | | 日期 | |
|---|---|---|---|---|---|
| 教学项目 | | 板构件 | | | |
| 学习项目 | 板构件施工图制图规则；板构件标准构造详图；板构件钢筋算量 | 学习要求 | | 了解有梁楼板、无梁楼板的平法施工图的制图规则以及楼板相关构造的制图规则；掌握板构件标准构造详图；掌握板底、顶部贯通纵筋钢筋算量的计算方式；了解板支座负筋、板负筋的分布筋的钢筋的分布筋计算 | |
| 相关知识 | | 板构件与梁柱连接处的钢筋计算 | | | |
| 其他内容 | | | | | |
| 学习记录 | | | | | |
| 评语 | | | | 指导老师 | |

# 第6章

## 基 础

### 【学习目标】

1）了解基础施工图制图规则。
2）掌握基础钢筋识图方法。
3）掌握独立基础钢筋算量。

### 【素质目标】

通过对建筑工程基础施工的现状的了解，城市的发展伴随着建筑的发展，思考面对问题要如何解决，重视基础施工，重视专业施工技术。

### 【教学目标】

| 本章要点 | 掌握层次 | 相关知识点 |
| --- | --- | --- |
| 基础施工图制图规则 | 了解基础施工图制图规则 | 1. 独立基础施工图制图规则<br>2. 条形基础施工图制图规则<br>3. 梁板式筏形基础施工图制图规则<br>4. 平板式筏形基础施工图制图规则<br>5. 桩基础施工图制图规则 |
| 基础钢筋识图方法 | 掌握基础钢筋识图方法 | 1. 独立基础钢筋的构造与识图<br>2. 条形基础钢筋的构造与识图<br>3. 筏形基础钢筋的构造与识图<br>4. 桩基承台钢筋的构造与识图 |
| 基础钢筋算量 | 掌握基础钢筋算量 | 1. 独立基础钢筋算量<br>2. 条形基础钢筋算量<br>3. 筏形基础钢筋算量 |

### 【项目案例导入】

2014年12月29日8时20分许，某中学体育馆及宿舍楼工程工地，作业人员在基坑内绑扎钢筋过程中，筏板基础钢筋体系发生坍塌，造成10人死亡、4人受伤。

该工程总建筑面积为20660m²，是集体育、住宿、餐厅、车库为一体的综合楼。该建筑地上5层、地下2层。地上分体育馆和宿舍楼两栋单体建筑，地下为车库及人防区。

### 【项目问题导入】

基础的制图规则是什么？常见的基础有哪些？其构造又是怎样的？

# 6.1　基础施工图制图规则

## 6.1.1　独立基础施工图制图规则

### 1. 独立基础平法施工图的表示方法

1）独立基础平法施工图，有平面注写、截面注写和列表注写三种表达方式，设计者可根据具体工程情况选择一种，或将几种方式相结合进行独立基础的施工图设计。

2）当绘制独立基础平面布置图时，应将独立基础平面与基础所支承的柱一起绘制。当设置基础联系梁时，可根据图面的疏密情况，将基础连系梁与基础平面布置图一起绘制，或将基础连系梁布置图单独绘制。

3）在独立基础平面布置图上应标注基础定位尺寸；当独立基础的柱中心线或杯口中心线与建筑轴线不重合时，应标注其定位尺寸。编号相同且定位尺寸相同的基础，可仅选择一个进行标注。

### 2. 独立基础编号

设计时应注意：当独立基础截面形状为坡形时，其坡面应采用能保证混凝土浇筑、振捣密实的较缓坡度；当采用较陡坡度时，应要求施工采用在基础顶部坡面加模板等措施，以确保独立基础的坡面浇筑成型、振捣密实。各种独立基础编号见表6-1。

独立基础

表6-1　独立基础编号

| 类型 | 基础底板截面形状 | 代号 | 序号 |
|---|---|---|---|
| 普通独立基础 | 阶形 | DJj | ×× |
| | 锥形 | DJz | ×× |
| 杯口独立基础 | 阶形 | BJj | ×× |
| | 锥形 | BJz | ×× |

### 3. 独立基础的平面注写方式

1）独立基础的平面注写方式分为集中标注和原位标注两种。

2）普通独立基础和杯口独立基础的集中标注，是在基础平面图上集中引注：基础编号、截面竖向尺寸、配筋三项必注内容，以及基础底面标高（与基础底面基准标高不同时）和必要的文字注解两项选注内容。

素混凝土普通独立基础的集中标注，除无基础配筋内容外均与钢筋混凝土普通独立基础相同。

独立基础集中标注的具体内容规定如下：

①注写独立基础编号（必注内容），见表6-1。独立基础底板的截面形状通常有两种：

a. 阶形截面编号前加"j"，如DJj××、BJj××。

b. 锥形截面编号前加"z"，如DJz××、BJz××。

②注写独立基础截面竖向尺寸（必注内容）。下面按普通独立基础和杯口独立基础分别进行说明。

普通独立基础：注写$h_1/h_2/\cdots$，具体标注为：

a. 当基础为阶形截面时，如图 6-1 所示。

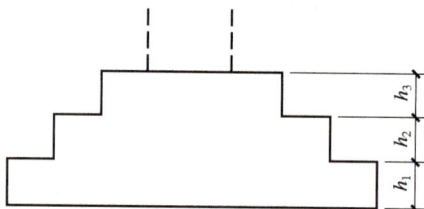

图 6-1　阶形截面普通独立基础竖向尺寸

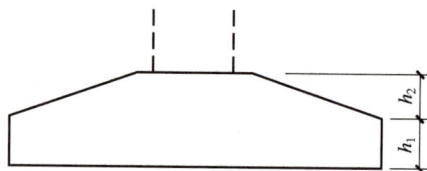

【例 6-1】 当阶形截面普通独立基础 DJj×× 的竖向尺寸注写为 400/300/300 时，表示 $h_1=400\text{mm}$、$h_2=300\text{mm}$、$h_3=300\text{mm}$，基础底板总高度为 1000mm。

例 6-1 及图 6-1 为三阶；当为更多阶时，各阶尺寸自下而上用"/"分隔顺写。

当基础为单阶时，其竖向尺寸仅为一个，即为基础总高度，如图 6-2 所示。

b. 当基础为锥形截面时，注写为 $h_1/h_2$，如图 6-3 所示。

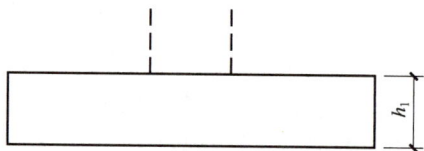

图 6-2　单阶普通独立基础竖向尺寸　　　　图 6-3　锥形截面普通独立基础竖向尺寸

杯口独立基础：

a. 当基础为阶形截面时，其竖向尺寸分两组，一组表达杯口内，另一组表达杯口外，两组尺寸以","分隔，注写为：$a_0/a_1$，$h_1/h_2\cdots$，其含义如图 6-4 所示，其中 $a_0$ 为柱杯口深度。

b. 当基础为锥形截面时，注写为 $a_0/a_1$，$h_1/h_2/h_3\cdots$，其含义如图 6-5 所示。

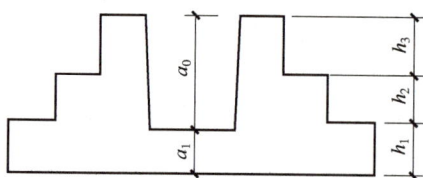

图 6-4　阶形截面杯口独立基础竖向尺寸　　　图 6-5　锥形截面高杯口独立基础竖向尺寸

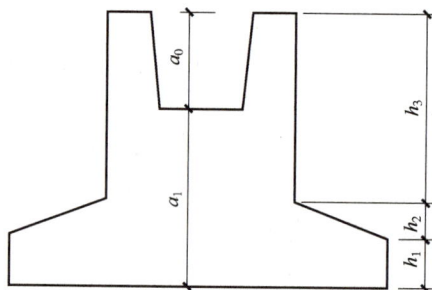

③注写独立基础配筋（必注内容）：注写独立基础底板配筋。普通独立基础和杯口独立基础的底部双向配筋注写规定如下：

a. 以 B 代表各种独立基础底板的底部配筋。

b. $x$ 向配筋以 X 打头、$y$ 向配筋以 Y 打头注写；当两向配筋相同时，则以 X&Y 打头注写。

注写杯口独立基础顶部焊接钢筋网：以 Sn 打头引注杯口顶部焊接钢筋网的各边钢筋。

注写高杯口独立基础的短柱配筋（也适用于杯口独立基础杯壁有配筋的情况），具体注写规定如下：

a. 以 O 代表短柱配筋。

b. 先注写短柱箍筋，再注写箍筋。

c. 对于双高杯口独立基础的短柱配筋，注写形式与单高杯口相同，如图 6-6 所示（本图只表示基础短柱纵筋与矩形箍筋）。

注写普通独立基础带短柱竖向尺寸及钢筋：当独立基础埋深较大，设置短柱时，短柱配筋应注写在独立基础中。具体注写规定如下：

a. 以 DZ 代表普通独立基础短柱。

b. 先注写短柱纵筋，再注写箍筋，最后注写短柱标高范围。注写为：角筋/$x$ 边中部筋/$y$ 边中部筋，箍筋，短柱标高范围。

④注写基础底面标高（选注内容）。当独立基础的底面标高与基础底面基准标高不同时，应将独立基础标高直接注写在"（    ）"内。

⑤必要的文字注解（选注内容）。当独立基础的设计有特殊要求时，宜增加必要的文字注解。例如，基础底板配筋长度是否采用减短方式等，可在该项注明。

O 4$\Phi$22 / 8$\Phi$16 / 5$\Phi$14
$\Phi$10@150/300

图 6-6  双高杯口独立基础短柱配筋示意

3）钢筋混凝土和素混凝土独立基础的原位标注，是在基础平面布置图上标注独立基础的平面尺寸。对相同编号的基础，可选择一个进行原位标注；当平面图形较小时，可将所选定进行原位标注的基础按比例放大；其他相同编号者仅标注编号。

原位标注的具体内容规定如下：

①普通独立基础。原位标注 $x$、$y$，$x_i$、$y_i$，$i = 1$，2，3···。其中，$x$、$y$ 为普通独立基础两向边长，$x_i$、$y_i$ 为阶宽或坡形平面尺寸（当设置短柱时，尚应标注短柱的截面尺寸）。

②对称阶形截面普通独立基础的原位标注如图 6-7 所示；非对称阶形截面普通独立基础的原位标注如图 6-8 所示；短柱独立基础的原位标注如图 6-9 所示。

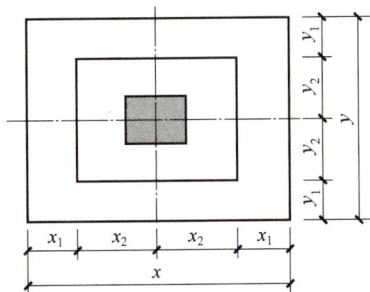

图 6-7  对称阶形截面普通独立
基础的原位标注

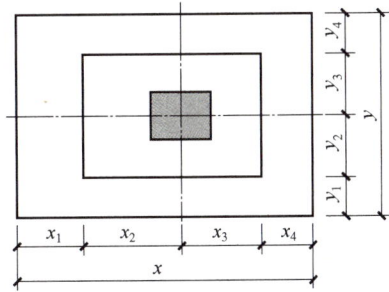

图 6-8  非对称阶形截面普通独立
基础的原位标注

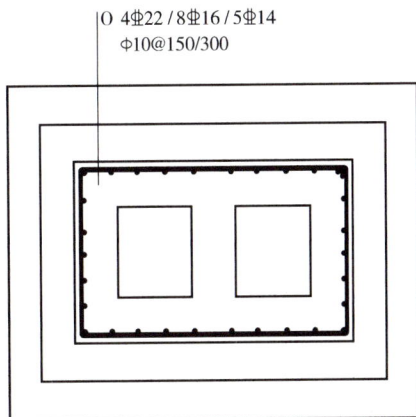

4）普通独立基础采用平面注写方式的集中标注和原位标注综合设计表达如图 6-10 所示。

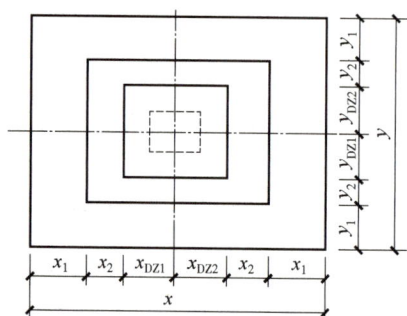

图 6-9　短柱独立基础的原位标注

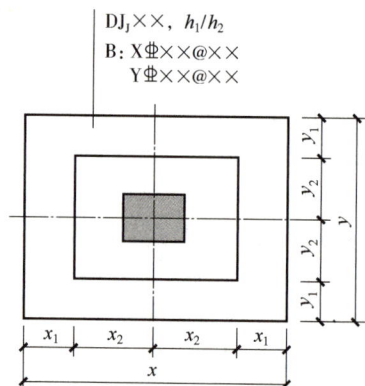

图 6-10　普通独立基础平面注写方式
综合设计表达示意

5）独立基础通常为单柱独立基础，也可为多柱独立基础（双柱或四柱等）。多柱独立基础的编号、几何尺寸和配筋的标注方法与单柱独立基础相同。

当为双柱独立基础且柱距较小时，通常仅配置基础底部钢筋；当柱距较大时，除基础底部配筋外，尚需在两柱间配置基础顶部钢筋或设置基础梁；当为四柱独立基础时，通常可设置两道平行的基础梁，需要时可在两道基础梁之间配置基础顶部钢筋。

多柱独立基础顶部配筋和基础梁的注写方法规定如下：

①注写双柱独立基础底板顶部配筋。双柱独立基础的顶部配筋，通常对称分布在双柱中心线两侧。以大写字母"T"打头，注写为：双柱间纵向受力钢筋/分布钢筋。当纵向受力钢筋在基础底板顶面非满布时，应注明其总根数。

【例 6-2】T：11 Φ18@100/Φ10@200；表示独立基础顶部配置纵向受力钢筋 HRB400 级，直径为 18mm，设置 11 根，间距 100mm；分布筋 HPB300 级，直径为 10mm，间距 200mm，如图 6-11 所示。

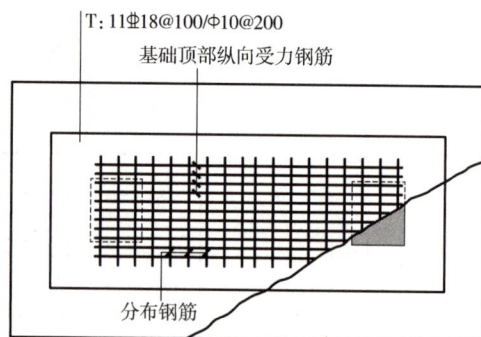

图 6-11　双柱独立基础顶部配件示意

②注写双柱独立基础的基础梁配筋。当双柱独立基础为基础底板与基础梁相结合时，注写基础梁的编号、几何尺寸和配筋。如 JL××（1）表示该基础梁为 1 跨，两端无外伸；JL××（1A）表示该基础梁为 1 跨，一端有外伸；JL××（1B）表示该基础梁为 1 跨，两端均有外伸。

通常情况下，双柱独立基础宜采用端部有外伸的基础梁，基础底板则采用受力明确、构造简单的单向受力配筋与分布筋。基础梁宽度宜比柱截面宽出不小于100mm（每边不小于50mm）。

基础梁的注写规定与条形基础的基础梁注写规定相同，注写示意如图6-12所示。

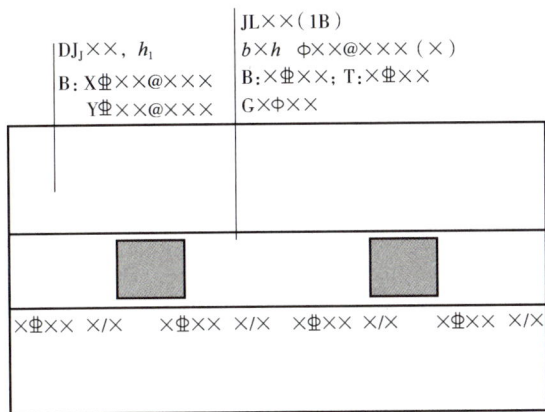

DJ<sub></sub>××，$h_1$
B：X$\Phi$××@×××
Y$\Phi$××@×××

JL××（1B）
$b×h$　$\phi$××@×××（×）
B：×$\Phi$××；T：×$\Phi$××
G×$\phi$××

×$\Phi$×× ×/×　　×$\Phi$×× ×/×　×$\Phi$×× ×/×　　×$\Phi$×× ×/×

图6-12　双柱独立基础的基础梁配筋注写示意

③注写双柱独立基础的底板配筋。双柱独立基础底板配筋的注写，可以按条形基础底板的注写规定，也可以按独立基础底板的注写规定。

④注写配置两道基础梁的四柱独立基础底板顶部配筋。当四柱独立基础已设置两道平行的基础梁时，根据需要可在双梁之间及梁的长度范围内配置基础顶部钢筋，注写为：梁间受力钢筋/分布钢筋。

平行设置两道基础梁的四柱独立基础底板配筋，也可按双梁条形基础底板配筋的注写规定。

⑤采用平面注写方式表达的独立基础如图6-13所示。

## 4. 独立基础的截面注写方式

1）独立基础采用截面注写方式，应在基础平面布置图上对所有基础进行编号，标注独立基础的平面尺寸，并用剖面号引出对应的截面图；对相同编号的基础，可选择一个进行标注。

2）对单个基础进行截面标注的内容和形式，与传统单构件正投影表示方法基本相同。对于已在基础平面布置图上原位标注清楚的该基础的平面几何尺寸，在截面图上可不再重复表达，具体表达内容可参照图集中相应的标准构造。

3）对多个同类基础，可采用列表注写（结合截面示意图）的方式进行集中表达。表中内容为基础截面的几何数据和配筋等，在截面示意图上应标注与表中栏目相对应的代号。列表的具体内容规定如下：

普通独立基础。普通独立基础列表中注写栏目为：

①编号：阶形截面编号为DJj××，锥形截面编号为DJz××。

②几何尺寸：水平尺寸$x$、$y$，$x_i$、$y_i$，$i=1$，2，3…；竖向尺寸$h_1/h_2/\cdots$。

③配筋：B：X：$\Phi$××@×××，Y：$\Phi$××@×××。

普通独立基础列表格式见表6-2。

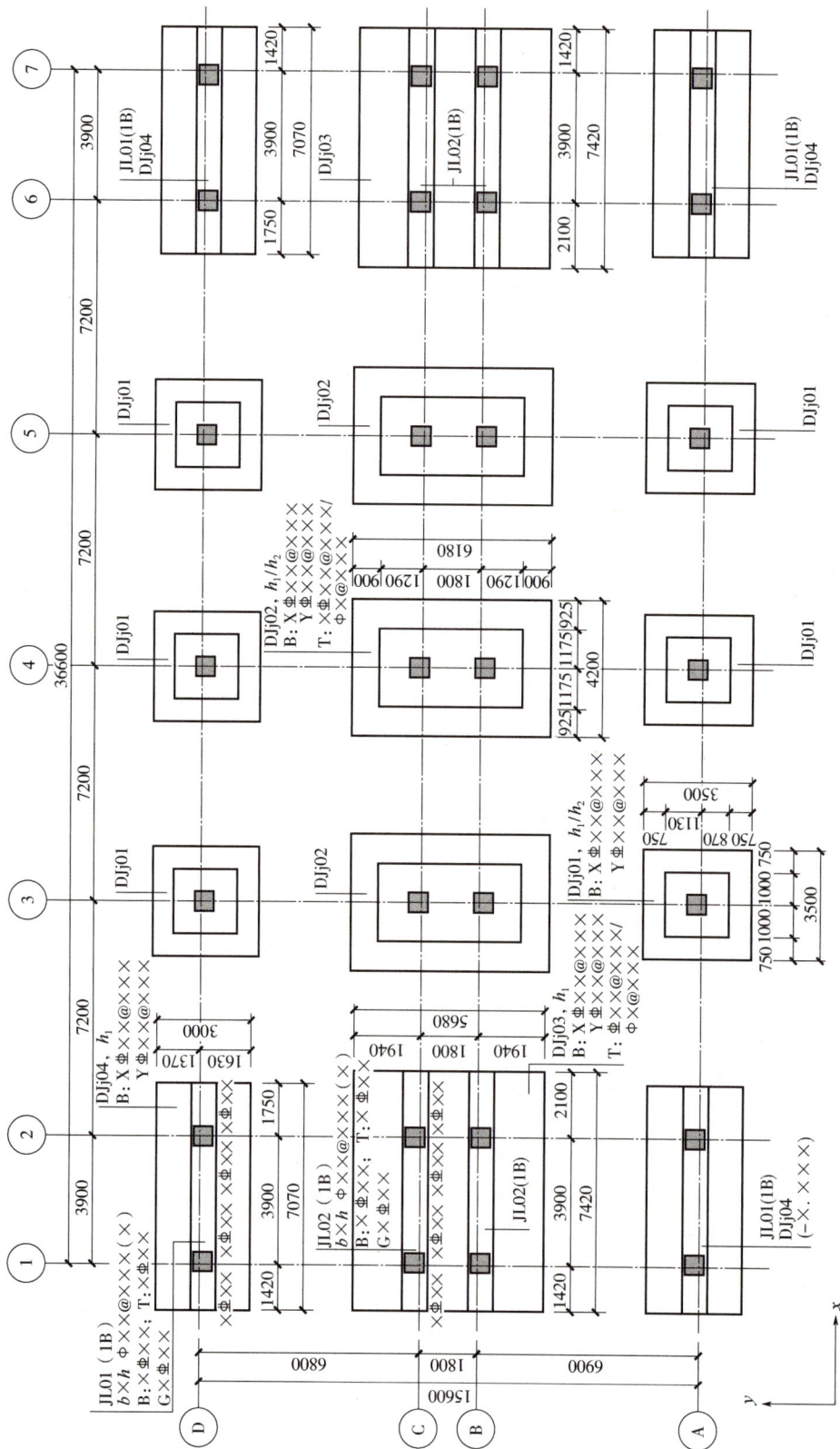

图6-13 独立基础平法施工图平面注写方式示例

表 6-2　普通独立基础列表格式

| 基础编号/截面号 | 截面几何尺寸 | | | | | | 底部配筋（B） | |
|---|---|---|---|---|---|---|---|---|
| | $x$ | $y$ | $x_i$ | $y_i$ | $h_1$ | $h_2$ | $x$ 向 | $y$ 向 |
| | | | | | | | | |
| | | | | | | | | |

注：表中可根据实际情况增加栏目。例如：当基础底面标高与基础底面基准标高不同时，加注基础底面标高；当为双柱独立基础时，加注基础顶部配筋或基础梁几何尺寸和配筋；当设置短柱时增加短柱尺寸及配筋等。

杯口独立基础。杯口独立基础列表集中注写栏目为：

①编号：阶形截面编号为 BJj××，锥形截面编号为 BJz××。

②几何尺寸：水平尺寸 $x$、$y$，$x_u$、$y_u$，$t_i$，$x_i$、$y_i$，$i = 1$，2，3…；竖向尺寸 $a_0$、$a_1$，$h_1/h_2/h_3$…。

③配筋：B：X：$\phi \times \times @ \times \times \times$，Y：$\phi \times \times @ \times \times \times$，$Sn \times \phi \times \times$，

O：$\times \phi \times \times / \phi \times \times @ \times \times \times / \phi \times \times @ \times \times \times$，$\phi \times \times @ \times \times \times / \times \times \times$。

杯口独立基础列表格式见表6-3。

表 6-3　杯口独立基础列表格式

| 基础编号/截面号 | 截面几何尺寸 | | | | | | | | | | 底部配筋（B） | | 杯口顶部钢筋网（Sn） | 短柱配筋（O） | |
|---|---|---|---|---|---|---|---|---|---|---|---|---|---|---|---|
| | $x$ | $y$ | $x_c$ | $y_c$ | $x_i$ | $y_i$ | $a_0$ | $a_1$ | $h_1$ | $h_2$ | $x$ 向 | $y$ 向 | | 角筋/$x$ 向中部筋/$y$ 向中部筋 | 杯口壁箍筋/其他部位箍筋 |
| | | | | | | | | | | | | | | | |
| | | | | | | | | | | | | | | | |

注：1. 表中可根据实际情况增加栏目。如当基础底面标高与基础底面基准标高不同时，加注基础底面标高或增加说明栏目等。

2. 短柱配筋适用于高杯口独立基础，并适用于杯口独立基础杯壁有配筋的情况。

### 5. 其他

1）与独立基础相关的基础连系梁的平法施工图设计，详见 22G101—3 图集。

2）当杯口独立基础配合采用国家相关建筑标准设计预制基础梁时，应根据其要求处理好相关构造。

## 6.1.2　条形基础施工图制图规则

### 1. 条形基础平法施工图的表示方法

1）条形基础平法施工图有平面注写与列表注写两种表达方式，设计者可根据具体工程情况选择一种，或将两种方式相结合进行条形基础的施工图设计。

2）当绘制条形基础平面布置图时，应将条形基础平面与基础所支承的上部结构的柱、墙一起绘制。当基础底面标高不同时，需注明与基础底面基准标高不同之处的范围和标高。

3）当梁板式基础梁中心或板式条形基础板中心与建筑定位轴线不重合时，应标注其定位尺寸；对于编号相同的条形基础，可仅选择一个进行标注。

4）条形基础整体上可分为两类：

①梁板式条形基础。该类条形基础适用于钢筋混凝土框架结构、框架—剪力墙结构、部分框支剪力墙结构和钢结构。平法施工图将梁板式条形基础分解为基础梁和条形基础底板分别进行表达。

②板式条形基础。该类条形基础适用于钢筋混凝土剪力墙结构和砌体结构。平法施工图仅表达条形基础底板。

条形基础

### 2. 条形基础编号

条形基础编号分为条形基础梁编号和条形基础底板编号，按表6-4的规定执行。

表6-4　条形基础梁及底板编号

| 类型 | | 代号 | 序号 | 跨数及有无外伸 |
| --- | --- | --- | --- | --- |
| 基础梁 | | JL | ×× | （××）端部无外伸 |
| 条形基础底板 | 坡形 | TJBp | ×× | （××A）一端有外伸 |
| | 阶形 | TJBj | ×× | （××B）两端有外伸 |

注：条形基础通常采用坡形截面或单阶形截面。

### 3. 基础梁的平面注写方式

1）基础梁JL的平面注写方式，分为集中标注和原位标注两种，当集中标注的某项数值不适用于基础梁的某部位时，则将该项数值采用原位标注，施工时，原位标注优先。

2）基础梁的集中标注内容为基础梁编号、截面尺寸、配筋三项必注内容，以及基础梁底面标高（与基础底面基准标高不同时）和必要的文字注解两项选注内容。具体规定如下：

①注写基础梁编号（必注内容），见表6-4。

②注写基础梁截面尺寸（必注内容）。

③注写基础梁配筋（必注内容）。

④注写基础梁底面标高（选注内容）。当条形基础的底面标高与基础底面基准标高不同时，将条形基础底面标高注写在"（　　　）"内。

⑤必要的文字注解（选注内容）。当基础梁的设计有特殊要求时，宜增加必要的文字注解。

3）基础梁JL的原位标注规定如下：

①基础梁支座的底部纵筋是指包含贯通纵筋与非贯通纵筋在内的所有纵筋：

a. 当底部纵筋多于一排时，用"/"将各排纵筋自上而下分开。

b. 当同排纵筋有两种直径时，用"＋"将两种直径的纵筋相连。

c. 当梁支座两边的底部纵筋配置不同时，需在支座两边分别标注；当梁支座两边的底部纵筋相同时，可仅在支座的一边标注。

d. 当梁支座底部全部纵筋与集中注写过的底部贯通纵筋相同时，可不再重复做原位标注。

e. 竖向加腋梁加腋部位钢筋，需在设置加腋的支座处以Y打头注写在括号内。

【例6-3】竖向加腋梁端（支座）处注写Y4$\Phi$25，表示竖向加腋部位斜纵筋为4$\Phi$25。

设计时应注意：对于底部一平梁的支座两边配筋值不同的底部非贯通纵筋（"底部一平"为"梁底部在同一个平面上"的缩略词），应先按较小一边的配筋值选配相同直径的纵筋贯穿支座，再将较大一边的配筋差值选配适当直径的钢筋锚入支座，避免造成支座两边大部分钢筋直径不相同的不合理配置结果。

施工及预算方面应注意：当底部贯通纵筋经原位注写修正，出现两种不同配置的底部贯通纵筋时，应在两毗邻跨中配置较小一跨的跨中连接区域进行连接（即配置较大一跨的底部贯通纵筋需伸出至毗邻跨的跨中连接区域）。

②原位注写基础梁的附加箍筋或（反扣）吊筋。当两向基础梁十字交叉，但交叉位置无柱时，应根据需要设置附加箍筋或（反扣）吊筋。

将附加箍筋或（反扣）吊筋直接画在平面图中条形基础主梁上，原位直接引注总配筋值（附加箍筋的肢数注在括号内）。当多数附加箍筋或（反扣）吊筋相同时，可在条形基础平法施工图上统一注明。少数与统一注明值不同时，再进行原位引注。

施工时应注意：附加箍筋或（反扣）吊筋的几何尺寸应按照标准构造详图，结合其所在位置的主梁和次梁的截面尺寸确定。

③原位注写基础梁外伸部位的变截面高度尺寸。当基础梁外伸部位采用变截面高度时，在该部位原位注写 $b \times h_1/h_2$，$h_1$ 为根部截面高度，$h_2$ 为尽端截面高度。

④原位注写修正内容。当在基础梁上集中标注的某项内容（如截面尺寸、箍筋、底部与顶部贯通纵筋或架立筋、梁侧面纵向构造钢筋、梁底面标高等）不适用于某跨或某外伸部位时，将其修正内容原位标注在该跨或该外伸部位，施工时，原位标注取值优先。

当在多跨基础梁的集中标注中已注明竖向加腋，而该梁某跨根部不需要竖向加腋时，则应在该跨原位标注无 $Yc_1 \times c_2$ 的 $b \times h$，以修正集中标注中的竖向加腋要求。

### 4. 基础梁底部非贯通纵筋的长度规定

1）为方便施工，对于基础梁柱下区域底部非贯通纵筋的伸出长度 $a_0$ 值：当配置不多于两排时，在标准构造详图中统一取值为自柱边向跨内伸出至 $l_n/3$ 位置；当非贯通纵筋配置多于两排时，从第三排起向跨内的伸出长度值应由设计者注明。$l_n$ 的取值规定为：边跨边支座的底部非贯通纵筋，$l_n$ 取本边跨的净跨长度值；对于中间支座的底部非贯通纵筋，$l_n$ 取支座两边较大一跨的净跨长度值。

2）基础梁外伸部位底部纵筋的伸出长度 $a_0$ 值，在标准构造详图中统一取值为：第一排伸出至梁端头后，全部上弯 $12d$ 或 $15d$；其他排钢筋伸至梁端头后截断。

### 5. 条形基础底板的平面注写方式

1）条形基础底板 TJBp、TJBj 的平面注写方式，分为集中标注和原位标注两部分内容。

2）条形基础底板的集中标注内容为：条形基础底板编号、截面竖向尺寸、配筋三项必注内容，以及条形基础底板底面标高（与基础底面基准标高不同时）、必要的文字注解两项选注内容。

素混凝土条形基础底板的集中标注，除无底板配筋内容外与钢筋混凝土条形基础底板相同。具体规定如下：

注写条形基础底板编号（必注内容），见表6-4。条形基础底板向两侧的截面形状通常有两种：

①阶形截面，编号前加"j"，如 TJBj××（××）。

②坡形截面，编号前加"p"，如 TJBp××（××）。

注写条形基础底板截面竖向尺寸（必注内容）。注写 $h_1/h_2\cdots$，具体标注为：

①当条形基础底板为坡形截面时，注写为 $h_1/h_2$，如图 6-14 所示。

【例 6-4】当条形基础底板为坡形截面 TJBp×× ，其截面竖向尺寸注写为 300/250 时，表示 $h_1=300$mm，$h_2=250$mm，基础底板根部总高度为 550mm。

②当条形基础底板为阶形截面时，如图 6-15 所示。

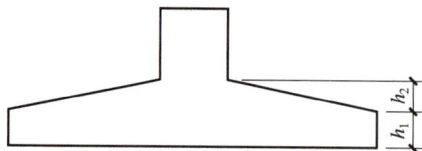

图 6-14　条形基础底板坡形截面竖向尺寸　　　图 6-15　条形基础底板阶形截面竖向尺寸

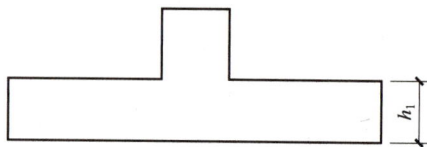

【例 6-5】当条形基础底板为阶形截面 TJBj×× ，其截面竖向尺寸写为 300 时，表示 $h_1=300$mm，即为基础底板总高度。

注写条形基础底板底部及顶部配筋（必注内容）。

以 B 打头，注写条形基础底板底部的横向受力钢筋；以 T 打头，注写条形基础底板顶部的横向受力钢筋；注写时，用"/"分隔条形基础底板的横向受力钢筋与纵向分布钢筋，如图 6-16、图 6-17 所示。

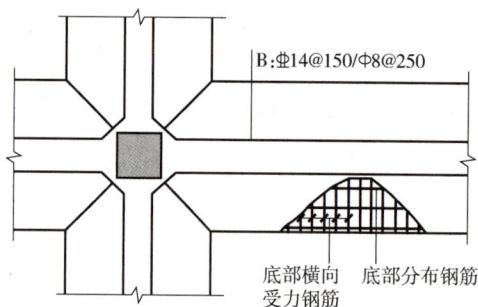

图 6-16　条形基础底板底部配筋示意

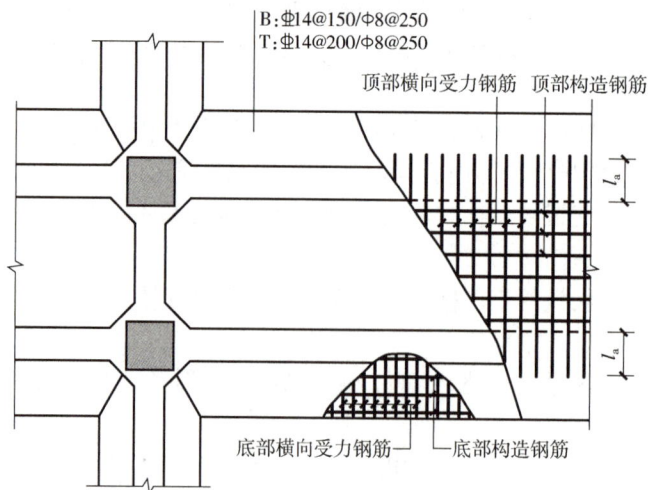

图 6-17　双梁条形基础底板配筋示意

注写条形基础底板底面标高（选注内容）。当条形基础底板的底面标高与条形基础底面基准标高不同时，应将条形基础底板底面标高注写在"（　　　）"内。

必要的文字注解（选注内容）。当条形基础底板有特殊要求时，应增加必要的文字注解。

3）条形基础底板的原位标注规定如下：

①原位注写条形基础底板的平面尺寸。原位标注 $b$、$b_i$，$i=1$，$2$，…。其中 $b$ 为基础底板总宽度，$b_i$ 为基础底板台阶的宽度。当基础底板采用对称于基础梁的坡形截面或单阶形截面时，$b_i$ 可不注，如图6-18所示。

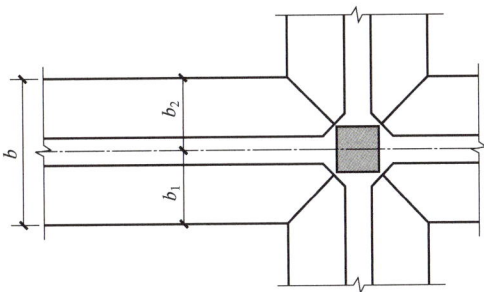

图6-18　条形基础底板平面尺寸原位标注

素混凝土条形基础底板的原位标注与钢筋混凝土条形基础底板相同。

对于相同编号的条形基础底板，可仅选择一个进行标注。

条形基础存在双梁或双墙共用同一基础底板的情况，当为双梁或为双墙且梁或墙荷载差别较大时，条形基础两侧可取不同的宽度，实际宽度以原位标注的基础底板两侧非对称的不同台阶宽度 $b_i$ 进行表达。

②原位注写修正内容。当在条形基础底板上集中标注的某项内容，如底板截面竖向尺寸、底板配筋、底板底面标高等，不适用于条形基础底板的某跨或某外伸部分时，可将其修正内容原位标注在该跨或该外伸部位，施工时原位标注取值优先。

③采用平面注写方式表达的条形基础，如图6-19所示。

**6. 条形基础的列表注写方式**

1）采用列表注写方式，应在基础平面布置图上对所有条形基础进行编号，编号原则见表6-4。

2）对条形基础进行列表标注的内容和形式，与传统单构件正投影表示方法基本相同。对于已在基础平面布置图上原位标注清楚的该条形基础梁和条形基础底板的水平尺寸，可不在截面图上重复表达，具体表达内容可参照相应的标准构造。

3）对多个条形基础可采用列表注写（结合截面示意图）的方式进行集中表达。表中内容为条形基础截面的几何数据和配筋，截面示意图上应标注与表中栏目相对应的代号。列表的具体内容规定如下：

基础梁。基础梁列表集中注写栏目为：

①编号：注写 JL×× （××）、JL×× （××A）或 JL×× （××B）。

②几何尺寸：梁截面宽度与高度 $b \times h$。当为竖向加腋梁时，注写为 $b \times h$　$Yc_1 \times c_2$，其中 $c_1$ 为腋长，$c_2$ 为腋高。

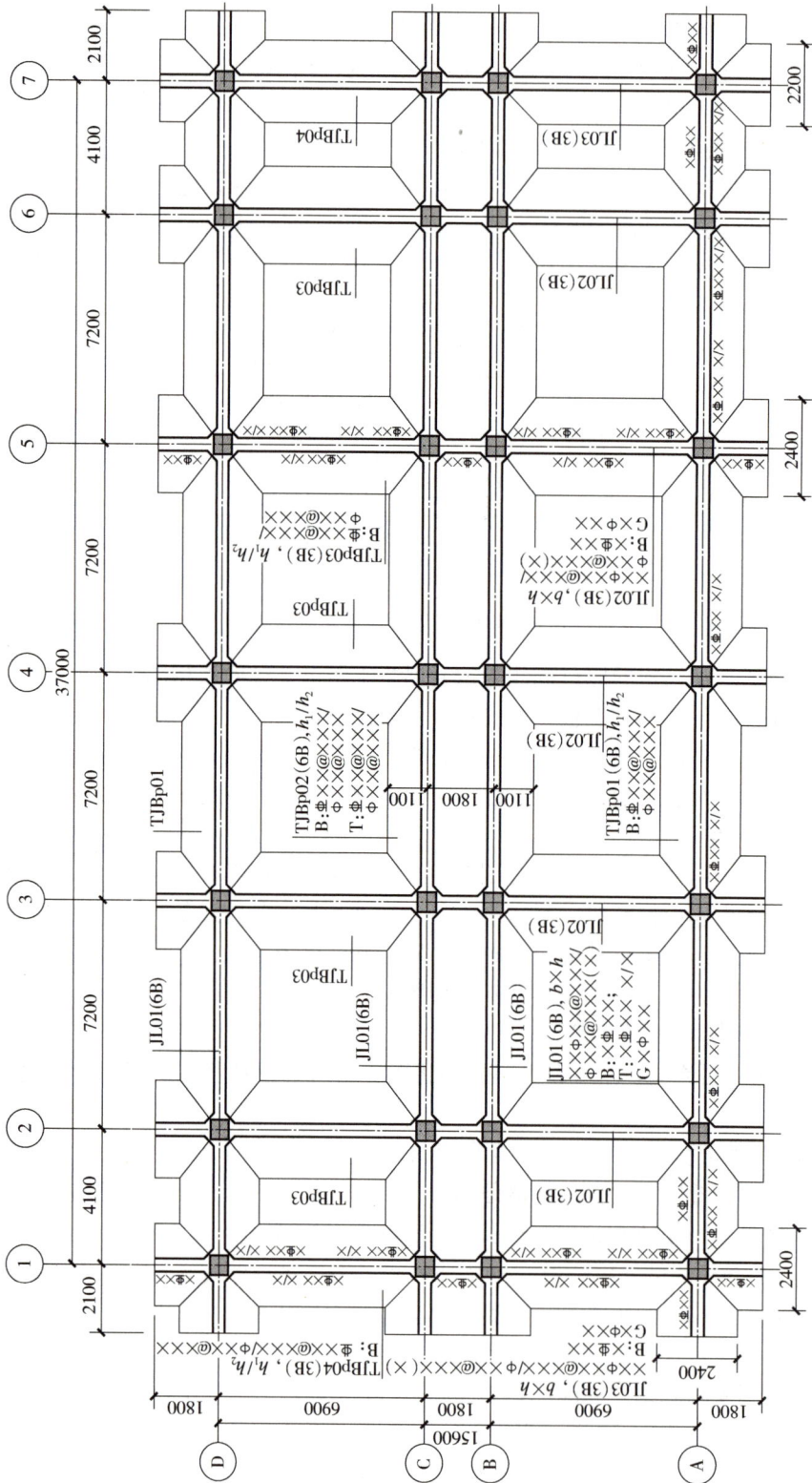

图6-19 条形基础平法施工平面注写方式示例

③配筋：注写基础梁底部贯通纵筋＋非贯通纵筋，顶部贯通纵筋，箍筋。当设计为两种箍筋时，箍筋注写为：第一种箍筋/第二种箍筋，第一种箍筋为梁端部箍筋，注写内容包括箍筋的箍数、钢筋级别、直接、间距与肢数。

基础梁列表格式见表6-5。

表6-5　基础梁几何尺寸和配筋表

| 基础梁编号/截面号 | 截面几何尺寸 | | 配筋 | |
| --- | --- | --- | --- | --- |
| | $b \times h$ | 竖向加腋 $c_1 \times c_2$ | 底部贯通纵筋＋非贯通纵筋，顶部贯通纵筋 | 第一种箍筋/第二种箍筋 |
| | | | | |
| | | | | |

注：表中可根据实际情况增加栏目，如增加基础梁底面标高等。

条形基础底板。条形基础底板列表集中注写栏目为：

①编号：坡形截面编号为 TJBp×× （××）、TJBp×× （××A）或 TJBp×× （××B），阶形截面编号为 TJBj×× （××）、TJBj×× （××A）或 TJBj×× （××B）。

②几何尺寸：水平尺寸 $b$、$b_i$，$i = 1$，2，…；竖向尺寸 $h_1/h_2$。

③配筋：B：$\oplus \times \times @ \times \times \times / \oplus \times \times @ \times \times \times$。

条形基础底板列表格式见表6-6。

表6-6　条形基础底板几何尺寸和配筋表

| 基础梁编号/截面号 | 截面几何尺寸 | | | 底部配筋（B） | |
| --- | --- | --- | --- | --- | --- |
| | $b$ | $b_i$ | $h_1/h_2$ | 横向受力钢筋 | 纵向分布钢筋 |
| | | | | | |
| | | | | | |

注：表中可根据实际情况增加栏目，如增加上部配筋、基础底板底面标高（与基础底板底面基准标高不一致时）等。

### 7. 其他

与条形基础相关的基础连系梁、后浇带的平法施工图设计，详见22G101—3图集第7章的相关规定。

## 6.1.3　梁板式筏形基础施工图制图规则

### 1. 梁板式筏形基础平法施工图的表示方法

1）梁板式筏形基础平法施工图是在基础平面布置图上采用平面注写方式进行表达。

筏形板基础的施工工艺

2）当绘制基础平面布置图时，应将梁板式筏形基础与其所支承的柱、墙一起绘制。梁板式筏形基础以多数相同的基础平板底面标高作为基础底面基准标高。当基础底面标高不同时，需注明与基础底面基准标高不同之处的范围和标高。

3）通过选注基础梁底面与基础平板底面的标高高差来表达两者间的位置关系，可以明确其"高板位"（梁顶与板顶一平）、"低板位"（梁底与板底一平）以及"中板位"（板在梁的中部）三种不同位置组合的筏形基础，方便设计表达。

筏形基础

4）对于轴线为居中的基础梁，应标注其定位尺寸。

## 2. 梁板式筏形基础构件的类型与编号

梁板式筏形基础由基础主梁、基础次梁、基础平板等构成，编号按表6-7的规定。

表6-7　梁板式筏形基础构件编号

| 构件类型 | 代号 | 序号 | 跨数及有无外伸 |
|---|---|---|---|
| 基础主梁（柱下） | JL | ×× | （××）或（××A）或（××B） |
| 基础次梁 | JCL | ×× | （××）或（××A）或（××B） |
| 梁板式筏基础平板 | LPB | ×× | — |

## 3. 基础主梁与基础次梁的平面注写方式

1）基础主梁 JL 与基础次梁 JCL 的平面注写方式，分为集中标注与原位标注两种。当集中标注中的某项数值不适用于梁的某部位时，则将该项数值采用原位标注，施工时，原位标注优先。

2）基础主梁 JL 与基础次梁 JCL 的集中标注内容为：基础梁编号、截面尺寸、配筋三项必注内容，以及基础梁底面标高高差（相对于筏形基础平板底面标高）一项选注内容。具体规定如下：

①注写基础梁的编号，见表6-7。

②注写基础梁的截面尺寸。以 $b \times h$ 表示梁截面宽度与高度；当为竖向加腋梁时，用 $b \times h$　$Yc_1 \times c_2$ 表示，其中 $c_1$ 为腋长，$c_2$ 为腋高。

3）注写基础梁的配筋。

①注写基础梁箍筋：

a. 当采用一种箍筋间距时，注写钢筋级别、直径、间距与肢数（写在括号内）。

b. 当采用两种箍筋时，用"/"分隔不同箍筋，按照从基础梁两端向跨中的顺序注写。先注写第一段箍筋（在前面加注箍数），在斜线后再注写第二段箍筋（不再加注箍数）。

施工时应注意：两向基础主梁相交的柱下区域，应有一向截面较高的基础主梁箍筋贯通设置；当两向基础主梁高度相同时，任选一向基础主梁箍筋贯通设置。

②注写基础梁的底部、顶部及侧面纵向钢筋：

a. 以 B 打头，先注写梁底部贯通纵筋（不应少于底部受力钢筋总截面面积的1/3）。当跨中所注根数少于箍筋肢数时，需要在跨中加设架立筋以固定箍筋，注写时，用加号"+"将贯通纵筋与架立筋相连，架立筋注写在加号后面的括号内。

b. 以 T 打头，注写梁顶部贯通纵筋值。注写时用分号"；"将底部与顶部纵筋分隔开，如有个别跨与其他跨不同，按基础主梁与基础次梁的原位标注规定处理。

③当梁底部或顶部贯通纵筋多于一排时，用斜线"/"将各排纵筋自上而下分开。

④以大写字母 G 打头注写基础梁两侧面对称设置的纵向构造钢筋的总配筋值（当梁腹板高度不小于450mm时，根据需要配置）。

当需要配置抗扭纵向钢筋时，梁两个侧面设置的抗扭纵向钢筋标注以 N 打头。

4）注写基础梁底面标高高差（是指相对于筏形基础平板底面标高的高差值），该项为选注值。有高差时需将高差写入括号内（如"高板位"与"中板位"基础梁的底面与基础平板底面标高的高差值），无高差时不注（如"低板位"筏形基础的基础梁）。

5）基础主梁与基础次梁的原位标注规定如下：

梁支座的底部纵筋是指包含贯通纵筋与非贯通纵筋在内的所有纵筋：

①当底部纵筋多于一排时，用"/"将各排纵筋自上而下分开。

②当同排纵筋有两种直径时，用加号"+"将两种直径的纵筋相连。

③当梁中间支座两边的底部纵筋配置不同时，需在支座两边分别标注；当梁中间支座两边的底部纵筋相同时，可仅在支座的一边标注配筋值。

④当梁端（支座）区域的底部全部纵筋与集中注写过的贯通纵筋相同时，可不再重复做原位标注。

⑤竖向加腋梁加腋部位钢筋，需在设置加腋的支座处以Y打头注写在括号内。

设计时应注意：当对底部同一个平面的梁支座两边的底部非贯通纵筋采用不同配筋值时，应先按较小一边的配筋值选配相同直径的纵筋贯穿支座，再将较大一边的配筋差值选配适当直径的钢筋锚入支座，避免造成两边大部分钢筋直径不相同的不合理配置结果。

施工及预算方面应注意：当底部贯通纵筋经原位修正注写后，两种不同配置的底部贯通纵筋应在两毗邻跨中配置较小一跨的跨中连接区域连接（即配置较大一跨的底部贯通纵筋需越过其跨数终点或起点伸至毗邻跨的跨中连接区域。具体位置见标准构造详图）。

注写基础梁的附加箍筋或（反扣）吊筋。将其直接画在平面图中的主梁上，用线引注总配筋值（附加箍筋的肢数注在括号内），当多数附加箍筋或（反扣）吊筋相同时，可在基础梁平法施工图上统一注明，少数与统一注明值不同时，再进行原位引注。

施工时应注意：附加箍筋或（反扣）吊筋的几何尺寸应按照标准构造详图，结合其所在位置的主梁和次梁的截面尺寸确定。

当基础梁外伸部位变截面高度时，在该部位原位注写 $b \times h_1/h_2$，$h_1$ 为根部截面高度，$h_2$ 为尽端截面高度。

注写修正内容。当在基础梁上集中标注的某项内容（如梁截面尺寸、箍筋、底部与顶部贯通纵筋或架立筋、梁侧面纵向构造钢筋、梁底面标高高差等）不适用于某跨或某外伸部分时，则将其修正内容原位标注在该跨或该外伸部位，施工时原位标注取值优先。

当在多跨基础梁的集中标注中已注明竖向加腋，而该梁某跨根部不需要竖向加腋时，则应在该跨原位标注等截面的 $b \times h$，以修正集中标注中的加腋信息。

### 4. 基础梁底部非贯通纵筋的长度规定

1）为方便施工，凡基础主梁柱下区域和基础次梁支座区域底部非贯通纵筋的伸出长度 $a_0$ 值，当配置不多于两排时，在标准构造详图中统一取值为自支座边向跨内伸出至 $l_n/3$ 位置；当非贯通纵筋配置多于两排时，从第三排起向跨内的伸出长度值应由设计者注明。$l_n$ 的取值规定为：边跨边支座的底部非贯通纵筋，$l_n$ 取本边跨的净跨长度值；中间支座的底部非贯通纵筋，$l_n$ 取支座两边较大一跨的净跨长度值。

2）基础主梁与基础次梁外伸部位底部纵筋的伸出长度 $a_0$ 值，在标准构造详图中统一取值为：第一排伸出至梁端头后，全部上弯 $12d$ 或 $15d$；其他排伸至梁端头后截断。

3）设计者在执行1）、2）条基础梁底部非贯通纵筋伸出长度的统一取值规定时，应注意按现行规范《混凝土结构设计规范》（GB 50010）、《建筑地基基础设计规范》（GB 50007）和《高层建筑混凝土结构技术规程》（JGJ 3）的相关规定进行校核，若不满足时应另行变更。

### 5. 梁板式筏形基础平板的平面注写方式

1）梁板式筏形基础平板 LPB 的平面注写，分为集中标注与原位标注两部分内容。

2）梁板式筏形基础平板 LPB 贯通纵筋的集中标注，应在所表达的板区双向均为第一跨（$x$ 与 $y$ 双向首跨）的板上引出（图面从左至右为 $x$ 向，从下至上为 $y$ 向）。

板区划分条件：板厚相同、基础平板底部与顶部贯通纵筋配置相同的区域为同板区。

集中标注的内容规定如下：

①注写基础平板的编号，见表6-7。

②注写基础平板的截面尺寸。注写 $h = \times \times \times$ 表示板厚。

③注写基础平板的底部与顶部贯通纵筋及其跨数与外伸情况。先注写 $x$ 向底部（B 打头）贯通纵筋与顶部（T 打头）贯通纵筋及纵向长度范围；再注写 $y$ 向底部（B 打头）贯通纵筋与顶部（T 打头）贯通纵筋及其跨数及外伸情况（图面从左至右为 $x$ 向，从下至上为 $y$ 向）。

贯通纵筋的跨数及外伸情况注写在括号中，注写方式为"跨数及有无外伸"，其表达形式为：（××）（无外伸）、（××A）（一端有外伸）或（××B）（两端有外伸）。

当贯通筋采用两种规格钢筋"隔一布一"方式时，表达为 Φ$xx/yy$@ × ×，表示直径 $xx$ 的钢筋和直径 $yy$ 的钢筋之间的间距为 × × ×，直径为 $xx$ 的钢筋、直径为 $yy$ 的钢筋间距分别为 × × ×的 2 倍。

### 6. 其他

1）与梁板式筏形基础相关的后浇带、下柱墩、基坑（沟）等构造的平法施工图设计，详见 22G101—3 制图规则部分的相关规定。

2）应在图中注明的其他内容：

①当在基础平板周边沿侧面设置纵向构造钢筋时，应在图中注明。

②应注明基础平板外伸部位的封边方式，当采用 U 形钢筋封边时应注明其规格、直径及间距。

③当基础平板外伸变截面高度时，应注明外伸部位的 $h/h_2$，$h$ 为板根部截面高度，$h_2$ 为板尽端截面高度。

④当基础平板厚度大于 2m 时，应注明具体构造要求。

⑤当在基础平板外伸阳角部位设置放射筋时，应注明放射筋的强度等级、直径、根数以及设置方式等。

⑥板的上、下部纵筋之间设置拉筋时，应注明拉筋的强度等级、直径、双向间距等。

⑦应注明混凝土垫层厚度与强度等级。

⑧结合基础主梁交叉纵筋的上下关系，当基础平板同一层面的纵筋相交叉时，应注明何向纵筋在下，何向纵筋在上。

⑨设计需注明的其他内容。

## 6.1.4　平板式筏形基础施工图制图规则

### 1. 平板式筏形基础平法施工图的表示方式

1）平板式筏形基础平法施工图是在基础平面布置图上采用平面注写方式表达。

2）当绘制基础平面布置图时，应将平板式筏形基础与其所支承的柱、墙一起绘制。当基础底面标高不同时，需注明与基础底面基准标高不同之处的范围和标高。

### 2. 平板式筏形基础构件的类型与编号

平板式筏形基础的平面注写表达方式有两种。

1）划分为柱下板带和跨中板带进行表达。

2）按基础平板进行表达。

平板式筏形基础构件编号按表6-8的规定。

表6-8　平板式筏形基础构件编号

| 构件类型 | 代号 | 序号 | 跨数及有无外伸 |
|---|---|---|---|
| 柱下板带 | ZXB | ×× | （××）或（××A）或（××B） |
| 跨中板带 | KZB | ×× | （××）或（××A）或（××B） |
| 平板式筏基基础平板 | BPB | ×× | — |

### 3. 柱下板带、跨中板带的平面注写方式

1）柱下板带 ZXB（视其为无箍筋的宽扁梁）与跨中板带 KZB 的平面注写方式，分为集中标注与原位标注两种。柱下板带与跨中板带的集中标注，应在第一跨（$x$ 向为左端跨，$y$ 向为下端跨）引出。具体规定如下：

①注写编号，见表6-8。

②注写截面尺寸，注写 $b = \times\times$ 表示板带宽度（在图注中注明基础平板厚度）。确定柱下板带宽度应根据规范要求与结构实际受力需要。当柱下板带宽度确定后，跨中板带宽度也随之确定（即相邻两平行柱下板带之间的距离）。当柱下板带中心线偏离柱中心线时，应在平面图上标注其定位尺寸。

2）注写底部与顶部贯通纵筋。注写底部贯通纵筋（B 打头）与顶部贯通纵筋（T 打头）的规格与间距，用分号"；"将其分隔开。柱下板带的柱下区域，通常在其底部贯通纵筋的间隔内插空设有（原位注写的）底部附加非贯通纵筋。

例如：B Φ22@300；T Φ25@150 表示板带底部配置 Φ22 间距 300mm 的贯通纵筋，板带顶部配置 Φ25 间距 150mm 的贯通纵筋。

施工及预算方面应注意：当柱下板带的底部贯通纵筋配置从某跨开始改变时，两种不同配置的底部贯通纵筋应在两毗邻跨中配置较小跨的跨中连接区域连接（即配置较大跨的底部贯通纵筋需越过其跨数终点或起点伸至毗邻跨的跨中连接区域。具体位置见标准构造详图）。

3）柱下板带与跨中板带原位标注的内容，主要为底部附加非贯通纵筋。具体规定如下：

①注写内容：以一段与板带同向的中粗虚线代表附加非贯通纵筋；柱下板带：贯穿其柱下区域绘制；跨中板带：横贯柱中线绘制。在虚线上注写底部附加非贯通纵筋的编号（如①、②等）、钢筋级别、直径、间距，以及自柱中线分别向两侧跨内的伸出长度值。当向两侧对称伸出时，长度值可仅在一侧标注，另一侧不注。外伸部位的伸出长度与方式按标准构造，设计不注。对同一板带中底部附加非贯通筋相同者，可仅在一根钢筋上注写，其他可仅在中粗虚线上注写编号。

原位注写的底部附加非贯通纵筋与集中标注的底部贯通纵筋，宜采用"隔一布一"的

方式布置，即柱下板带或跨中板带底部附加非贯通纵筋与贯通纵筋交错插空布置，其标注间距与底部贯通纵筋相同（两者实际组合后的间距为各自标注间距的1/2）。

例如：柱下区域注写底部附加非贯通纵筋③$\Phi$22@300，集中标注的底部贯通纵筋也为B$\Phi$22@300，表示在柱下区域实际设置的底部纵筋为$\Phi$22@150。其他部位与③号筋相同的附加非贯通纵筋仅注编号③。

例如：柱下区域注写底部附加非贯通纵筋②$\Phi$25@300，集中标注的底部贯通纵筋为B$\Phi$22@300，表示在柱下区域实际设置的底部纵筋为$\Phi$25和$\Phi$22间隔布置，相邻$\Phi$25和$\Phi$22之间距离为150mm。

当跨中板带在轴线区域不设置底部附加非贯通纵筋时，则不做原位注写。

②注写修正内容。当在柱下板带、跨中板带上集中标注的某些内容（如截面尺寸、底部与顶部贯通纵筋等）不适用于某跨或某外伸部分时，则将修正的数值原位标注在该跨或该外伸部位，施工时原位标注取值优先。

设计时应注意：对于支座两边不同配筋值的（经注写修正的）底部贯通纵筋，应按较小一边的配筋值选配相同直径的纵筋贯穿支座，较大一边的配筋差值选配适当直径的钢筋锚入支座，避免造成两边大部分钢筋直径不相同的不合理配置结果。

4）柱下板带ZXB与跨中板带KZB的注写规定，同样适用于平板式筏形基础上局部有剪力墙的情况。

5）按以上各项规定的组合表达方式，详见22G101—3"柱下板带ZXB与跨中板带KZB标注图示"。

### 4. 平板式筏形基础平板BPB的平面注写方式

1）平板式筏形基础平板BPB的平面注写，分为集中标注与原位标注两部分内容。

基础平板BPB的平面注写与柱下板带ZXB、跨中板带KZB的平面注写虽是不同的表达方式，但可以表达同样的内容。当整片板式筏形基础配筋比较规律时，宜采用BPB表达方式。

2）平板式筏形基础平板BPB的集中标注，当某向底部贯通纵筋或顶部贯通纵筋的配置，在跨内有两种不同间距时，先注写跨内两端的第一种间距，并在前面加注纵筋根数（以表示其分布的范围）；再注写跨中部的第二种间距（不需加注根数）；两者用"/"分隔。

例如：X：B12$\Phi$22@150/200；T10$\Phi$20@150/200表示基础平板$y$向底部配置$\Phi$22的贯通纵筋，跨两端间距150mm各配12根，跨中间距为200mm；$x$向顶部配置$\Phi$20的贯通纵筋，跨两端间距150mm各配10根，跨中间距为200mm（纵向总长度略）。

3）平板式筏形基础平板BPB的原位标注，主要表达横跨柱中心线下的底部附加非贯通纵筋。注写规定如下：

①原位注写位置及内容。在配置相同的若干跨的第一跨，垂直于柱中线绘制一段中粗虚线代表底部附加非贯通纵筋。

当柱中心线下的底部附加非贯通纵筋（与柱中心线正交）沿柱中心线连续若干跨配置相同时，则在该连续跨的第一跨下原位注写，且将同规格配筋连续布置的跨数注在括号内；当有些跨配置不同时，则应分别原位注写。外伸部位的底部附加非贯通纵筋应单独注写（当与跨内某筋相同时仅注写钢筋编号）。

当底部附加非贯通纵筋横向布置在跨内有两种不同间距的底部贯通纵筋区域时，其间距应分别对应为两种，其注写形式应与贯通纵筋保持一致，即先注写跨内两端的第一种间距，并在前面加注纵筋根数；再注写跨中部的第二种间距（不需加注根数）；两者用"/"分隔。

②当某些柱中心线下的基础平板底部附加非贯通纵筋横向配置相同时（其底部、顶部的贯通纵筋可以不同），可仅在一条中心线下做原位注写，并在其他柱中心线上注明"该柱中心线下基础平板底部附加非贯通纵筋同××柱中心线"。

4）平板式筏形基础平板 BPB 的平面注写规定，同样适用于平板式筏形基础上局部有剪力墙的情况。

按以上各项规定的组合表达方式，详见图集 22G101—3 "平板式筏形基础平板 BPB 标注图示"。

### 5. 其他

1）与平板式筏形基础相关的后浇带、上柱墩、下柱墩、基坑（沟）等构造的平法施工图设计，详见图集 22G101—3 制图规则部分的相关规定。

2）平板式筏形基础应在图中注明的其他内容为：

①注明板厚。当整片平板式筏形基础有不同板厚时，应分别注明各板厚度值及其各自的分布范围。

②当在基础平板周边沿侧面设置纵向构造钢筋时，应在图注中注明。

③应注明基础平板外伸部位的封边方式，当采用 U 形钢筋封边时，应注明其规格、直径及间距。

④当基础平板厚度大于 2m 时，应注明设置在基础平板中部的水平构造钢筋网。

⑤当在基础平板外伸阳角部位设置放射筋时，应注明放射筋的强度等级、直径、根数以及设置方式等。

⑥板的上、下部纵筋之间设置拉筋时，应注明拉筋的强度等级、直径、双向间距等。

⑦应注明混凝土垫层厚度与强度等级。

⑧当基础平板同一层面的纵筋相交叉时，应注明何向纵筋在下，何向纵筋在上。

⑨设计需注明的其他内容。

## 6.1.5 桩基础施工图制图规则

### 1. 灌注桩平法施工图的表示方法

1）灌注桩平法施工图是在灌注桩平面布置图上采用列表注写方式或平面注写方式进行表达。

2）灌注桩平面布置图可采用适当比例单独绘制，并标注其定位尺寸。

### 2. 列表注写方式

1）列表注写方式是在灌注桩平面布置图上，分别标注定位尺寸；在桩列表中注写桩编号、桩尺寸、纵筋、螺旋箍筋、桩顶标高、单桩竖向承载力特征值。

桩基础

2）桩列表注写内容规定如下：

①注写桩编号，桩编号由类型和序号组成，应符合表6-9的规定。

表 6-9　桩编号

| 类型 | 代号 | 序号 |
| --- | --- | --- |
| 灌注桩 | GZH | ×× |
| 扩底灌注桩 | GZHK | ×× |

②注写桩尺寸，包括桩径 $D \times$ 桩长 $L$，当为扩底灌注桩时，还应在括号内注写扩底端尺寸 $D_0/h_b/h_c$ 或 $D_0/h_b/h_{c1}/h_{c2}$。其中 $D_0$ 表示扩底端直径，$h_b$ 表示扩底端锅底形矢高，$h_c$ 表示扩底端高度，如图 6-20 所示。

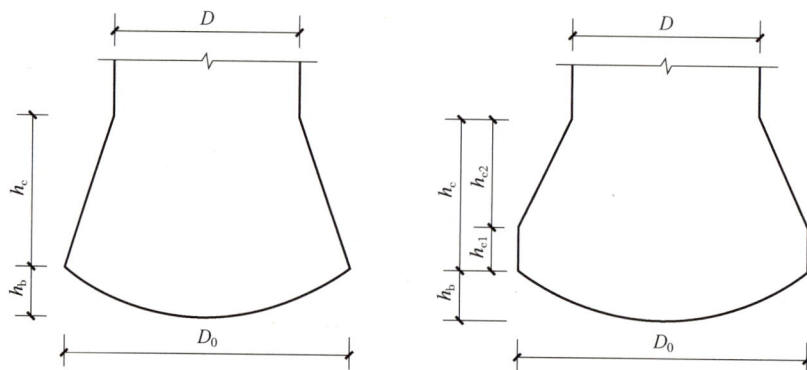

图 6-20　扩底灌注桩扩底端示意

③注写桩纵筋，包括桩周均布的纵筋根数、钢筋强度级别、从桩顶起算的纵筋配置长度。

a. 通长等截面配筋：注写全部纵筋如 ××⊕××。

b. 部分长度配筋：注写桩纵筋如 ××⊕××/L1，其中 L1 表示从桩顶起算的入桩长度。

c. 通长变截面配筋：注写桩纵筋包括通长纵筋 ××φ×××；非通长纵筋 ××⊕××/L1，其中 L1 表示从桩顶起算的入桩长度。通长纵筋与非通长纵筋沿桩周间隔均匀布置。

④以大写字母 L 打头，注写桩螺旋箍筋，包括钢筋强度级别、直径与间距。

a. 用斜线"/"区分桩顶箍筋加密区与桩身箍筋非加密区长度范围内箍筋的间距。图集中箍筋加密区为桩顶以下 5D（D 为桩身直径），若与实际工程情况不同，需设计者在图中注明。

b. 当桩身位于液化土层范围内时，箍筋加密区长度应由设计者根据具体工程情况注明，或者箍筋全长加密。

例如：L⊕80100/200，表示箍筋强度级别为 HRB400 级钢筋，直径为 8mm，加密区间距为 100mm，非加密区间距为 200mm，L 表示螺纹箍筋。

例如：L⊕8@100，表示沿桩身纵筋范围内箍筋均为 HRB400 级钢筋，直径为 8mm，间距为 100mm，L 表示采用螺纹箍筋。

⑤注写桩顶标高。

⑥注写单桩竖向承载力特征值。

设计时应注意：当考虑箍筋受力作用时，箍筋配置应符合现行规范《混凝土结构设计规范》（GB 50010）的有关规定，并另行注明。

设计未注明时，图集规定：当钢筋笼长度超过4m时，应每隔2m设一道直径12mm焊接加劲箍；焊接加劲箍也可由设计另行注明。桩顶进入承台高度$h$，桩径<800mm时取50mm，桩径≥800mm时取100mm。

3）灌注桩列表注写格式见表6-10。

表6-10　灌注桩列表注写格式

| 桩号 | 桩径$D$×桩长$L$/（mm×m） | 通长纵筋 | 非通长纵筋 | 箍筋 | 桩顶标高/m | 单桩竖向承载力特征值/kN |
|---|---|---|---|---|---|---|
| GZH1 | 800×16.700 | 10 Φ18 | 16 Φ18/6000 | L Φ8@100/200 | −3.400 | 2400 |

注：表中可根据实际情况增加栏目。例如：当采用扩底灌注桩时，增加扩底端尺寸。

### 3. 平面注写方式

平面注写方式的规则同列表注写方式，将表格中内容除单桩竖向承载力特征值以外集中标注在灌注桩上，如图6-21所示。

### 4. 桩基承台平法施工图的表示方法

1）桩基承台平法施工图有平面注写、截面注写、列表注写三种表达方式，设计者可根据具体工程情况选择一种，或将几种方式相结合进行桩基承台施工图设计。

2）当绘制桩基承台平面布置图时，应将承台下的桩位和承台，所支承的柱、墙一起绘制。当设置基础连系梁时，可根据图面的疏密情况，将基础连系梁与基础平面布置图一起绘制，或将基础连系梁布置图单独绘制。

GZH1　800×16.700
10Φ18
LΦ8@100/200
−3.400

图6-21　灌注桩平面注写

3）当桩基承台的柱中心线或墙中心线与建筑定位轴线不重合时，应标注其定位尺寸；编号相同的桩基承台，可仅选择一个进行标注。

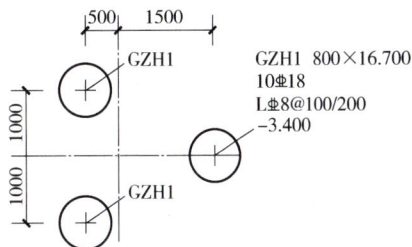

### 5. 桩基承台编号

桩基承台分为独立承台和承台梁，分别按表6-11和表6-12的规定编号。

表6-11　独立承台编号表

| 类型 | 独立承台截面形状 | 代号 | 序号 | 说明 |
|---|---|---|---|---|
| 独立承台 | 阶形 | CTj | ×× | 单阶截面即为平板式独立承台 |
| | 锥形 | CTz | ×× | |

注：杯口独立承台代号可为BCTj和BCTz，设计注写方式可参照杯口独立基础。

表6-12　承台梁编号

| 类型 | 代号 | 序号 | 跨数及有无外伸 |
|---|---|---|---|
| 承台梁 | CTL | ×× | （××）端部无外伸 |
| | | | （××A）一端有外伸 |
| | | | （××B）两端有外伸 |

### 6. 独立承台的平面注写方式

1）独立承台的平面注写方式分为集中标注和原位标注两部分内容。

2）独立承台的集中标注是在承台平面上集中引注独立承台编号、截面竖向尺寸、配筋三项必注内容，以及承台板底面标高（与承台底面基准标高不同时）和必要的文字注解两项选注内容。具体规定如下：

①注写独立承台编号（必注内容），见表 6-11。

独立承台的截面形式通常有两种：

a. 阶形截面，编号前标"j"，如 CTj××。

b. 锥形截面，编号前标"z"，如 CTz××。

②注写独立承台截面竖向尺寸（必注内容）。即注写 $h_1/h_2/\cdots$，具体标注为：

a. 当独立承台为阶形截面时，如图 6-22、图 6-23 所示。图 6-22 为两阶，当为多阶时各阶尺寸自下而上用"/"分隔顺写。当阶形截面独立承台为单阶时，截面竖向尺寸仅为一个，且为独立承台总高度，如图 6-23 所示。

b. 当独立承台为锥形截面时，截面竖向尺寸注写为 $h_1/h_2$，如图 6-24 所示。

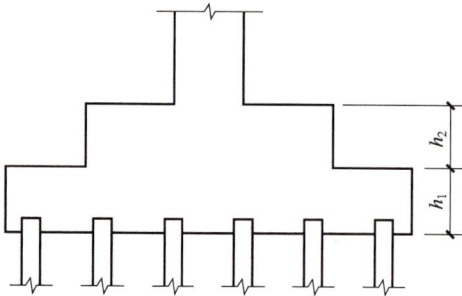

图 6-22　阶形截面独立承台竖向尺寸　　　　图 6-23　单阶截面独立承台竖向尺寸

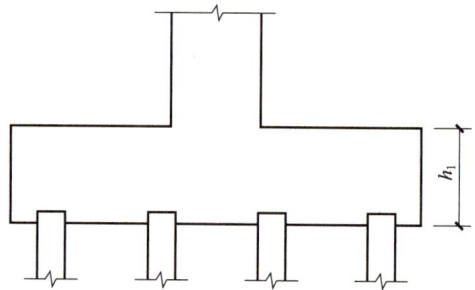

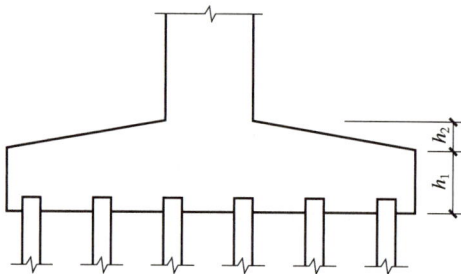

图 6-24　锥形截面独立承台竖向尺寸

③注写独立承台配筋（必注内容）。底部与顶部双向配筋应分别注写，顶部配筋仅用于双柱或四柱等独立承台。当独立承台顶部无配筋时则不注顶部。注写规定如下：

a. 以 B 打头注写底部配筋，以 T 打头注写顶部配筋。

b. 矩形承台 $x$ 向配筋以 X 打头，$y$ 向配筋以 Y 打头；当两向配筋相同时，则以 X&Y 打头。

c. 当为等边三桩承台时，以"△"打头，注写三角布置的各边受力钢筋（注明根数并在配筋值后注写"×3"），在"/"后注写分布钢筋，不设分布钢筋时可不注写。

d. 当为等腰三桩承台时，以"△"打头注写等腰三角形底边的受力钢筋+两对称斜边的受力钢筋（注明根数并在两对称配筋值后注写"×2"），在"/"后注写分布钢筋，不设分布钢筋时可不注写。

e. 当为多边形（五边形或六边形）承台或异形独立承台，且采用 $x$ 向和 $y$ 向正交配筋时，注写方式与矩形独立承台相同。

f. 两桩承台可按承台梁进行标注。

3）独立承台的原位标注是在桩基承台平面布置图上标注独立承台的平面尺寸，相同编号的独立承台，可仅选择一个进行标注，其他仅标注编号。注写规定如下：

①矩形独立承台：原位标注 $x$、$y$，$x_i$、$y_i$，$a_i$、$b_i$，$i=1，2，3\cdots$。其中，$x$、$y$ 为独立承台两向边长，$x_i$、$y_i$ 为阶宽或坡形平面尺寸，$a_i$、$b_i$ 为桩的中心距及边距（$a_i$，$b_i$ 根据具体情况可不注），如图 6-25 所示。

②三桩承台。结合 $x$、$y$ 双向定位，原位标注 $x$ 或 $y$，$x_i$、$y_i$，$i=1，2，3\cdots$，$a$。其中，$x$ 或 $y$ 为三桩独立承台平面垂直于底边的高度，$x_i$、$y_i$ 为承台分尺寸和定位尺寸，$a$ 为桩中心距切角边缘的距离。等边三桩独立承台平面原位标注如图 6-26 所示。

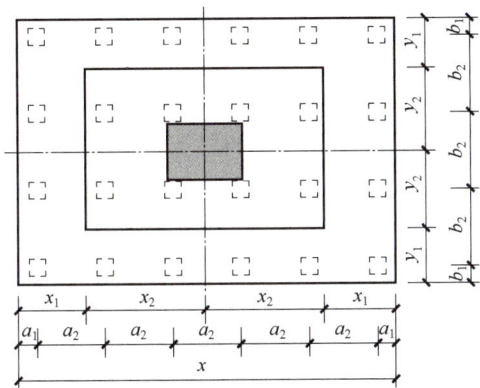

图 6-25    矩形独立承台平面原位标注

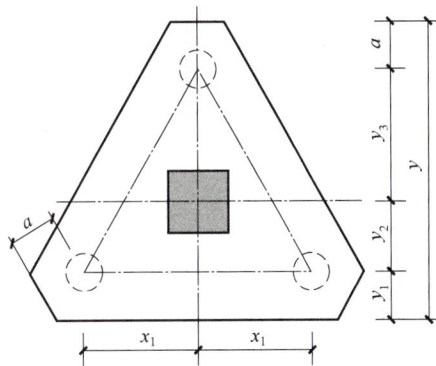

图 6-26    等边三桩独立承台平面原位标注

等腰三桩独立承台平面原位标注如图 6-27 所示。

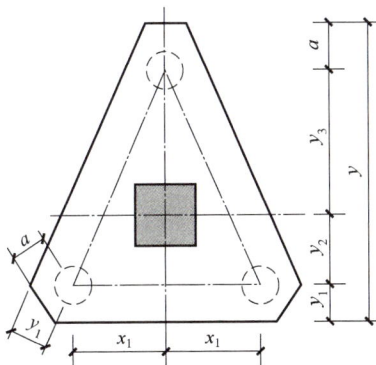

图 6-27    等腰三桩独立承台平面原位标注

③多边形独立承台。结合 $x$、$y$ 双向定位，原位标注 $x$ 或 $y$，$x_i$、$y_i$，$i=1，2，3\cdots$。具体设计时，可参照矩形独立承台或三桩独立承台的原位标注规定。

# 6.2 基础钢筋识图方法

## 6.2.1 独立基础钢筋的构造与识图

### 1. 独立基础底板配筋构造

独立基础底板配筋构造如图 6-28 所示。

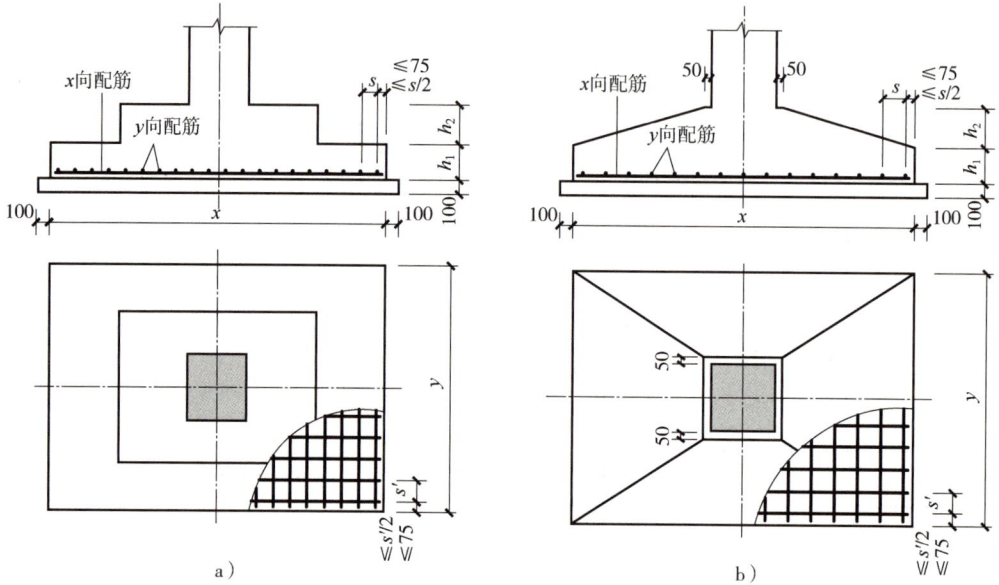

图 6-28　独立基础底板配筋构造

a）阶形　b）锥形

注：1. 独立基础底板配筋构造适用于普通独立基础和杯口独立基础。

　　2. 几何尺寸和配筋按具体结构设计和本图构造确定。

　　3. 独立基础底板双向交叉钢筋长向设置在下，短向设置在上。

### 2. 双柱普通独立基础底部与顶部配筋构造

双柱普通独立基础底部与顶部配筋构造如图 6-29 所示。

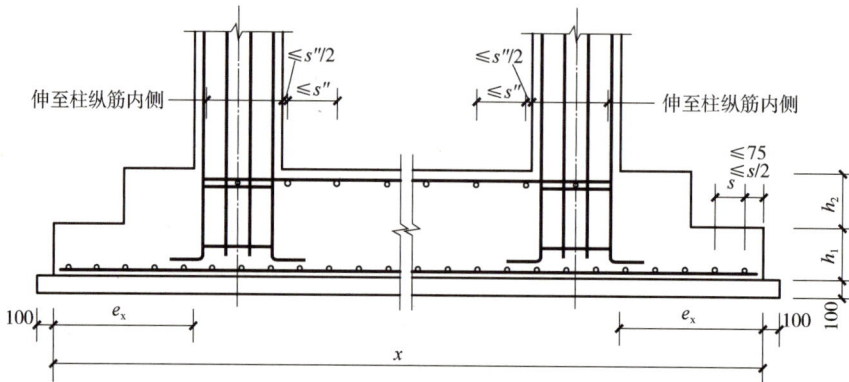

图 6-29　双柱普通独立基础底部与顶部配筋构造

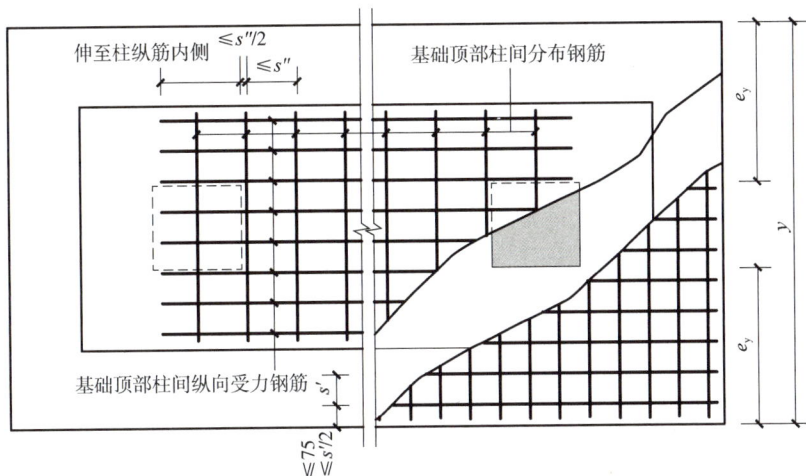

图 6-29　双柱普通独立基础底部与顶部配筋构造（续）

注：1. 双柱普通独立基础底板的截面形状，可为阶形截面 DJj 或锥形截面 DJz。

2. 几何尺寸和配筋按具体结构设计和本图构造确定。

3. 双柱普通独立基础底部双向交叉钢筋，根据基础两个方向从柱外缘至基础外缘的伸出长度 $e_x$ 和 $e_y$ 的大小，较大者方向的钢筋设置在下，较小者方向的钢筋设置在上。

### 3. 设置基础梁的双柱普通独立基础配筋构造

设置基础梁的双柱普通独立基础配筋构造如图 6-30 所示。

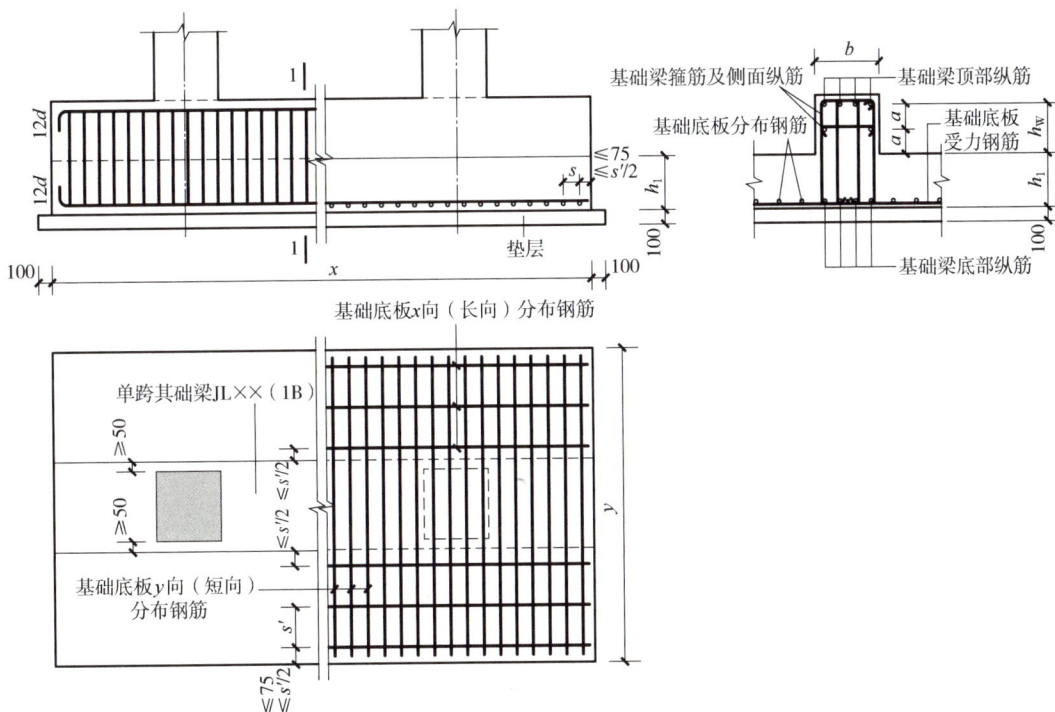

图 6-30　设置基础梁的双柱普通独立基础配筋构造

注：1. 双柱普通独立基础底板的截面形状，可为阶形截面 DJj 或锥形截面 DJz。

2. 几何尺寸和配筋按具体结构设计和本图构造确定。

3. 双柱独立基础底部短向受力钢筋设置在基础梁纵筋之下，与基础梁箍筋的下水平段位于同一层面。

### 4. 杯口独立基础构造

杯口独立基础构造如图 6-31 所示。

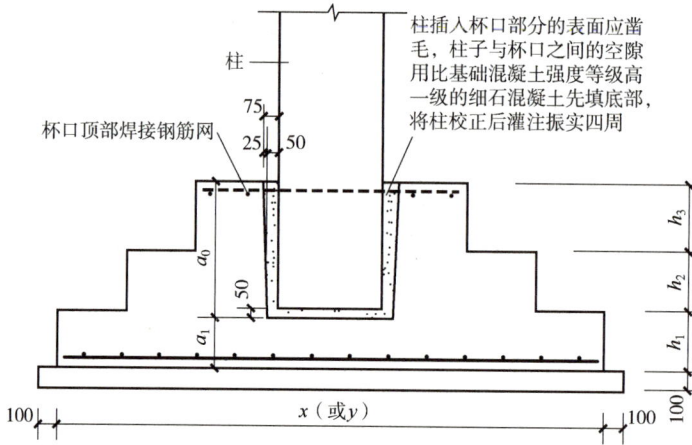

图 6-31　杯口独立基础构造

### 5. 双杯口独立基础构造

双杯口独立基础构造如图 6-32 所示。

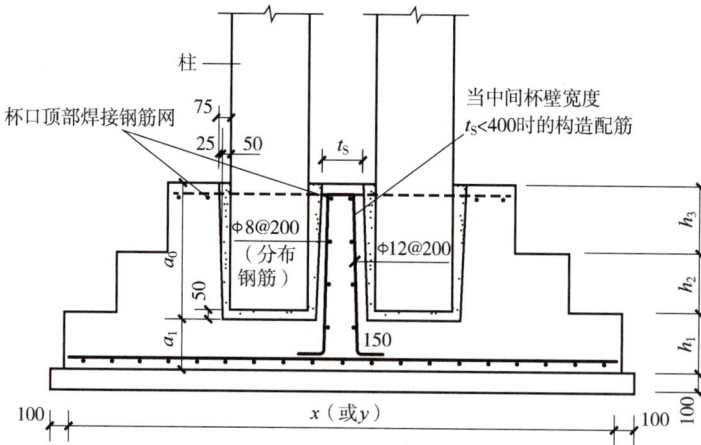

图 6-32　双杯口独立基础构造

### 6. 高杯口独立基础配筋构造

高杯口独立基础配筋构造如图 6-33 所示。

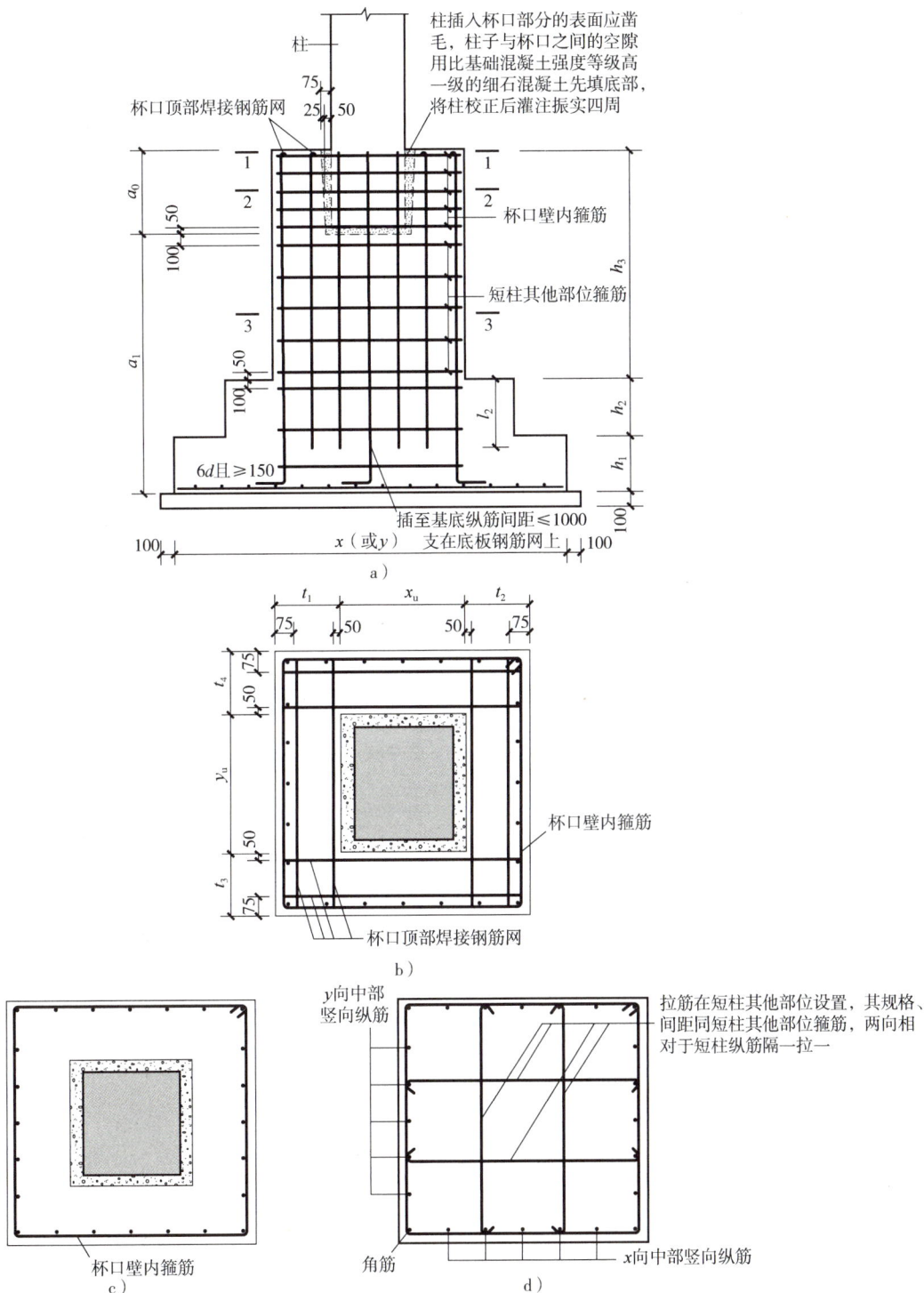

图 6-33　高杯口独立基础配筋构造

a) 配筋构造　b) 1—1 剖面图　c) 2—2 剖面图　d) 3—3 剖面图

注：1. 高杯口独立基础底板的截面形状可为阶形截面 BJj 或坡形截面 BJz。当为坡形截面且坡度较大时，应在坡面上安装顶部模板，以确保混凝土能够浇筑成型、振捣密实。

2. 几何尺寸和配筋按具体结构设计和本图构造确定，施工按相应平法制图规则。

## 7. 单柱带短柱独立基础配筋构造

单柱带短柱独立基础配筋构造如图 6-34 所示。

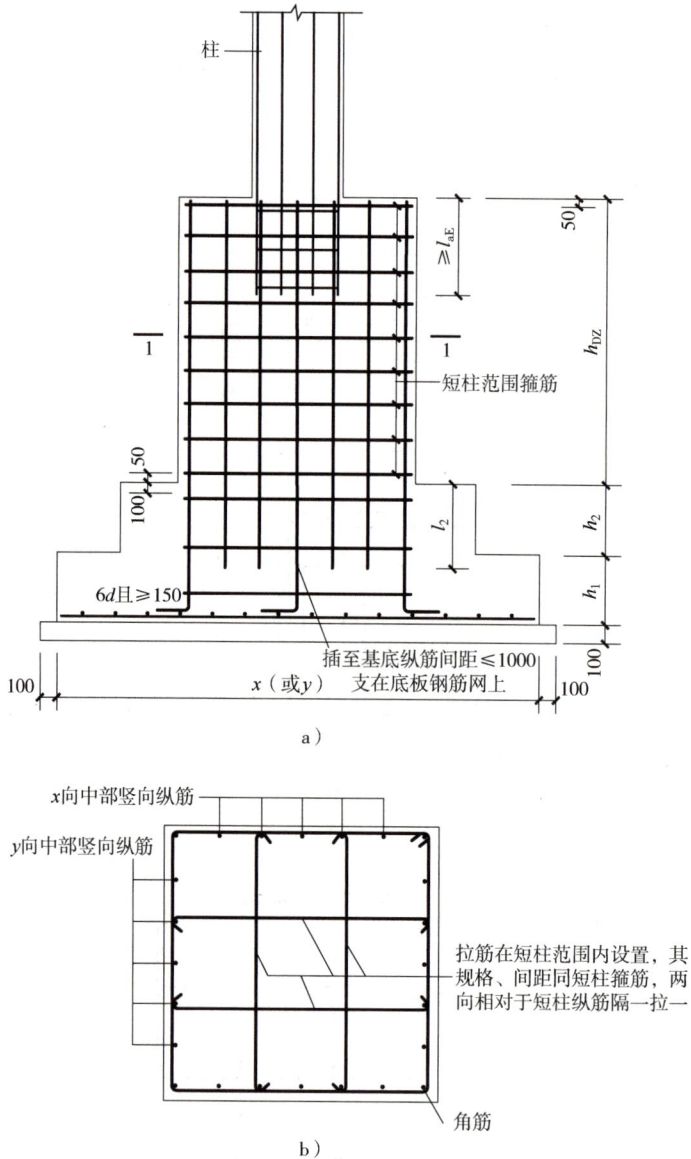

图中标注文字：

柱

$\geqslant l_{aE}$

短柱范围箍筋

$h_{DZ}$

$l_2$

$h_2$

$h_1$

6d且≥150

插至基底纵筋间距≤1000 支在底板钢筋网上

50

100 50

100

100

100

$x$（或$y$）

100

a）

$x$向中部竖向纵筋

$y$向中部竖向纵筋

拉筋在短柱范围内设置，其规格、间距同短柱箍筋，两向相对于短柱纵筋隔一拉一

角筋

b）

图 6-34 单柱带短柱独立基础配筋构造

a）配筋构造　b）1—1 剖面图

## 8. 双柱带短柱独立基础配筋构造

双柱带短柱独立基础配筋构造如图 6-35 所示。

基础

独立基础

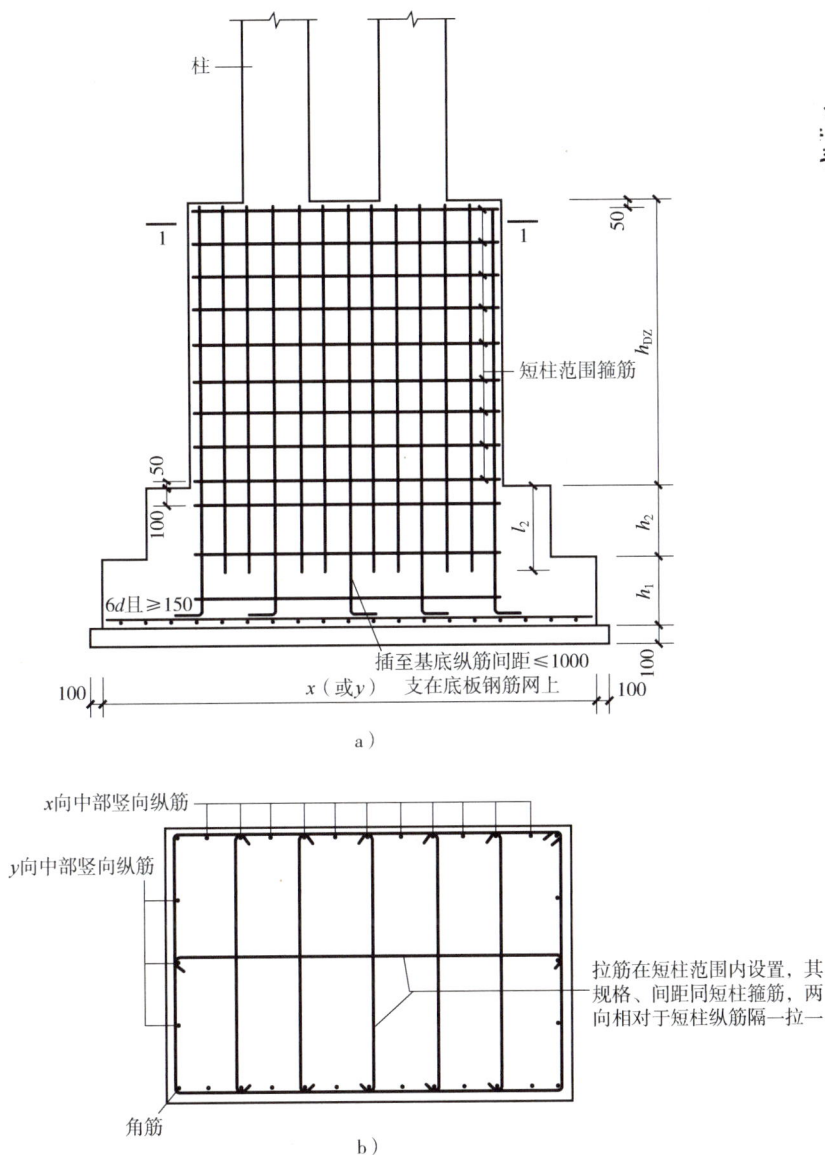

柱

短柱范围箍筋

$h_{DZ}$

$l_2$

$h_2$

50

50

100

$h_1$

$6d$ 且 ≥150

100

插至基底纵筋间距 ≤1000　支在底板钢筋网上

$x$（或 $y$）

100

100

a）

$x$ 向中部竖向纵筋

$y$ 向中部竖向纵筋

拉筋在短柱范围内设置，其
规格、间距同短柱箍筋，两
向相对于短柱纵筋隔一拉一

角筋

b）

图 6-35　双柱带短柱独立基础配筋构造

a）配筋构造　b）1—1 剖面图

注：1. 带短柱独立基础底板的截面形式可为阶形截面 BJj 或坡形截面 BJz。当为坡形截面且
　　　坡度较大时，应在坡面上安装顶部模板，以确保混凝土能够浇筑成型、振捣密实。
　　2. 几何尺寸和配筋按具体结构设计和本图构造确定，施工按相应平法制图规则。

## 6.2.2 条形基础钢筋的构造与识图

### 1. 条形基础底板配筋构造（一）

条形基础底板配筋构造（一）如图 6-36 所示。

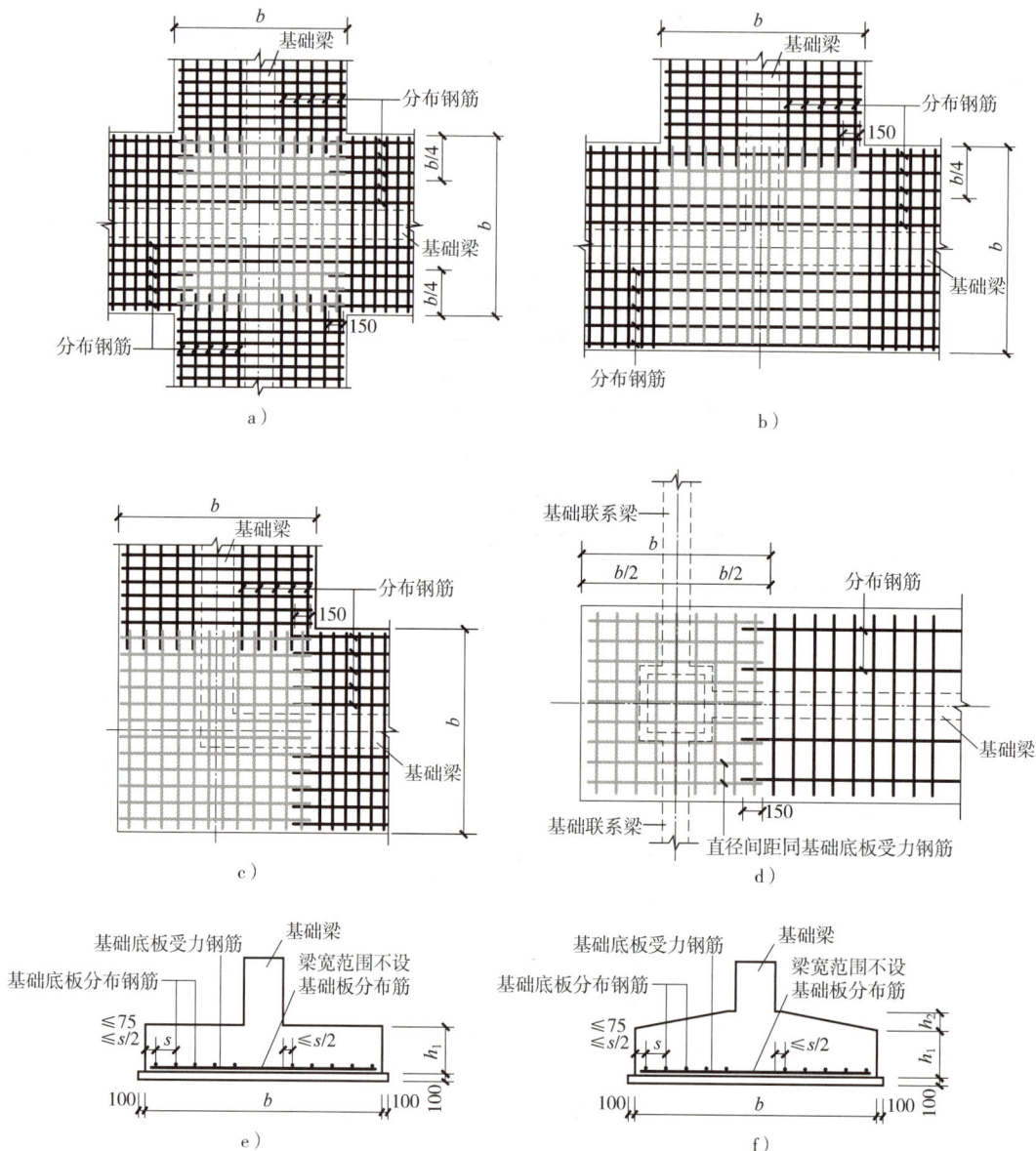

**图 6-36 条形基础底板配筋构造（一）**

a）十字交接基础底板　b）丁字交接基础底板　c）转交梁板端部无纵向延伸
d）条形基础无交接底板端部构造　e）阶形截面 TJBj　f）坡形截面 TJBp

注：1. 十字交接基础底板也可用于转角梁板端部均有纵向延伸。

2. 条形基础底板的分布钢筋在梁宽范围内不设置。

3. 在两向受力钢筋交接处的网状部位，分布钢筋与同向受力钢筋的搭接长度为 150mm。

## 2. 条形基础底板配筋构造（二）

条形基础底板配筋构造（二）如图 6-37 所示。

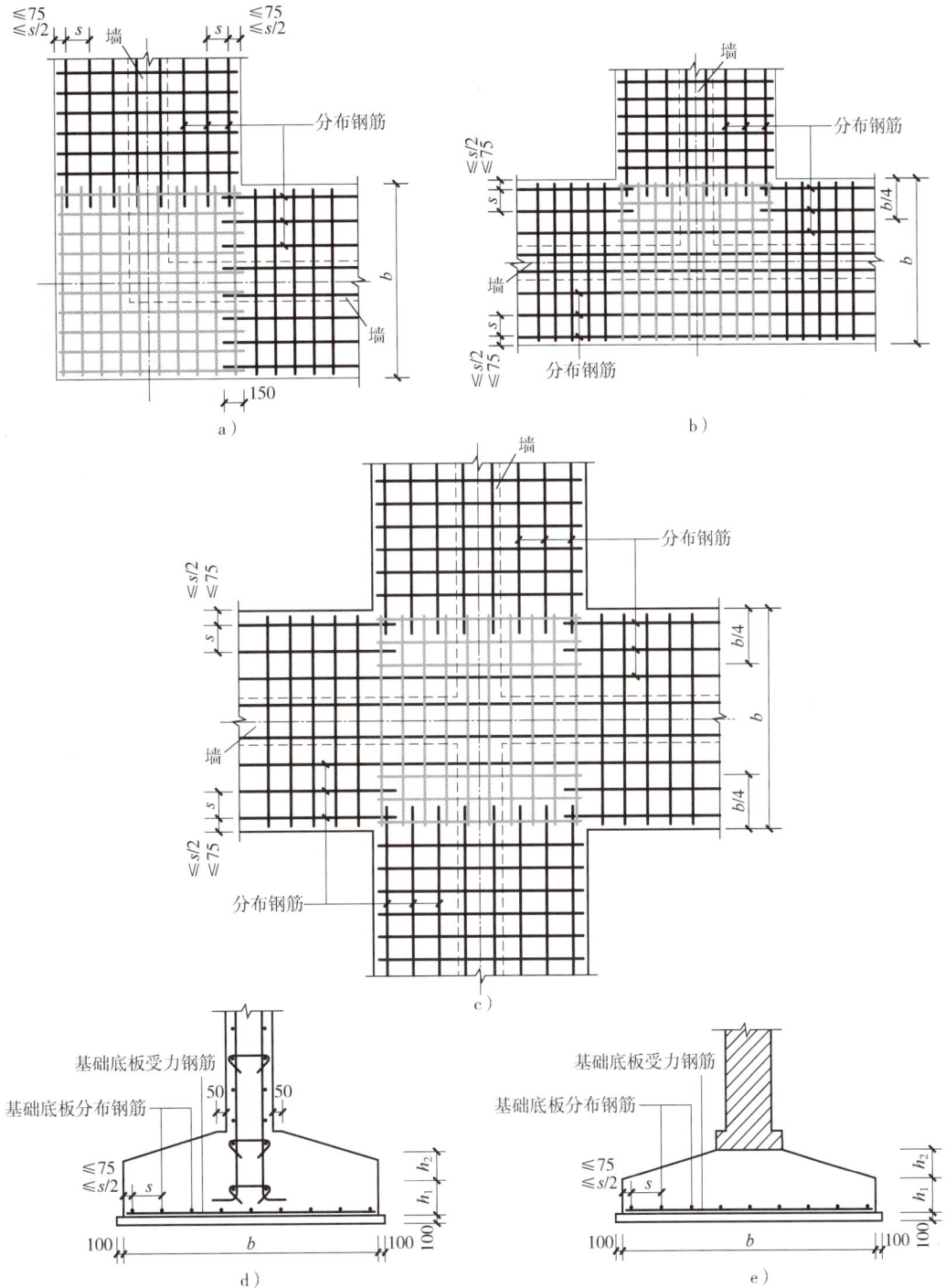

图 6-37　条形基础底板配筋构造（二）

a）转角墙处基础底板　b）丁字交接基础底板　c）十字交接基础底板

d）剪力墙下条形基础截面　e）砌体墙下条形基础截面

注：在两向受力钢筋交接处的网状部位，分布钢筋与同向受力钢筋的构造搭接长度为 150mm。

### 3. 柱下条形基础底板板底不平构造

柱下条形基础底板板底不平构造如图 6-38 所示。

图 6-38　柱下条形基础底板板底不平构造

### 4. 墙下条形基础底板板底不平构造

墙下条形基础底板板底不平构造如图 6-39 所示。

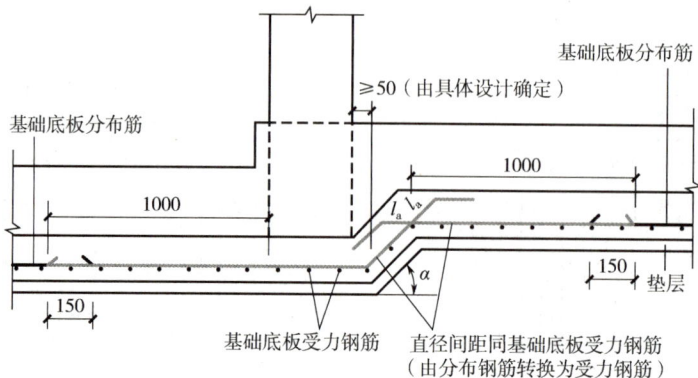

a）

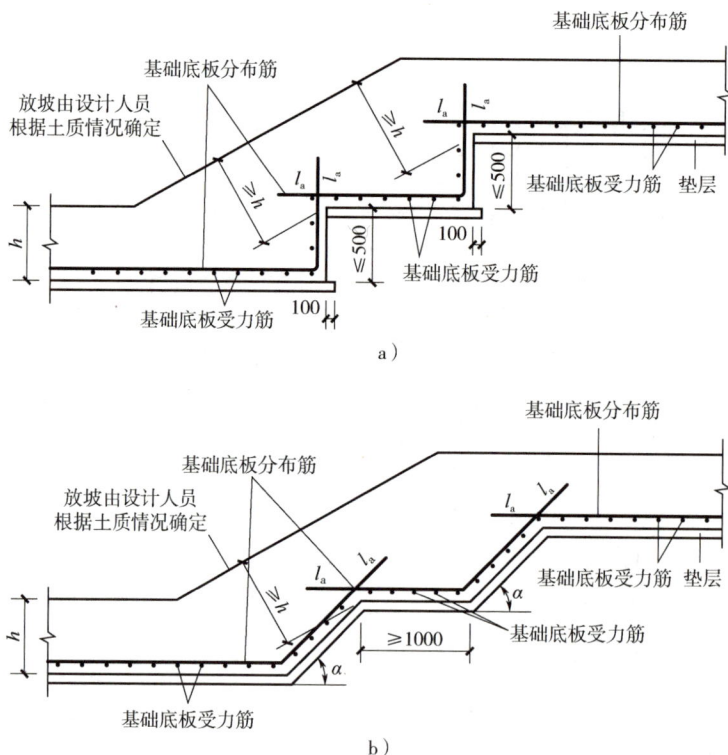

b）

图 6-39　墙下条形基础底板板底不平构造

a）构造（一）　b）构造（二）

### 5. 条形基础底板配筋长度减短 10% 构造

条形基础底板配筋长度减短 10% 构造如图 6-40 所示。

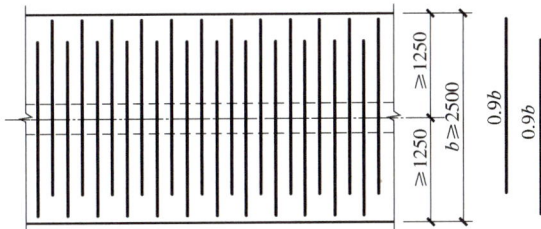

图6-40　条形基础底板配筋长度减短10%构造

在条形基础底板配筋长度减短10%构造中，底板交接区的受力钢筋和无交接底板时端部第一根钢筋不应减短。

### 6.2.3　筏形基础钢筋的构造与识图

筏形基础

#### 1. 梁板式筏形基础平板LPB钢筋构造（柱下区域）

梁板式筏形基础平板LPB钢筋构造（柱下区域）如图6-41所示。

图6-41　梁板式筏形基础平板LPB钢筋构造（柱下区域）

#### 2. 梁板式筏形基础平板LPB钢筋构造（跨中区域）

梁板式筏形基础平板LPB钢筋构造（跨中区域）如图6-42所示。

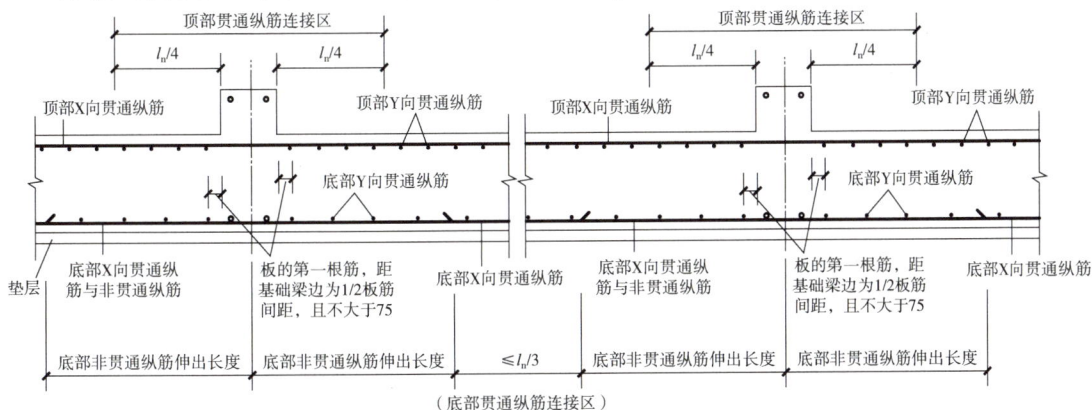

图6-42　梁板式筏形基础平板LPB钢筋构造（跨中区域）

注：1. 基础平板同一层面的交叉纵筋，何向纵筋在下，何向纵筋在上，应按具体设计说明。

　　2. 顶部贯通纵筋在连接区内采用搭接、机械连接或焊接。同一连接区段内接头面积百分率不宜大于50%。当钢筋长度可穿过一连接区到下一连接区并满足要求时，宜穿越设置。

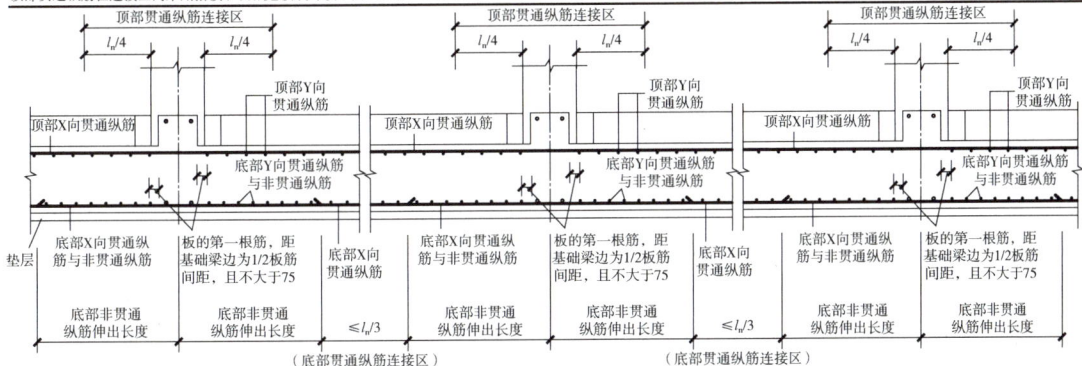

### 3. 梁板式筏形基础平板 LPB 端部与外伸部位钢筋构造

（1）梁板式筏形基础平板 LPB 端部等截面外伸构造　梁板式筏形基础平板 LPB 端部等截面外伸构造如图 6-43 所示。

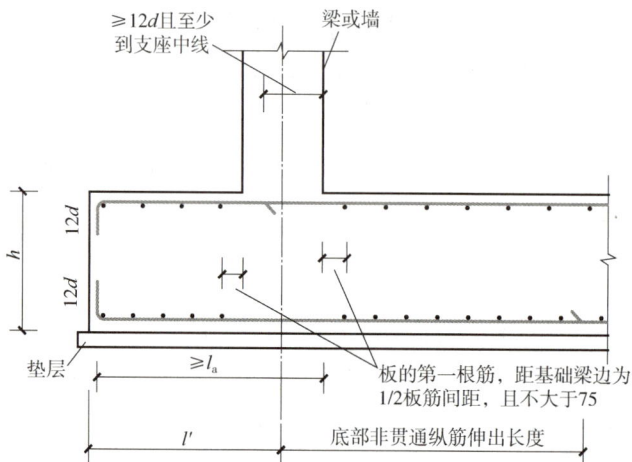

图 6-43　梁板式筏形基础平板 LPB 端部等截面外伸构造

（2）梁板式筏形基础平板 LPB 端部变截面外伸构造　梁板式筏形基础平板 LPB 端部变截面外伸构造如图 6-44 所示。

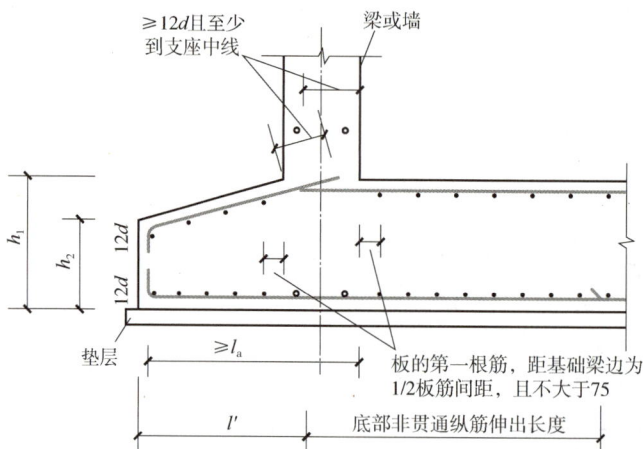

图 6-44　梁板式筏形基础平板 LPB 端部变截面外伸构造

（3）梁板式筏形基础平板 LPB 端部无外伸构造　梁板式筏形基础平板 LPB 端部无外伸构造如图 6-45 所示。

### 4. 梁板式筏形基础平板 LPB 变截面部位钢筋构造

梁板式筏形基础平板 LPB 变截面部位钢筋构造如图 6-46 所示。

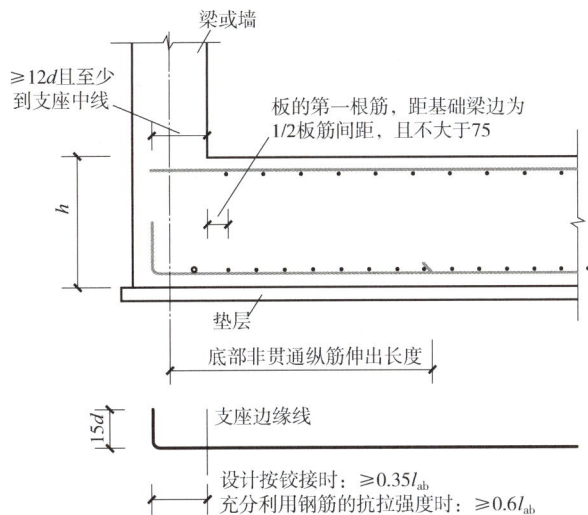

图 6-45　梁板式筏形基础平板 LPB 端部无外伸构造

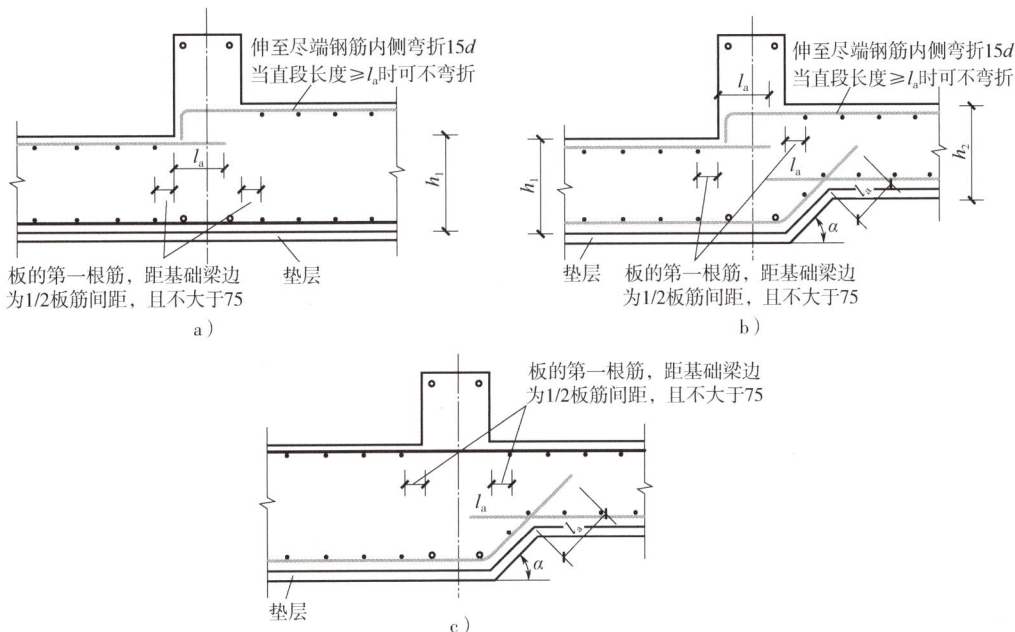

图 6-46　梁板式筏形基础平板 LPB 变截面部位钢筋构造

a）板顶有高差　b）板顶、板底均有高差　c）板底有高差

注：1. 基础平板同一层面的交叉纵筋，何向纵筋在下，何向纵筋在上，应按具体设计说明。

2. 当梁板式筏形基础平板的变截面形式与本图不同时，其构造应由设计者设计；当要求施工方参照本图构造方式时，应提供相应改动的变更说明。

3. 端部等（变）截面外伸构造中，当从基础主梁（墙）内边算起的外伸长度不满足直锚要求时，基础平板下部钢筋应伸至端部后弯折15$d$，且从梁（墙）内边算起水平段长度应≥0.6$l_{ab}$。

4. 板底高差坡度 $\alpha$ 可为45°或60°角。

## 5. 平板式筏基柱下板带 ZXB 与跨中板带 KZB 纵向钢筋构造

（1）平板式筏基柱下板带 ZXB 纵向钢筋构造　平板式筏基柱下板带 ZXB 纵向钢筋构造如图 6-47 所示。

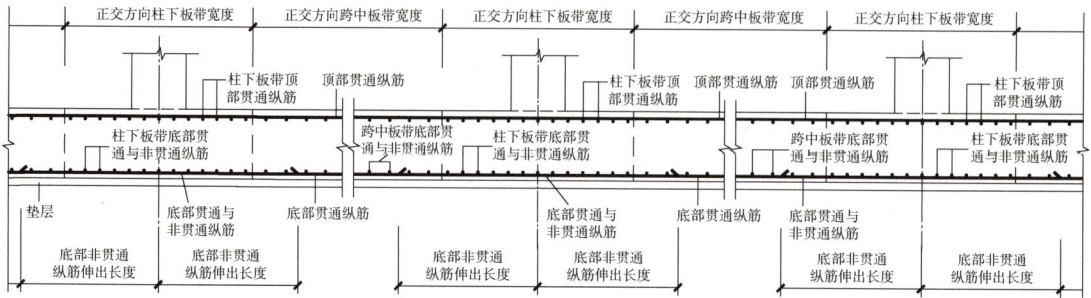

图 6-47　平板式筏基柱下板带 ZXB 纵向钢筋构造

（2）平板式筏基跨中板带 KZB 纵向钢筋构造　平板式筏基跨中板带 KZB 纵向钢筋构造如图 6-48 所示。

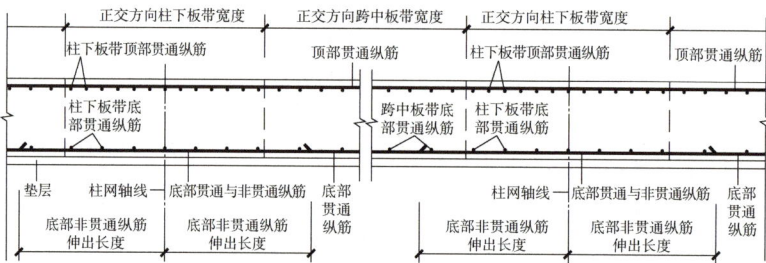

图 6-48　平板式筏基跨中板带 KZB 纵向钢筋构造

注：1. 不同配置的底部贯通纵筋，应在两毗邻跨中配置较小一跨的跨中连接区域连接（即配置较大一跨的底部贯通纵筋需越过其标注的跨数终点或起点伸至毗邻跨的跨中连接区域）。

2. 底部与顶部贯通纵筋在本图所示连接区内的连接方式，详见纵筋连接通用构造。

3. 柱下板带与跨中板带的底部贯通纵筋，可在跨中 1/3 净跨长度范围内搭接连接、机械连接或焊接；柱下板带及跨中板带的顶部贯通纵筋，可在柱网轴线附近 1/4 净跨长度范围内采用搭接连接、机械连接或焊接。

4. 基础平板同一层面的交叉纵筋，何向纵筋在下，何向纵筋在上，应按具体设计说明。

5. 柱下板带、跨中板带中同一层面的交叉纵筋，何向纵筋在下，何向纵筋在上，应按具体设计说明。

## 6. 平板式筏形基础平板 BPB 钢筋构造

（1）平板式筏形基础平板 BPB 钢筋构造（柱下区域）　平板式筏形基础平板 BPB 钢筋构造（柱下区域）如图 6-49 所示。

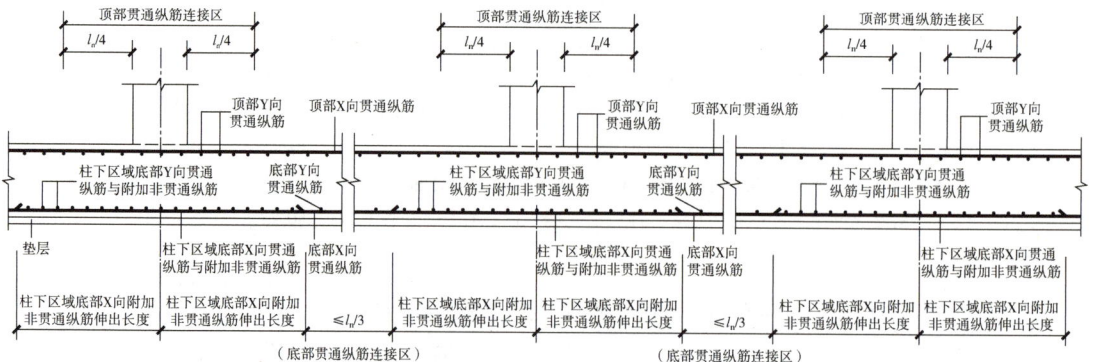

图 6-49　平板式筏形基础平板 BPB 钢筋构造（柱下区域）

（2）平板式筏形基础平板 BPB 钢筋构造（跨中区域）　平板式筏形基础平板 BPB 钢筋构造（跨中区域）如图 6-50 所示。

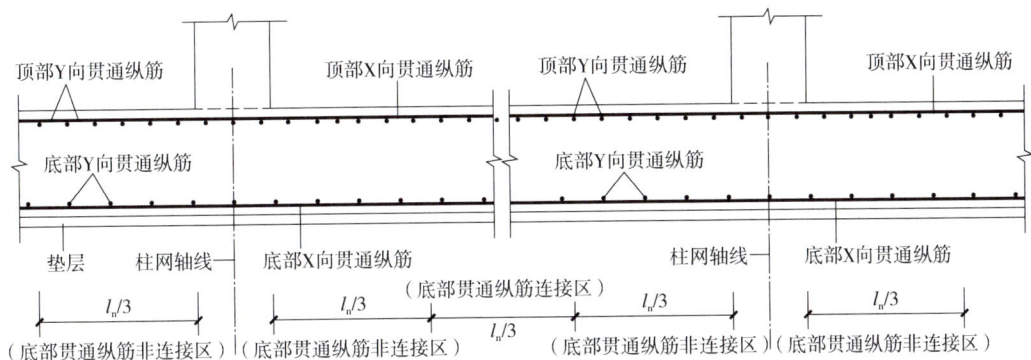

图 6-50　平板式筏形基础平板 BPB 钢筋构造（跨中区域）

在平板式筏形基础平板 BPB 钢筋构造（跨中区域）中，顶部贯通纵筋连接区同柱下区域。

注：基础平板同一层面的交叉纵筋，何向纵筋在下，何向纵筋在上，应按具体设计说明。

## 7. 平板式筏形基础平板（ZXB、KZB、BPB）变截面部位钢筋构造

（1）变截面部位钢筋构造　变截面部位钢筋构造如图 6-51 所示。

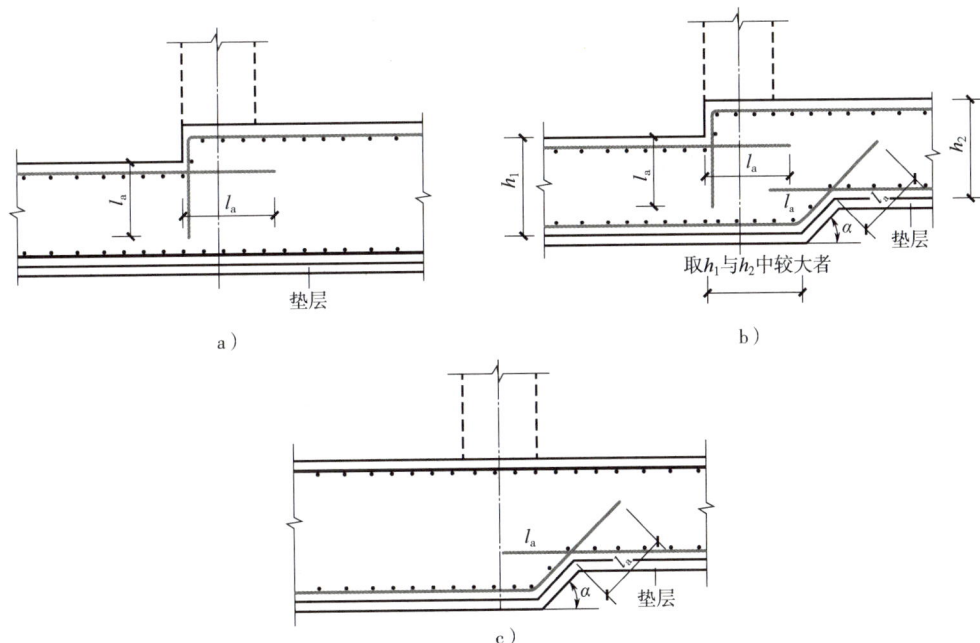

图 6-51　变截面部位钢筋构造

a）板顶有高差　b）板顶、板底均有高差　c）板底有高差

（2）变截面部位中层钢筋构造　变截面部位中层钢筋构造如图 6-52 所示。

## 8. 平板式筏形基础平板（ZXB、KZB、BPB）端部与外伸部位钢筋构造

（1）端部无外伸构造　端部无外伸构造如图 6-53 所示。

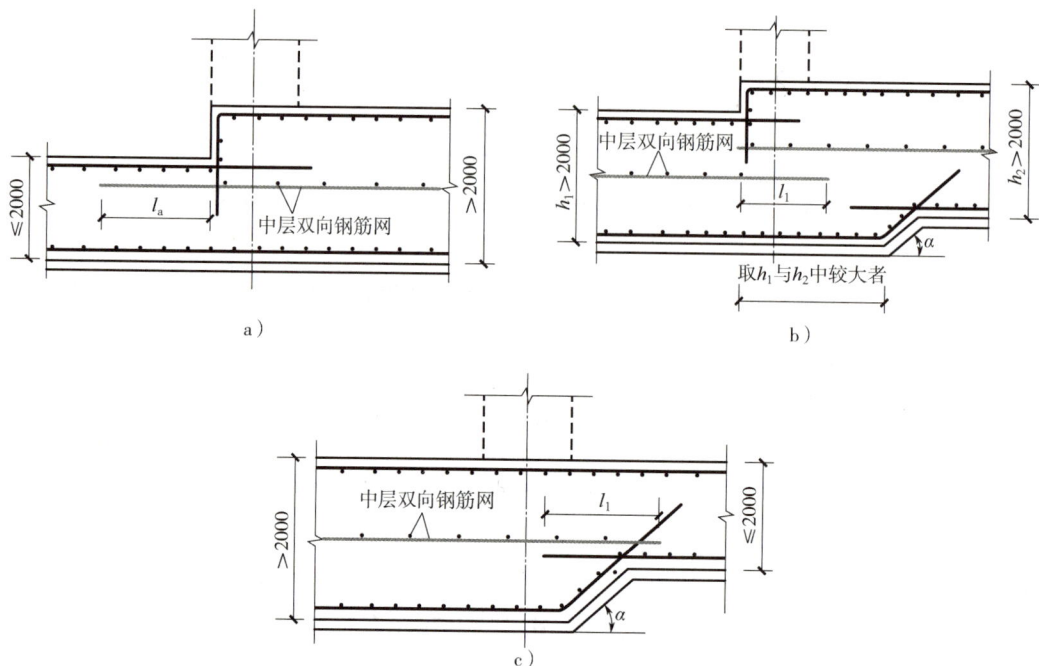

图 6-52　变截面部位中层钢筋构造

a）板顶有高差　b）板顶、板底均有高差　c）板底有高差

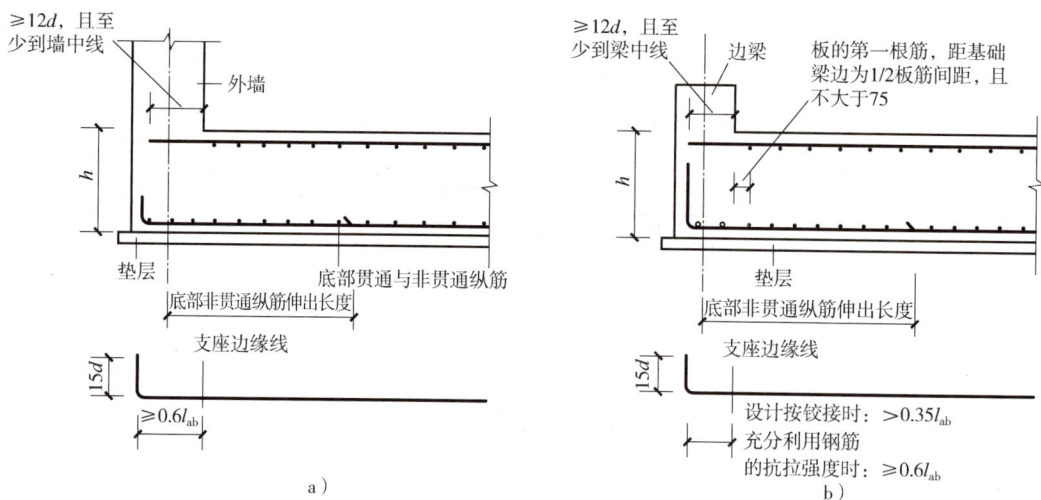

图 6-53　端部无外伸构造

a）端部无外伸构造（一）　b）端部无外伸构造（二）

（2）端部等截面外伸构造　端部等截面外伸构造如图 6-54 所示。

（3）板边缘侧面封边构造　板边缘侧面封边构造如图 6-55 所示。

在板边缘侧面封边构造中，外伸部位变截面时侧面构造相同。

（4）中层筋端头构造　中层筋端头构造如图 6-56 所示。

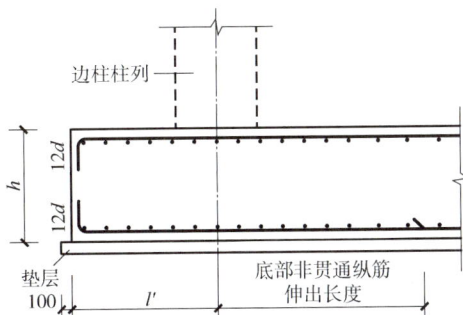

图 6-54　端部等截面外伸构造

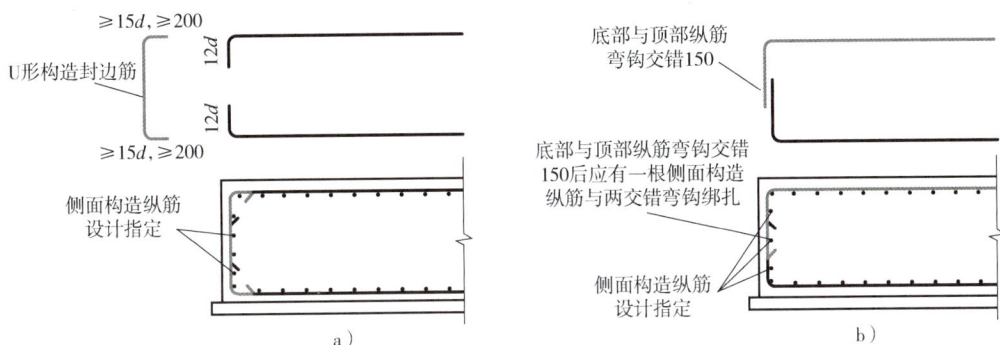

图 6-55　板边缘侧面封边构造

a）U 形筋构造封边方式　b）纵筋弯钩交错封边方式

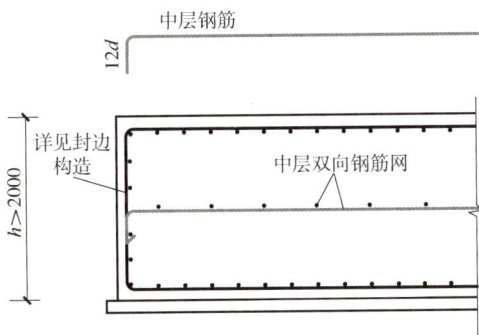

图 6-56　中层筋端头构造

注：1. 端部无外伸构造（一）中，当设计指定采用墙外侧纵筋与底板纵筋搭接的做法时，基础底板下部钢筋弯折段应伸至基础顶面标高处。

2. 板边缘侧面封边构造同样用于梁板式筏形基础部位，采用何种做法由设计者指定，当设计者未指定时，施工单位可根据实际情况自选一种做法。

3. 筏板底部非贯通纵筋伸出长度应由具体工程设计确定。

4. 筏板中层钢筋的连接要求与受力钢筋相同。

### 6.2.4 桩基承台钢筋的构造与识图

#### 1. 矩形承台 CTj 和 CTz 配筋构造

矩形承台 CTj 和 CTz 配筋构造如图 6-57 所示。

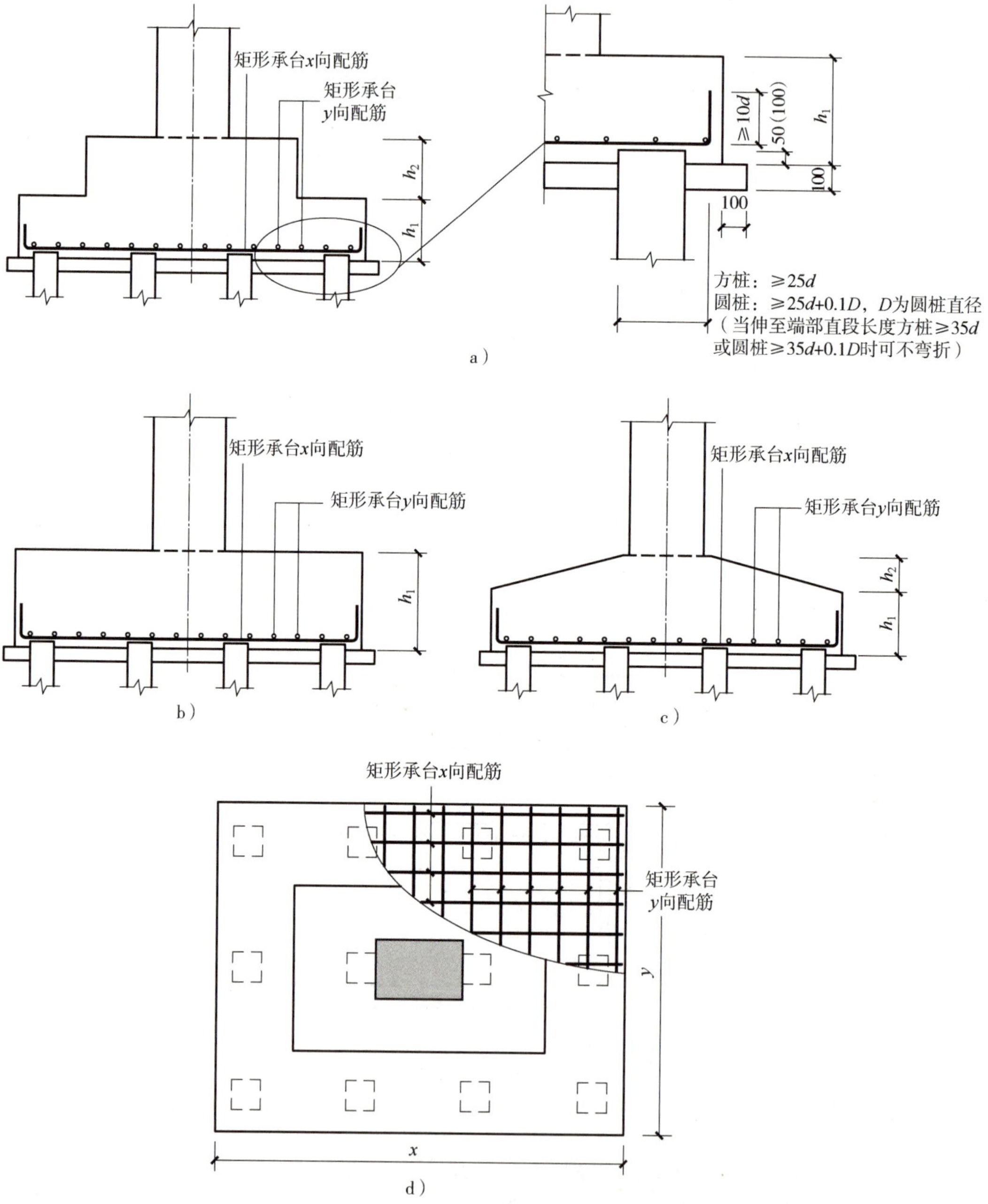

图 6-57 矩形承台配筋构造

a）阶形截面 CTj　b）单阶截面 CTj　c）坡形截面 CTz　d）矩形承台配筋构造

注：当桩直径或桩截面边长 < 800mm 时，桩顶嵌入承台 50mm；当桩径或桩截面边长 ≥ 800mm 时，桩顶嵌入承台 100mm。

## 2. 双柱联合承台底部与顶部配筋构造

双柱联合承台底部与顶部配筋构造如图 6-58 所示。

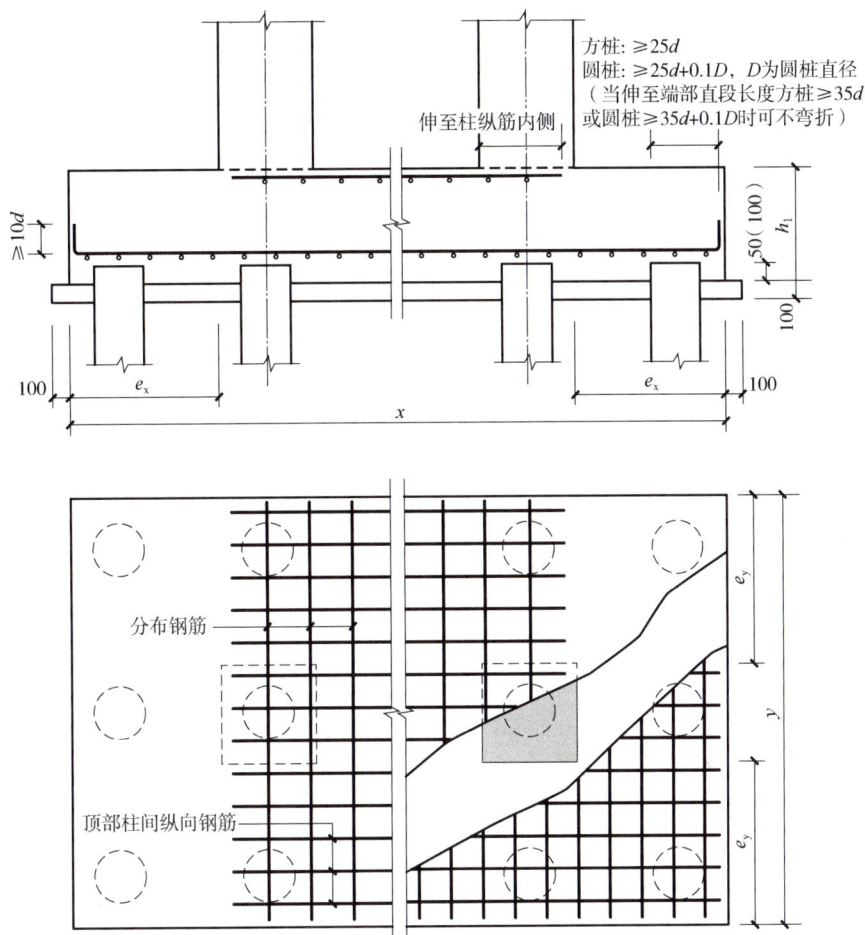

图 6-58　双柱联合承台底部与顶部配筋构造

注：1. 当桩直径或桩截面边长 <800mm 时，桩顶嵌入承台 50mm；当桩径或桩截面边长≥800mm 时，桩顶嵌入承台 100mm。

2. 几何尺寸和配筋按具体结构设计和本图构造确定。

3. 需设置上层钢筋网片时，由设计指定。

# 6.3　基础钢筋算量

## 6.3.1　独立基础钢筋算量

【例 6-6】某普通阶形独立基础，两阶高度为 400mm/400mm，保护层厚度 40mm，其平法施工图如图 6-59 所示，剖面示意图如图 6-60 所示，求钢筋工程量。

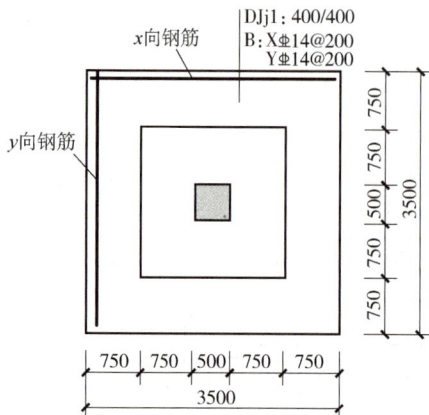

图 6-59　平法施工图

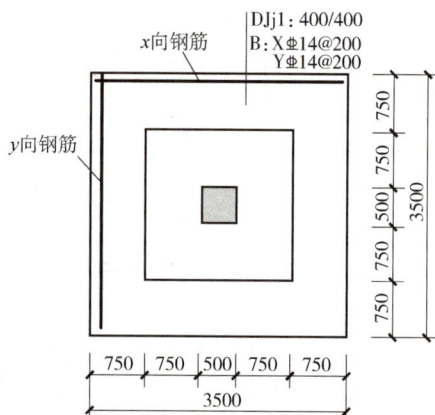

图 6-60　剖面示意图

【解】1) $x$ 向钢筋:

长度 $= 3500 - 2 \times 40 + 6.25 \times 2 \times 14$

　　$= 3595$

　　$= 3.595(m)$

根数 $= (3500 - 2 \times 40)/200 + 1$

　　$= 17.1 + 1$

　　$\approx 19(根)$

2) $y$ 向钢筋:

长度 $= 3500 - 2 \times 40 + 6.25 \times 2 \times 14$

　　$= 3595$

　　$= 3.595(m)$

根数 $= (3500 - 2 \times 40)/200 + 1$

　　　　$= 17.1 + 1$

　　　　$\approx 19(根)$

式中　3500——基础长度/宽度;

　　　40——保护层厚度;

　　　14——钢筋直径;

　　　200——钢筋间距。

【例 6-7】某独立基础 DJ1 配筋图如图 6-61 所示。钢筋采用绑扎连接,混凝土强度等级为 C25,保护层厚度为 20mm,钢筋理论重量为 0.888kg/m,试计算钢筋的长度、根数和钢筋重量。

【解】1) ①号受力钢筋

钢筋长度 $= 2900 - 2 \times 20 + 6.25 \times 2 \times 10$

　　　　$= 2985(mm)$

　　　　$= 2.985(m)$

钢筋根数 $= (4000 - 2 \times 20) \div 200 + 1$

　　　　$= 20.8$

　　　　$\approx 21(根)$

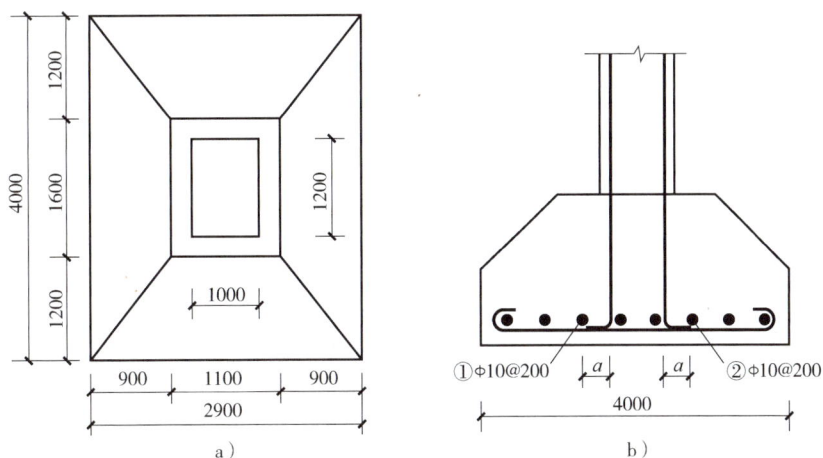

图 6-61　某独立基础 DJ1 配筋图

a）独立基础 DJ1 平法施工图　b）独立基础 DJ1 剖面图

钢筋重量 $= 2.985 \times 21 \times 0.888$

$\qquad = 55.66 ( \mathrm{kg} )$

2）②号受力钢筋

钢筋长度 $= 4000 - 2 \times 20 + 6.25 \times 2 \times 10$

$\qquad = 4085 ( \mathrm{mm} )$

$\qquad = 4.085 ( \mathrm{m} )$

箍筋根数 $= ( 2900 - 2 \times 20 ) \div 200 + 1$

$\qquad = 15.3$

$\qquad \approx 16 ( 根 )$

钢筋重量 $= 4.085 \times 16 \times 0.888$

$\qquad = 57.52 ( \mathrm{kg} )$

式中　2900——基础长度；

　　　4000——基础宽度；

　　　　20——保护层厚度；

　　　　10——钢筋直径；

　　　200——钢筋间距。

## 6.3.2　条形基础钢筋算量

【例6-8】条形基础梁的平法施工图如图 6-62 所示。保护层厚度 $c = 25\mathrm{mm}$，梁包柱侧腋 $= 50\mathrm{mm}$，试计算该钢筋的工程量。

【解】1）顶部贯通纵筋 4$\oplus$20

顶部贯通纵筋长度 $= ( 3600 \times 2 + 200 \times 2 + 50 \times 2 ) - 2 \times 25 + 2 \times 15 \times 20$

$\qquad = 8250 ( \mathrm{mm} )$

$\qquad = 8.25 ( \mathrm{m} )$

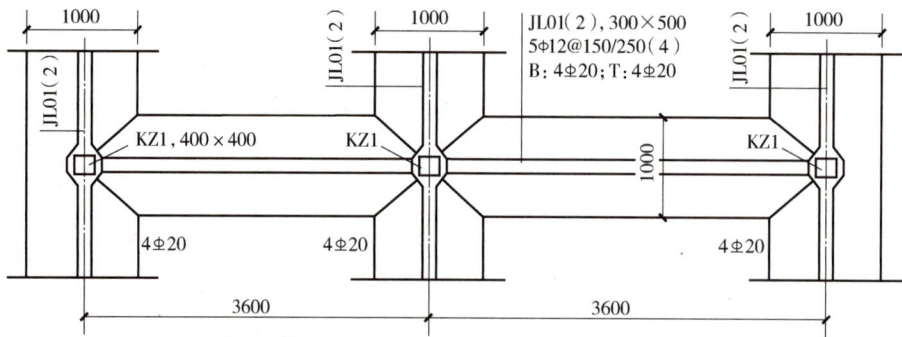

图 6-62　条形基础梁的平法施工图

2）底部贯通纵筋 4 $\oplus$ 20

$$底部贯通纵筋长度 = (3600 \times 2 + 200 \times 2 + 50 \times 2) - 2 \times 25 + 2 \times 15 \times 20$$
$$= 8250(\text{mm})$$
$$= 8.25(\text{m})$$

3）箍筋

$$外大箍筋长度 = (300 - 2 \times 25) \times 2 + (500 - 2 \times 25) \times 2 + 2 \times 11.9 \times 12$$
$$= 1686(\text{mm})$$
$$= 1.686(\text{m})$$

$$内小箍筋长度 = [(300 - 2 \times 25 - 20 - 24)/3 + 20 + 24] \times 2 + (500 - 2 \times 25) \times 2 + 2 \times 11.9 \times 12$$
$$= 1411(\text{mm})$$
$$= 1.411(\text{m})$$

箍筋根数：

梁第一跨箍筋根数 $= (5 \times 2 + 6)$ 根 $= 16$ 根

$$中间箍筋根数 = (3000 - 200 \times 2 - 50 \times 2 - 150 \times 5 \times 2)/250 - 1$$
$$= 3(\text{根})$$

梁第二跨箍筋根数同梁第一跨，为 16 根。

$$节点内箍筋根数 = (400/150)$$
$$\approx 3(\text{根})$$

JL01 箍筋总根数为：

$$外大箍筋根数 = 16 \times 2 + 3 \times 3$$
$$= 41(\text{根})$$

内小箍筋根数 $= 41$ 根

式中　　3600——单根梁长；

　　　　50——梁包柱侧腋；

　　　　25——保护层厚度；

　　　　10——钢筋直径；

$2 \times 15 \times 20$——弯折 $15d$；

　　　　300——JL01 $b$ 边长度；

　　　　500——JL01 $h$ 边长度。

【**例6-9**】条形基础底板底部钢筋（直转角）TJPp01平法施工图如图6-63所示。混凝土保护层厚度为$c = 20mm$，分布筋与同向受力筋搭接长度为150mm，起步间距为$s/2 = 75mm$，试计算受力筋及分布筋。

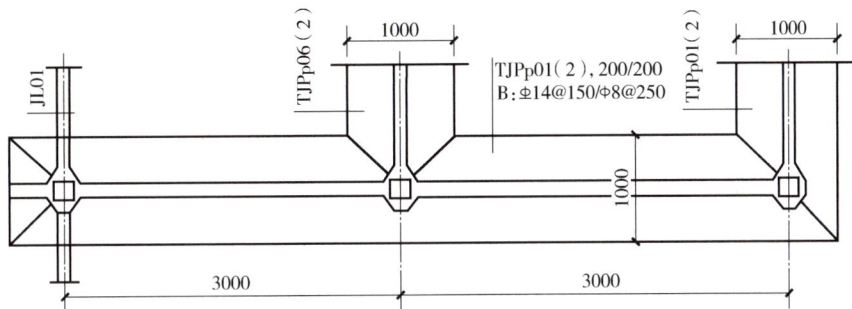

图6-63　条形基础底板底部钢筋（直转角）TJPp01平法施工图

【**解**】1）受力筋为$\Phi 14@150$，其计算如下：

$$受力筋长度 = 1000 - 2 \times 20$$
$$= 960(mm)$$
$$= 9.6(m)$$

$$受力筋根数 = (3000 \times 2 + 2 \times 500 - 2 \times 75)/150 + 1$$
$$\approx 47(根)$$

2）分布筋为$\Phi 8@250$，其计算如下：

$$分布筋长度 = 3000 \times 2 - 2 \times 500 + 2 \times 20 + 2 \times 150$$
$$= 5340(mm)$$
$$= 5.34(m)$$

$$分布筋单侧的根数 = (500 - 150 - 2 \times 125)/250 + 1$$
$$\approx 2(根)$$

式中　1000——条形基础底板宽度；

　　　　20——保护层厚度；

　　　　75——起步间距；

　　　　150——①受力筋钢筋间距；

　　　　250——②受力筋钢筋间距。

## 6.3.3　筏形基础钢筋算量

【**例6-10**】基础主梁的计算JL01平法施工图如图6-64所示。混凝土强度等级为C30，混凝土保护层厚度$c = 25mm$，$l_a = 29d$，钢筋的定尺长度为9000mm，箍筋起步距离为50mm，试计算钢筋的长度和根数。

【**解**】1）顶部及底部贯通纵筋计算

$$长度 = 梁长 - 保护层厚度 \times 2$$
$$= 10000 + 8000 + 10000 + 800 - 25 \times 2$$
$$= 27950(mm)$$

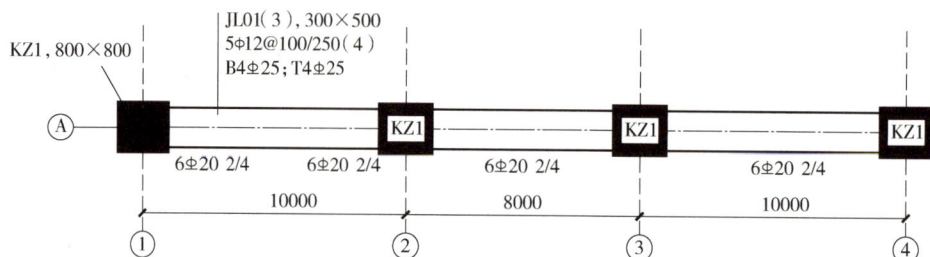

图 6-64　基础主梁 JL01 平法施工图

接头个数 $= 27950/9000 - 1$

　　　　　 $\approx 3$ (个)

2) 支座 1、4 底部非贯通纵筋 2⌀25

长度 = 自柱边缘向跨内的延伸长度 + 柱宽 + 梁包柱侧腋 - 保护层厚度 $+ 15d$

　　 $= l_n/3 + h_c + 50 - c + 15d$

　　 $= (10000 - 800)/3 + 800 + 50 - 25 + 15 \times 25$

　　 $= 4267$ (mm)

3) 支座 2、3 底部非贯通筋 2⌀25

长度 $= 2 \times$ 自柱连缘向跨内的延伸长度 + 柱宽

　　 $= 2l_n/3 + h_c$

　　 $= 2 \times [(10000 - 800)/3] + 800$

　　 $= 6933$ (mm)

4) 箍筋长度

外大箍筋长度 $= (300 - 2 \times 25) \times 2 + (500 - 2 \times 25) \times 2 + 2 \times 11.9 \times 12$

　　　　　　 $= 1686$ (mm)

内小箍筋长度 $= [(300 - 2 \times 25 - 25 - 24)/3 + 25 + 24] \times 2 + (500 - 2 \times 25) \times 2 + 2 \times 11.9 \times 12$

　　　　　　 $= 1418$ (mm)

5) 第 1、3 净跨箍筋根数

每边 5 根间距 100mm 的箍筋, 两端共 10 根。

跨中箍筋根数 $= (10000 - 800 - 550 \times 2)/200 - 1$

　　　　　　 $\approx 40$ (根)

总根数 $= 10 + 40$

　　　 $= 50$ (根)

6) 第 2 净跨箍筋根数

每边 5 根间距 100mm 的箍筋, 两端共 10 根。

跨中箍筋根数 $= (8000 - 800 - 550 \times 2)/200 - 1$

　　　　　　 $\approx 30$ (根)

总根数 $= 10 + 30$

　　　 $= 40$ (根)

# 6.4 基础钢筋设计实例

【例6-11】某有梁式筏板基础如图6-65所示，采用C35混凝土，筏板基础厚为500mm，筏板钢筋采用双层双向布置，底筋为Φ18@200，面筋为Φ12@300。基础梁1和基础梁2截面尺寸为350mm×700mm，上部通长筋为4Φ25，侧面构造筋为G2Φ16，拉筋为Φ8@400，下部通长筋为2Φ25，箍筋为Φ8@200（4），基础梁1的长度为8800mm，基础梁2的长度为2500mm，筏板的钢筋保护层厚度为40mm，试求有梁式筏板基础钢筋工程量。

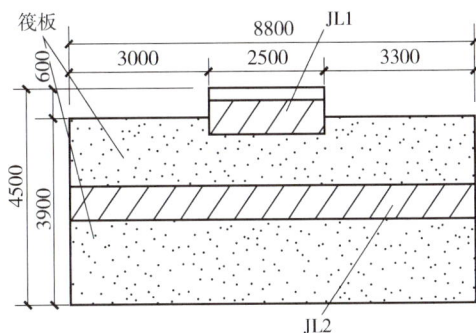

图6-65 某有梁式筏板基础

【解】（1）筏板底筋（Φ18）

1）x方向。

①筏板受力筋1 = 净长 − 保护层 + 设定弯折 − 保护层 + 设定弯折
$$= 8800 − 40 + 12d − 40 + 12d$$
$$= 9152(mm)$$

②筏板受力筋1根数 = 长度/间距 + 1
$$= (3900 − 40 × 2)/200 + 1$$
$$≈ 20(根)$$

③筏板受力筋2 = 净长 − 保护层 + 设定弯折 − 保护层 + 设定弯折
$$= 2500 − 40 + 12d − 40 + 12d$$
$$= 2852(mm)$$

④筏板受力筋2根数 = 长度/间距 + 1
$$= (600 − 40)/200 + 1$$
$$≈ 4(根)$$

2）y方向。

①筏板受力筋1 = 净长 − 保护层 + 设定弯折 − 保护层 + 设定弯折
$$= 3900 − 40 + 12d − 40 + 12d$$
$$= 4252(mm)$$

②筏板受力筋1根数 = 长度/间距 + 1
$$= (1200 + 1800 − 2 × 40)/200 + 1$$
$$≈ 16(根)$$

③筏板受力筋2 = 净长 − 保护层 + 设定弯折 − 保护层 + 设定弯折
$$= 4500 − 40 + 12d − 40 + 12d$$
$$= 4852(mm)$$

④筏板受力筋2根数 = 长度/间距 + 1
$$= 2400/200 + 1$$
$$= 13(根)$$

⑤筏板受力筋3 = 净长 − 保护层 + 设定弯折 − 保护层 + 设定弯折

$$= 3900 − 40 + 12d − 40 + 12d$$

$$= 4252 (\text{mm})$$

⑥筏板受力筋3根数 = 长度/间距 + 1

$$= (1800 + 1500 − 2 × 40)/200 + 1$$

$$≈ 18 (\text{根})$$

（2）筏板面筋（Φ12）

1）x 方向。

①筏板受力筋1 = 净长 − 保护层 + 设定弯折 − 保护层 + 设定弯折

$$= 8800 − 40 + 12d − 40 + 12d$$

$$= 9008 (\text{mm})$$

②筏板受力筋1根数 = 长度/间距 + 1

$$= (3900 − 40 × 2)/300 + 1$$

$$≈ 14 (\text{根})$$

③筏板受力筋2 = 净长 − 保护层 + 设定弯折 − 保护层 + 设定弯折

$$= 2500 − 40 + 12d − 40 + 12d$$

$$= 2708 (\text{mm})$$

④筏板受力筋2根数 = 长度/间距 + 1

$$= (600 − 40)/300 + 1$$

$$≈ 3 (\text{根})$$

2）y 方向。

①筏板受力筋1 = 净长 − 保护层 + 设定弯折 − 保护层 + 设定弯折

$$= 3900 − 40 + 12d − 40 + 12d$$

$$= 4108 (\text{mm})$$

②筏板受力筋1根数 = 长度/间距 + 1

$$= (1200 + 1800 − 2 × 40)/300 + 1$$

$$≈ 11 (\text{根})$$

③筏板受力筋2 = 净长 − 保护层 + 设定弯折 − 保护层 + 设定弯折

$$= 4500 − 40 + 12d − 40 + 12d$$

$$= 4708 (\text{mm})$$

④筏板受力筋2根数 = 长度/间距 + 1

$$= 2400/300 + 1$$

$$= 9 (\text{根})$$

⑤筏板受力筋3 = 净长 − 保护层 + 设定弯折 − 保护层 + 设定弯折

$$= 3900 − 40 + 12d − 40 + 12d$$

$$= 4108 (\text{mm})$$

⑥筏板受力筋3根数 = 长度/间距 + 1

$$= (1800 + 1500 − 2 × 40)/300 + 1$$

$$≈ 12 (\text{根})$$

（3）基础梁1

1）下部通长筋（$\Phi 25$）＝锚固＋净长＋锚固

$$= 8800 - 40 + 15d - 40 + 15d$$
$$= 9470(\text{mm})$$

依据题意下部通长筋根数为2根。

2）侧面构造筋（$\Phi 16$）＝锚固＋净长＋锚固

$$= 15d + 8800 + 15d$$
$$= 9280(\text{mm})$$

依据题意侧面构造筋根数为2根。

3）上部通长筋（$\Phi 25$）＝锚固＋净长＋锚固

$$= 8800 - 40 + 15d - 40 + 15d$$
$$= 9470(\text{mm})$$

依据题意上部通长筋根数为4根。

4）箍筋（$\Phi 8$）1＝截面尺寸周长－保护层厚度×4＋弯钩长度

$$= 2 \times \left[ (350 - 2 \times 40) + (600 - 2 \times 40) \right] + 2 \times (11.9d)$$
$$= 1770(\text{mm})$$

箍筋1根数＝长度/间距＋1

$$= (8800 - 2 \times 40)/200 + 1$$
$$\approx 45(\text{根})$$

5）箍筋（$\Phi 8$）2＝$2 \times$〔（梁宽$-2\times$保护层厚度$-d$）/3×1＋d＋梁高$-2\times$保护层厚度〕＋2×

11.9d＋8d

$$= 2 \times \left[ (350 - 2 \times 40 - 2d - 25)/3 \times 1 + 25 + 2d) + (600 - 2 \times 40) \right] + 2 \times$$

$$(11.9d)$$

$$= 1465(\text{mm})$$

箍筋2根数＝长度/间距＋1

$$= (8800 - 2 \times 40)/200 + 1$$
$$\approx 45(\text{根})$$

6）拉筋＝梁宽$-2\times$保护层厚度2×弯钩

$$= (350 - 2 \times 40) + 2 \times (11.9d)$$
$$= 460(\text{mm})$$

拉筋根数＝长度/间距＋1

$$= (8800 - 2 \times 40)/400 + 1$$
$$\approx 23(\text{根})$$

（4）基础梁2

1）下部通长筋（$\Phi 25$）＝锚固＋净长＋锚固

$$= 2500 - 40 + 15d - 40 + 15d$$
$$= 3170(\text{mm})$$

依据题意下部通长筋根数为2根。

2）侧面构造筋（$\Phi 16$）= 锚固 + 净长 + 锚固

$$= 15d + 2500 + 15d$$
$$= 2980(\text{mm})$$

依据题意侧面构造筋根数为 2 根。

3）上部通长筋 = 锚固 + 净长 + 锚固

$$= 2500 - 40 + 15d - 40 + 15d$$
$$= 3170(\text{mm})$$

依据题意上部通长筋根数为 4 根。

4）箍筋 1 = 截面尺寸周长 - 保护层厚度 × 4 + 弯钩长度

$$= 2 \times \left[ (350 - 2 \times 40) + (550 - 2 \times 40) \right] + 2 \times (11.9d)$$
$$= 1670(\text{mm})$$

箍筋 1 根数 = 长度/间距 + 1

$$= (2500 - 2 \times 40)/200 + 1$$
$$\approx 14(\text{根})$$

5）箍筋 2 $= 2 \times \left[ (\text{梁宽} - 2 \times \text{保护层厚度} - d)/3 \times 1 + d + \text{梁高} - 2 \times \text{保护层厚度} \right] + 2 \times 11.9d + 8d$

$$= 2 \times \left[ (350 - 2 \times 40 - 2d - 25)/3 \times 1 + 25 + 2d + (550 - 2 \times 40) \right] + 2 \times (11.9d)$$
$$= 1365(\text{mm})$$

箍筋 2 根数 = 长度/间距 + 1

$$= (2500 - 2 \times 40)/200 + 1$$
$$\approx 14(\text{根})$$

6）拉筋 = 梁宽 - 2 × 保护层厚度 + 2 × 弯钩

$$= (350 - 2 \times 40) + 2 \times (11.9d)$$
$$= 460(\text{mm})$$

拉筋根数 = 长度/间距 + 1

$$= (2500 - 2 \times 40)/400 + 1$$
$$\approx 8(\text{根})$$

# 素质拓展案例

## 建筑工程基础施工的现状

城市化进程的加快使得城市建筑土地面积急剧减少，人们的生活空间被一再压缩，房屋价格也一直居高不下。为了解决这个问题，建筑开始逐渐向着高层化的方向发展。高层建筑的普及，使得城市的土地利用率得到了很大的提高，推动着城市的发展和繁荣，同时也对基础施工的质量提出了更高的要求。当前，我国建筑工程基础施工中存在一些问题，影响着建筑施工的发展。首先，基础的埋设较深。为了确保高层建筑的使用安全，要加强建筑基础的承重能力，所以一般的高层建筑基础埋设都比较深，约为建筑高度的1/12，如果使用桩基础，则可以适当进行减小，可以为建筑高度的 1/15。这样的深基工程，其施工难度大，施工时间长，施工的成本也相对较高。

其次，大型深基坑工程的施工难度大。由于城市化的不断发展，城市中的高层建筑随处可见，为了减少工程施工时对于周边建筑的影响，施工现场作业必然会受到一定的限制。深基坑工程对于地面的影响和破坏很大，在施工时必须加强对于周边建筑的安全防护，对于技术的要求十分严格。

最后，主楼与裙楼的沉降存在不均匀问题。一般来说高层建筑都会设置主楼和裙楼，相互配合，满足用户的不同需求。而主楼与裙楼的高度差距较大，因自身重力不同所造成的沉降也不同。因此，在实际基础施工时，要对不均匀沉降的现象进行充分考虑。

建筑工程基础施工是工程项目施工的首要环节，也是至关重要的一个环节，是提高建筑整体质量的前提和保证，必须进行严格的管理和控制，确保其质量符合建筑的使用需求。同时，要加强对于施工人员的教育和培训，提升其对于基础施工的重视程度，减少人为原因造成的质量问题，切实保证建筑工程的整体质量。

# 本章小结

通过学习本章的内容，了解基础施工图制图规则，掌握基础钢筋识图方法，掌握独立基础钢筋算量，同学们可以对基础有一个基本的认识，为以后继续学习相关知识打下坚实的基础。

# 实训练习

### 计算题

DJj1 平法施工图如图 6-66 所示，两阶高度为 500mm/300mm，其剖面示意图如图 6-67 所示。试计算钢筋工程量。

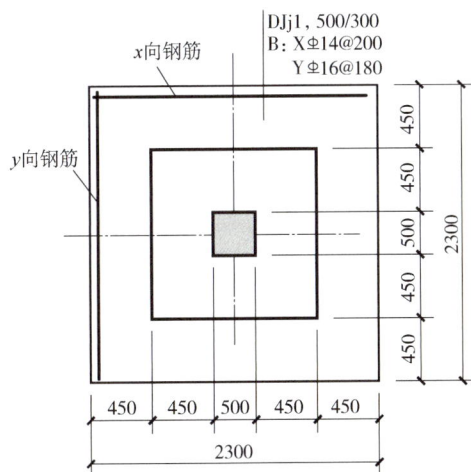

图 6-66　DJj1 平法施工图　　　　　图 6-67　剖面示意图

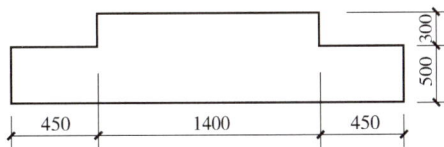

# 实训工作单

| 班级 | | 姓名 | | 日期 | |
|---|---|---|---|---|---|
| 教学项目 | | 基础 | | | |
| 学习项目 | 基础施工图制图规则、基础钢筋识图方法、基础钢筋算量、基础钢筋设计实例 | 学习要求 | | 了解基础施工图制图规则，掌握基础钢筋识图方法，掌握基础钢筋算量 | |
| 相关知识 | | | | | |
| 其他内容 | | | | | |
| 学习记录 | | | | | |
| 评语 | | | | 指导老师 | |

# 第7章

# 板式楼梯

## 【学习目标】

1) 了解楼梯概述及总则、现浇混凝土板式楼梯平法施工图的表示方法。
2) 了解楼梯平面、剖面、列表的注写方式。
3) 认识楼梯的类型、平法施工图识图的步骤。
4) 掌握板式楼梯基本构造识图。
5) 掌握 AT 楼梯梯板的基本尺寸数据及系数。
6) 掌握 ATc 型楼梯钢筋的计算公式。
7) 掌握楼梯钢筋实例计算。

## 【素质目标】

了解地震中楼梯构件的破坏情况以及原因，引导学生在楼梯设计中加大对抗震设计的重视，重视安全防范意识，同时更好理解楼梯钢筋配筋。

## 【教学要求】

| 本章要点 | 掌握层次 | 相关知识点 |
|---|---|---|
| 楼梯概述及总则 | 了解楼梯概述及总则 | 楼梯概念 |
| 现浇混凝土板式楼梯平法施工图的表示方法 | 了解现浇混凝土板式楼梯平法施工图的表示方法 | 现浇混凝土板式楼梯平法施工图的规定 |
| 楼梯的类型 | 掌握板式楼梯平法施工图识图的步骤 | 板式楼梯平法施工图识图的内容 |
| 楼梯平面、剖面、列表的注写方式 | 认识楼梯的类型 | 楼梯的形式 |
| 板式楼梯平法施工图识图的步骤 | 了解楼梯平面、剖面、列表的注写方式 | 楼梯原位、集中的注写方式 |
| 板式楼梯基本构造识图 | 掌握板式楼梯基本构造识图 | 板式楼梯构造识图 |
| AT 楼梯梯板的基本尺寸数据及系数 | 掌握 AT 楼梯梯板的基本尺寸数据及系数 | AT 楼梯梯板的基本尺寸数据 |
| ATc 型楼梯钢筋的计算公式 | 掌握 ATc 型楼梯钢筋的计算公式 | ATc 型楼梯钢筋的计算公式 |

## 【项目案例导入】

如图 7-1 所示，识读楼梯平面示意图。

## 【项目问题导入】

如图 7-1 所示，回答以下问题：

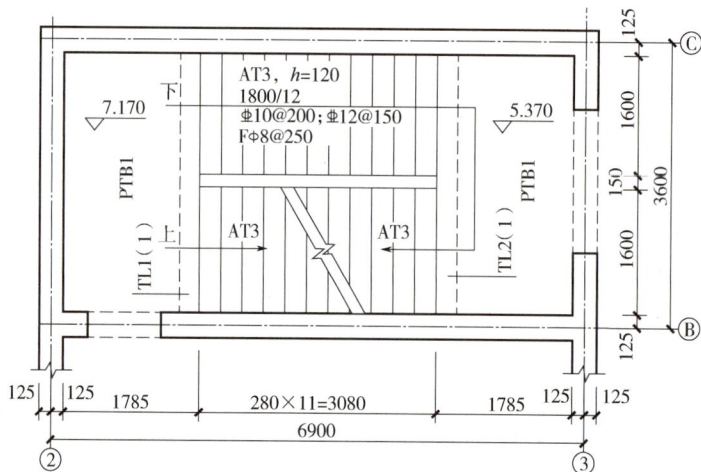

图 7-1　楼梯平面示意图

1. 楼梯施工图的表示方法和类型有哪些？
2. 楼梯平法施工图识图的步骤有哪些？
3. 如何识读楼梯基本构造图？
4. AT 楼梯梯板的基本尺寸数据及系数有哪些？
5. ATc 型楼梯钢筋的计算公式有哪些？

# 7.1　板式楼梯施工图制图规则

## 7.1.1　楼梯概述及总则

### 1. 楼梯的概念

楼梯是多、高层房屋的竖向通道，是建筑物的一个重要组成部分，由梯段和休息平台构成，楼梯的平面布置和踏步尺寸等由建筑设计确定。为了满足承重及防火要求，在一般多、高层建筑中常采用钢筋混凝土楼梯。楼梯还是房屋上下楼层之间的垂直交通设施，供人们在正常情况下垂直交通、搬运家具和紧急状态下安全疏散之用。

钢筋混凝土楼梯
的分类

### 2. 楼梯的类型

1）按照楼梯的材料分为：钢筋混凝土楼梯、钢楼梯、木楼梯及组合材料楼梯。

2）按照楼梯的位置分为：室内楼梯和室外楼梯。

3）按照楼梯的使用性质分为：主要楼梯、辅助楼梯、疏散楼梯及消防楼梯。

4）按照楼梯的平面形式分为：封闭式楼梯间、开敞式楼梯间及防烟楼梯间。

楼梯的形式

5）按照楼梯的构造形式分为：直跑式、双跑式、双分式、双合式、转角式、三跑式、四跑式、八角式、螺旋式、曲线形、剪刀式、交叉式等，如图 7-2 所示。

### 3. 楼梯的组成

（1）楼梯段　楼梯段又称楼梯跑，是楼梯的主要使用和承重部分，它由

楼梯的特点

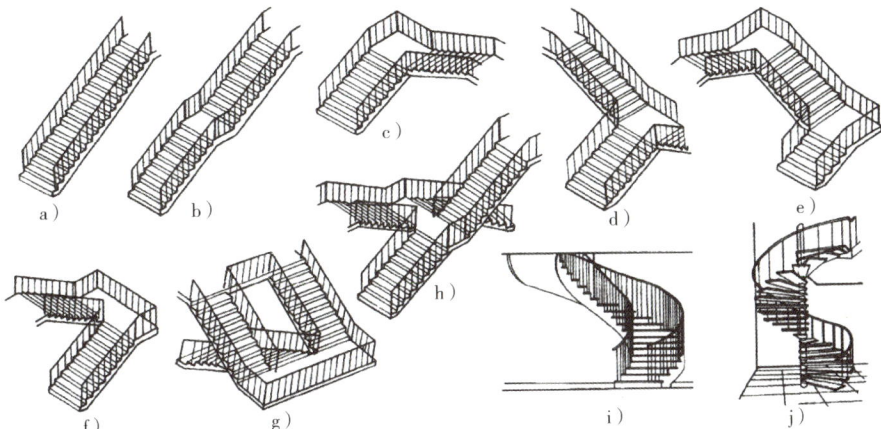

图 7-2　楼梯的类型

a）直跑楼梯（单跑）　　b）直跑楼梯（双跑）　　c）折角楼梯　　d）双分折角楼梯　　e）三跑楼梯
f）双跑楼梯　　g）双分平行楼梯　　h）剪刀楼梯　　i）圆形楼梯　　j）螺旋楼梯

若干踏步组成。踏步的表面称为踏面，与踏步面相连的垂直或倾斜部分称为踢面。为了减轻人们上下楼梯时的疲劳和适应人行的习惯，规定一个楼梯段的踏步数一般不应超过 18 级，不应少于 3 级。

（2）楼梯平台　楼梯平台包括楼层平台和中间平台两部分。连接楼板层与梯段端部的水平构件称为楼层平台，平台面标高与该层楼面标高相同。位于两层楼（地）面之间连接梯段的水平构件称为中间平台，其主要作用是减少疲劳，也起转换梯段方向的作用。

栏杆（或栏板）、　　栏板图片
扶手的区别

（3）栏杆（或栏板）、扶手　栏杆（或栏板）是为了保证人们在楼梯上行走安全而设置的有一定刚度的安全围护构件。栏杆或栏板上部供人用手扶持的配件称为扶手，扶手也可附设于墙上，称为靠墙扶手。楼梯的组成如图 7-3 所示。

#### 4. 楼梯的总则

1）国家为了规范使用建筑结构施工图平面整体设计方法，保证按平法设计绘制的结构施工图实现全国统一，确保设计、施工质量，特制定国家建筑标准设计图集。

2）国家建筑标准设计图集 22G101—2 制图规则适用于现浇混凝土板式楼梯。

3）当采用国家建筑标准设计图集 22G101—2 制图规则时，除遵守图集有关规定外，还应符合国家现行相关标准。

4）按平法设计绘制的楼梯施工图，一般是由楼梯的平法施工图和标准构造详图两大部分构成。

扶手、栏杆（或栏板）
中间平台
楼层平台
楼梯段

图 7-3　楼梯的组成

5）梯板的平法注写方式包括平面注写、剖面注写和列表注写三种。平台板、梯梁及梯柱的平法注写方式参见国家建筑标准设计图集 22G101—1。

6）按平法设计绘制结构施工图时，应当用表格或其他方式注明包括地下和地上各层的结构层楼（地）面标高、结构层高及相应的结构层号。

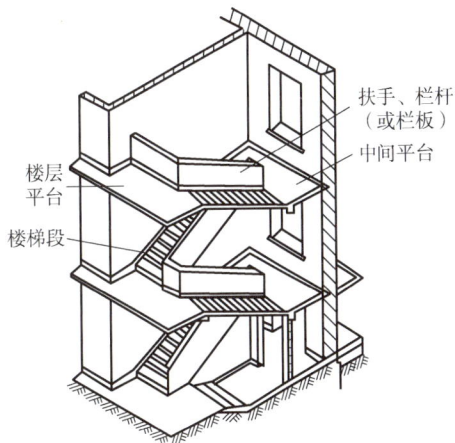

7）按平法设计绘制结构施工图时，应将所有构件进行编号，构件编号中含有类型代号和序号等，其中类型代号的主要作用是指明所选用的标准构造详图；在标准构造详图上，已经按照其所属梯板类型注明代号，以明确该详图与施工图中相同构件的互补关系，使两者结合构成完整的结构设计施工图。

8）为了确保施工人员准确无误地按平法施工图施工，在具体工程的结构设计总说明中必须写明以下与平法施工图密切相关的内容：

①注明所选用平法标准图的图集号，以免图集升版后在施工中用错版本。

②注明楼梯所选用的混凝土强度等级和钢筋级别，以确定相应受拉钢筋的最小锚固长度及最小搭接长度等。

当采用机械锚固形式时，设计者应指定机械锚固的具体形式、必要的构件尺寸以及质量要求。

③注明楼梯所处的环境类别。

④当选用 ATa、ATb、ATc、BTb、BTa、CTa、CTb 或 DTb 型楼梯时，设计者应根据具体工程情况给出楼梯的抗震等级。

⑤当标准构造详图有多种可选择的构造做法时，写明在何部位选用何种构造做法。

AT～GT 型楼梯梯板上部纵向钢筋在端支座的锚固要求，国家建筑标准设计图集 22G101—2 图集标准构造详图中规定：当设计按铰接时，平直段伸至端支座对边后弯折，且平直段长度不小于 $0.35l_{ab}$，弯折段投影长度为 $12d$（$d$ 为纵向钢筋直径）；当充分利用钢筋的抗拉强度时，直段伸至端支座对边后弯折，且平直段长度不小于 $0.6l_{ab}$，弯折段投影长度为 $12d$。设计者应在平法施工图中注明采用何种构造，当多数采用同种构造时可在图注中写明，并将少数不同之处在图中注明。

⑥当选用 ATa、ATb、BTb、CTa、CTb 或 DTb 型楼梯时，可选用图集中滑动支座的做法，当采用与图集不同的构造做法时，由设计者另行处理。

⑦国家建筑标准设计图集 22G101—2 中不包括楼梯与栏杆连接的预埋件详图，设计中应注明楼梯与栏杆连接的预埋件详见建筑设计图或相应的国家建筑标准设计图集。

⑧当具体工程需要对国家建筑标准设计图集 22G101—2 的标准构造详图做某些变更时，应注明变更的具体内容。

⑨当具体工程中有特殊要求时，应在施工图中另加说明。

9）钢筋的混凝土保护层厚度、钢筋搭接和锚固长度，除在结构施工图中另有注明者外，均按图集标准构造详图中的有关构造规定执行。

10）图集所有梯板踏步段的侧边均与侧墙相临但不相连。当梯板踏步段与侧墙设计为相连或嵌入时，不论其侧墙为混凝土结构或砌体结构，均由设计者另行设计。

11）图集 AT～GT 型楼梯，设计者可根据具体工程的实际情况增加抗震构造措施，同时将图集中 $l_a$、$l_{ab}$ 变更为 $l_{aE}$、$l_{abE}$。

12）图集相关构件中纵向受力钢筋均按带肋钢筋表达，当采用 HPB300 级钢筋时，其末端应设 180°弯钩。

## 7.1.2 现浇混凝土板式楼梯平法施工图的表示方法

1）现浇混凝土板式楼梯平法施工图有平面注写、剖面注写和列表注写三种表达方式，设计者可根据工程具体情况任选一种。

本书制图规则主要依据国家建筑标准设计图集 22G101—2 中表述梯板的表达方式，与楼梯相关的平台板、梯梁、梯柱的注写方式参见国家建筑标准设计图集 22G101—1。

2）楼梯平面布置图应采用适当比例集中绘制，需要时绘制其剖面图。

3）为方便施工，在集中绘制的板式楼梯平法施工图中，宜注明各结构层的楼面标高、结构层高及相应的结构层号。

现浇混凝土的结构形式

### 7.1.3 楼梯类型

#### 1. 楼梯的注写

1）国家建筑标准设计图集 22G101—2 中楼梯包含 14 种类型，详见表 7-1。

表 7-1 楼梯类型

| 梯板代号 | 适用范围 | | 是否参与结构整体抗震计算 |
| --- | --- | --- | --- |
| | 抗震构造措施 | 适用结构 | |
| AT | 无 | 剪力墙、砌体结构 | 不参与 |
| BT | | | |
| CT | 无 | 剪力墙、砌体结构 | 不参与 |
| DT | | | |
| ET | 无 | 剪力墙、砌体结构 | 不参与 |
| FT | | | |
| GT | 无 | 剪力墙、砌体结构 | 不参与 |
| ATa | 有 | 框架结构、框剪结构中框架部分 | 不参与 |
| ATb | | | |
| ATc | | | 参与 |
| BTb | | | 不参与 |
| CTa | 有 | 框架结构、框剪结构中框架部分 | 不参与 |
| CTb | | | |
| DTb | | | |

注：ATa、CTa 低端设滑动支座支承在梯梁上；ATb、BTb、CTb、DTb 低端设滑动支座支承在挑板上。

2）楼梯编号由梯板代号和序号组成；如 AT××、BT××、ATa×× 等。

#### 2. 楼梯的特征

（1）AT～ET 型板式楼梯具备的特征

1）AT～ET 型板式楼梯代号代表一段带上下支座的梯板。梯板的主体为踏步段，除踏步段之外，梯板可包括低端平板、高端平板以及中位平板。

2）AT～ET 各型梯板的截面形状为：①AT 型梯板全部由踏步段构成；②BT 型梯板由低端平板和踏步段构成；③CT 型梯板由踏步段和高端平板构成；④DT 型梯板由低端平板、踏步板和高端平板构成；⑤ET 型梯板由低端踏步段、中位平板和高端踏步段构成。

3）AT～ET 型梯板的两端分别以（低端和高端）梯梁为支座。

4）AT～ET 型梯板的型号、板厚、上下部纵向钢筋及分布钢筋等内容由设计者在平法施工图中注明。梯板上部纵向钢筋向跨内伸出的水平投影长度见相应的标准构造详图，设计不注，但设计者应予以校核；当标准构造详图规定的水平投影长度不满足具体工程要求时，应由设计者另行注明。AT ~ ET 型楼梯示意图如图 7-4 所示。

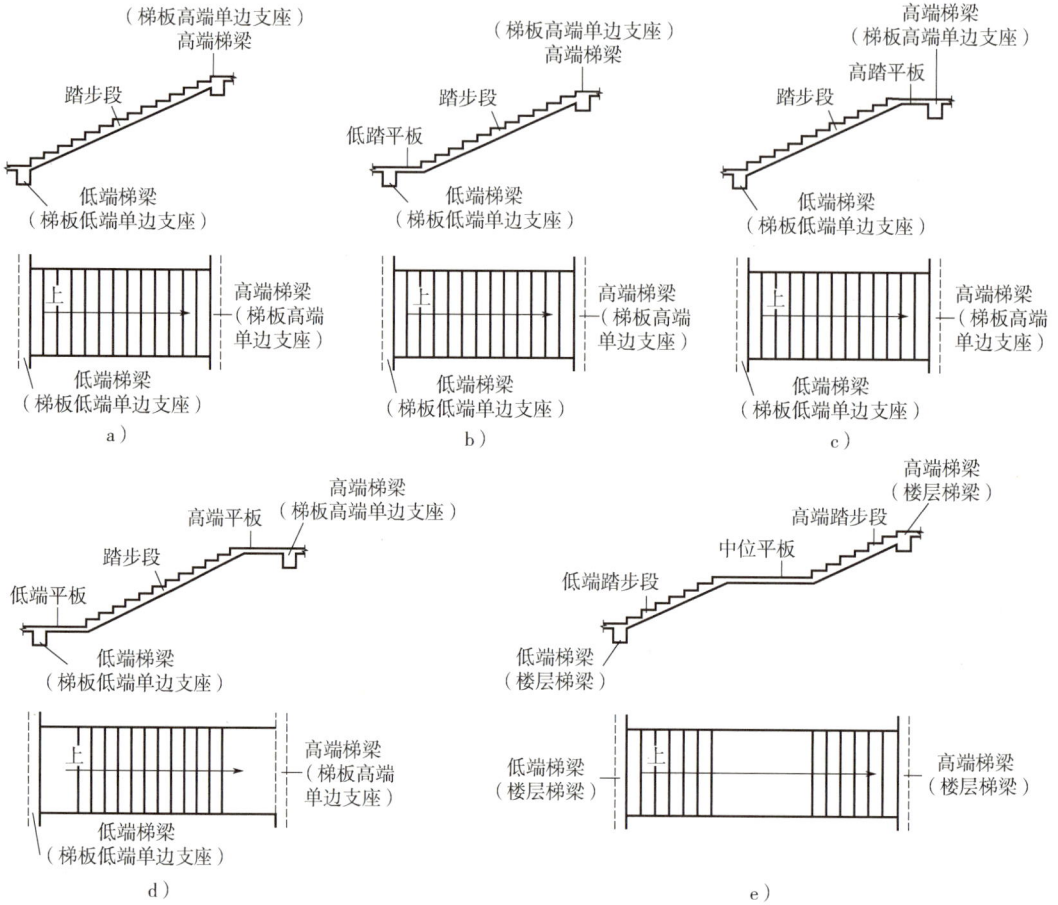

图 7-4　AT ~ ET 型楼梯示意图

a）AT 型　b）BT 型　c）CT 型　d）DT 型　e）ET 型

（2）FT、GT 型板式楼梯具备的特征

1）FT、GT 每个代号代表两跑踏步段和连接它们的楼层平板及层间平板。

2）FT、GT 梯板的构成分为两类：

第一类：FT 型，由层间平板、踏步段和楼层平板构成。

第二类：GT 型，由层间平板和踏步段构成。

3）FT、GT 型梯板的支承方式如下：

①FT 型：梯板一端的层间平板采用三边支承，另一端的楼层平板也采用三边支承。

②GT 型：梯板一端的层间平板采用三边支承，另一端的梯板段采用单边支承（在梯梁上）。FT、GT 型梯板的支承方式见表 7-2。

表 7-2　FT、GT 型梯板的支承方式

| 楼板类型 | 层间平板端 | 踏步段端（楼层处） | 楼层平板端 |
| --- | --- | --- | --- |
| FT | 三边支承 | — | 三边支承 |
| GT | 三边支承 | 单边支承（梯梁上） | — |

4）FT、GT 型梯板的型号、板厚、上下部纵向钢筋及分布钢筋等内容由设计者在平法施工图中注明。FT、GT 型平台上部横向钢筋及其外伸长度，在平面图中原位标注。梯板上部纵向钢筋向跨内伸出的水平投影长度见相应的标准构造详图，设计不注，但设计者应予以校核；当标准构造详图规定的水平投影长度不满足具体工程要求时，应由设计者另行注明。FT、GT 型梯示意图如图 7-5 所示。

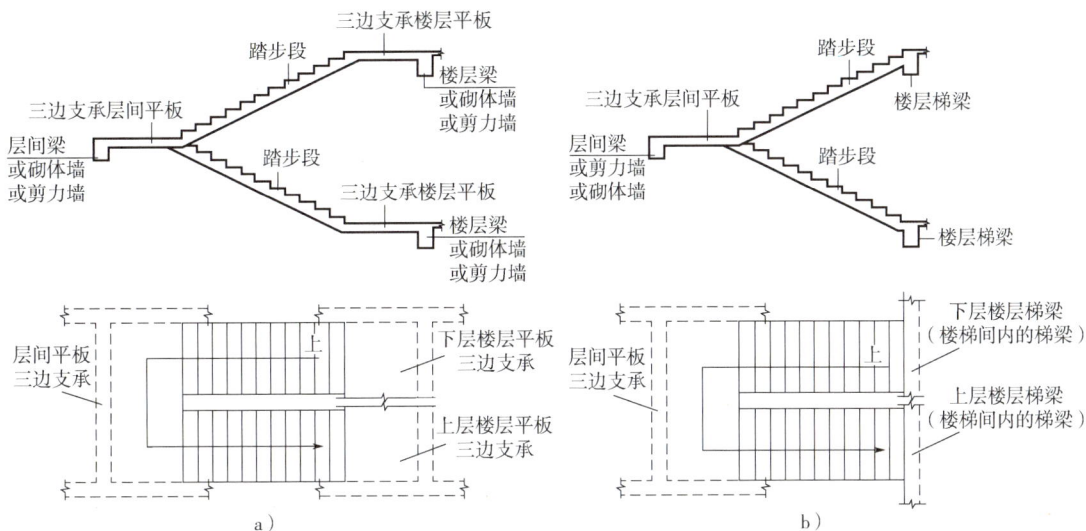

图 7-5　FT、GT 型梯示意图

a）FT 型（有层间和楼层平台板的双跑楼梯）

b）GT 型（有层间平台板的双跑楼梯）

（3）ATa、ATb 型板式楼梯具备的特征

1）ATa、ATb 型为带滑动支座的板式楼梯，梯板全部由踏步段构成，其支承方式为梯板高端均支承在梯梁上，ATa 型梯板低端带滑动支座支承在梯梁上，ATb 型梯板低端带滑动支座支承在挑板上。

2）滑动支座构造如图 7-6、图 7-7 所示，采用何种做法应由设计指定。滑动支座垫板可选用聚四氟乙烯板、钢板和厚度大于等于 0.5mm 的塑料片，也可选用其他能保证有效滑动的材料，其连接方式由设计者另行处理。

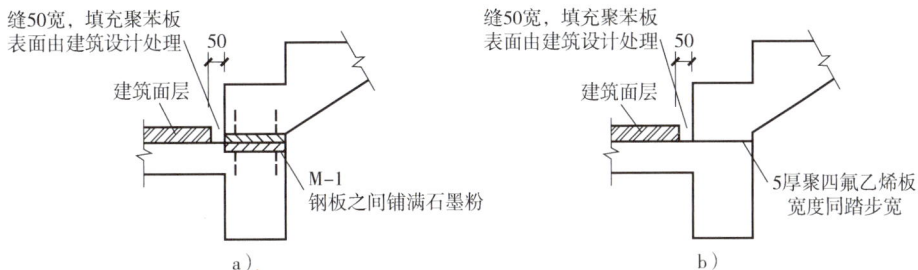

图 7-6　ATa 型楼梯滑动支座构造

a）预埋钢板　b）聚四氯乙烯垫板

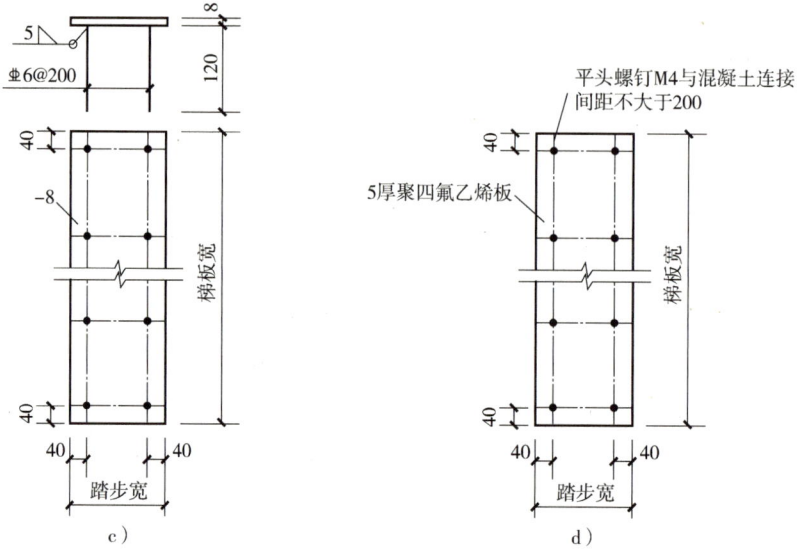

图 7-6　ATa 型楼梯滑动支座构造（续）

c）M-1　d）聚四氟乙烯板

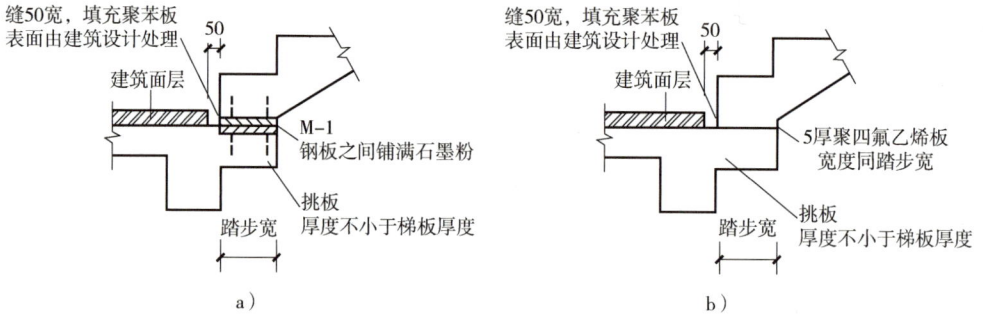

图 7-7　ATb 型楼梯滑动支座构造

a）预埋钢板　b）聚四氯乙烯垫板　c）M-1　d）聚四氟乙烯板

3）ATa、ATb 型梯板采用双层双向配筋。ATa、ATb 型楼梯示意图如图 7-8 所示。

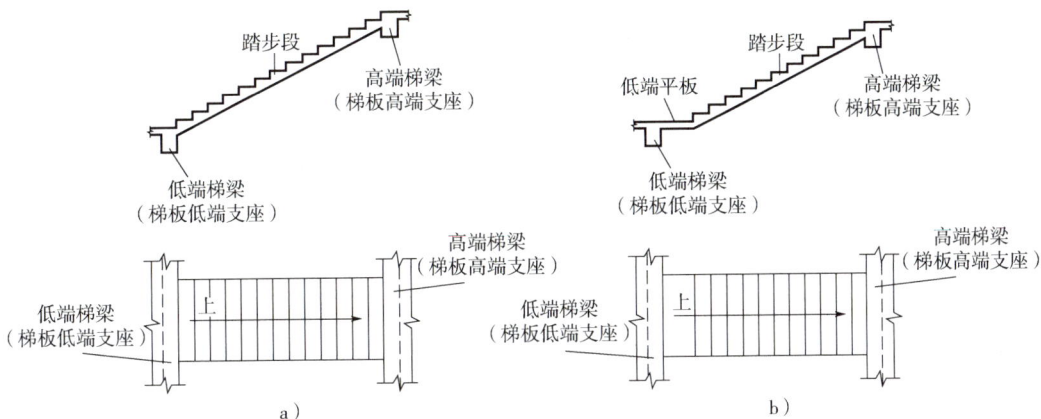

图 7-8　ATa、ATb 型楼梯示意图

a）ATa 型　b）ATb 型

（4）ATc 型板式楼梯具备的特征

1）梯板全部由踏步段构成，其支承方式为梯板两端均支承在梯梁上。

2）楼梯休息平台与主体结构可连接，也可脱开。

3）梯板厚度应按计算确定，梯板采用双层配筋。

4）梯板两侧设置边缘构件（暗梁），边缘构件的宽度取 1.5 倍板厚；边缘构件纵筋数量，当抗震等级为一、二级时不少于 6 根，当抗震等级为三、四级时不少于 4 根；纵筋直径不小于 φ12 且不小于梯板纵向受力钢筋的直径；箍筋直径不小于 φ6，间距不大于 200mm。同时平台板按双层双向配筋。

5）ATc 型楼梯作为斜撑构件，钢筋均采用符合抗震性能要求的热轧钢筋，钢筋的抗拉强度实测值与屈服强度实测值的比值不应小于 1.25；钢筋的屈服强度实测值与屈服强度标准值的比值不应大于 1.3，且钢筋在最大拉力下的总伸长率实测值不应小于 9%。ATc 型楼梯示意图如图 7-9 所示。

6）平台板按双层双向配筋。

（5）BTb 型板式楼梯具备的特征

1）BTb 型为带滑动支座的板式楼梯。梯板由踏步段和低端平板构成，其支承方式为梯板高端支承在梯梁上，梯板低端带滑动支座支承在挑板上。

2）BTb 型梯板采用双层双向配筋。

3）滑动支座做法见 22G101—2 图集第 2～32 页，采用何种做法应由设计指定。

（6）CTa、CTb 型板式楼梯具备的特征

1）CTa、CTb 型为带滑动支座的板式楼梯，梯板由踏步段和高端平板构成，其支承方式为梯板高端均

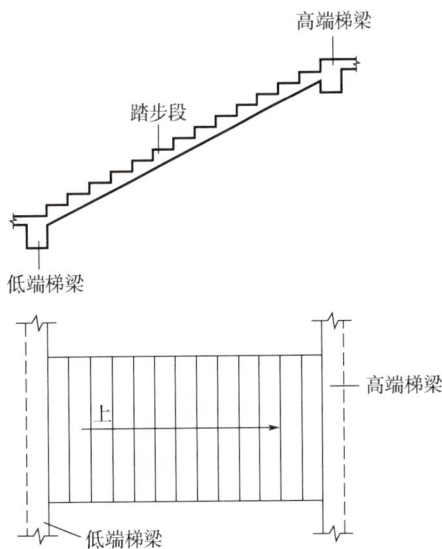

图 7-9　ATc 型楼梯示意图

支承在梯梁上。CTa 型梯板低端带滑动支座支承在梯梁上，CTb 型楼板低端带滑动支座支承在挑板上。

2）滑动支座构造如上图 7-6、图 7-7 所示，采用何种做法应由设计指定。滑动支座垫板可选用聚四氟乙烯板、钢板和厚度大于等于 0.5mm 的塑料片，也可选用其他能保证有效滑动的材料，其连接方式由设计者另行处理。

3）CTa、CTb 型梯板采用双层双向配筋。

4）建筑专业地面、楼层平台板和层间平台板的建筑面层厚度经常与楼梯踏步面层厚度不同，为使建筑面层做好后的楼梯踏步等高，各型号楼梯踏步板的第一级踏步高度和最后一级踏步高度需要相应增加或减少，详见楼梯剖面图，若没有楼梯剖面图，其取值方法参照国家建筑标准设计图集 22G101—2。CTa、CTb 型楼梯示意图如图 7-10 所示。

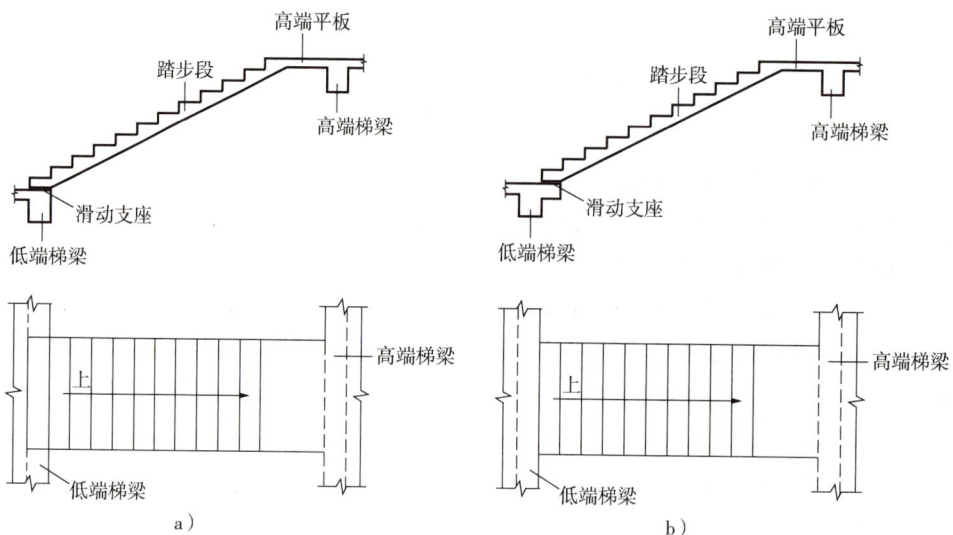

图 7-10　CTa、CTb 型楼梯示意图

a）CTa 型　b）CTb 型

## 7.2　楼梯施工图的表示方法

### 7.2.1　楼梯平面注写方式

平面注写方式是指通过在楼梯平面布置图上注写截面尺寸和配筋具体数值的方式来表达楼梯施工图，包括集中标注和外围标注。

#### 1. 集中标注

楼梯集中标注的内容包括：

1）梯板类型代号与序号，如 AT××。

2）梯板厚度，注写方式为 $h = \times\times\times$。当为带平板的梯板且梯段板厚度和平板厚度不同时，可在梯段板厚度后面括号内以字母 P 打头注写平板厚度。

3）踏步段总高度和踏步级数之间以 "/" 分隔。

4）梯板支座上部纵向钢筋（纵筋）与下部纵向钢筋（纵筋）之间以"；"分隔。

5）梯板分布筋以 F 打头注写分布钢筋的具体值，该项也可在图中统一说明。

### 2. 外围标注

楼梯外围标注的内容包括楼梯间的平面尺寸、楼层结构标高、层间结构标高、楼梯的上下方向、梯板的平面几何尺寸、平台板配筋、梯梁及梯柱配筋等。

## 7.2.2　楼梯剖面注写方式

剖面注写方式需在楼梯平法施工图中绘制楼梯平面布置图和楼梯剖面图，注写方式分为平面注写、剖面注写两部分。

1）楼梯平面注写内容包括楼梯间的平面尺寸、楼层结构标高、层间结构标高、楼梯的上下方向、梯板的平面几何尺寸、梯板类型及编号、平台板配筋、梯梁及梯柱配筋等。

2）楼梯剖面注写内容包括梯板集中标注、梯梁梯柱编号、梯板水平及竖向尺寸、楼层结构标高、层间结构标高等。

3）梯板集中标注的内容有四项，具体规定如下：

①梯板类型及编号，如 AT××。

②梯板厚度，注写为 $h = \times \times \times$。当梯板由踏步段和平板构成，且踏步段梯板厚度和平板厚度不同时，可在梯板厚度后面括号内以字母 P 打头注写平板厚度。

③梯板配筋。注明梯板上部纵筋和梯板下部纵筋，用分号"；"将上部与下部纵筋的配筋值分隔开来。

④梯板分布筋，以 F 打头注写分布钢筋具体值，该项也可在图中统一说明。

## 7.2.3　楼梯列表注写方式

1）列表注写方式是用列表方式注写梯板截面尺寸和配筋具体数值的方式来表达楼梯施工图。

2）列表注写方式的具体要求同剖面注写方式，梯板列表格式见表 7-3。

### 表 7-3　梯板列表格式

| 梯板编号 | 踏步段总高度/mm/踏步级数 | 板厚 $h$/mm | 上部纵向钢筋 | 下部纵向钢筋 | 分布筋 |
|---|---|---|---|---|---|
|  |  |  |  |  |  |
|  |  |  |  |  |  |

## 7.2.4　其他

1）楼层平台梁板配筋可绘制在楼梯平面图中，也可在各层梁板配筋图中绘制；层间平台梁板配筋在楼梯平面图中绘制。

2）楼层平台板可与该层的现浇楼板整体设计。

3）按平法绘制楼梯施工图时，与楼梯相关的平台板、梯梁和梯柱的注写编号由类型代号和序号组成。平台板代号为 PTB，梯梁代号为 TL，梯柱代号为 TZ。注写方式参见国家建筑标准设计图集 22G101—1。

4）图集 22G101—2 中 AT ~ CT 各型梯板的标准构造详图中，梯板上部纵向钢筋向跨内伸出的水平投影长度，是默认长度值，工程设计时应予以校核；当不满足具体工程要求时，应另行注明。

5）对于滑动支座垫板的做法，图集22G101—2中提供了5mm厚聚四氟乙烯板、钢板和厚度大于或等于0.5mm的塑料片。实际工程设计中也可选用其他能保证有效滑动的材料，其连接方式由设计者另行处理。

# 7.3  板式楼梯钢筋识图

## 7.3.1  板式楼梯平法施工图识图步骤

### 1. 楼梯平面图识读

楼梯平面图是指用于建筑施工的楼梯图样，楼梯平面图上表示出来的是楼梯面的宽度和楼梯面的长度以及楼梯的走向，而高度只能在立面图（剖面图）上表达出来，或者在平面图上进行标注。楼梯平面图如图7-11所示。

其识图步骤如下：

1）识读楼梯在建筑平面图中的位置及有关轴线的布置。

2）识读楼梯的平面形式和踏步尺寸：如楼梯形式、踏面宽度。

3）识读楼梯间各楼层平台、休息平台面的标高。

4）识读中间层平面图中三个不同梯段的投影。

5）识读楼梯间墙、柱、门、窗的平面位置、编号和尺寸。

6）识读楼梯剖面图在楼梯底层平面图中的剖切位置等。

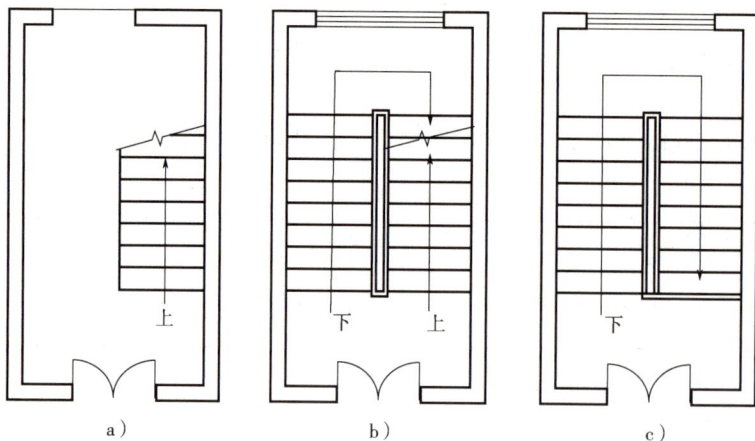

图7-11  楼梯平面图

a）底层楼梯平面图  b）中间层楼梯平面图  c）顶层楼梯平面图

### 2. 楼梯剖面图识读

楼梯剖面图是楼梯垂直剖面图的简称，其剖切位置应通过各层的一个梯段和门窗洞口，向另一未剖到的梯段方向投影所得到。

楼梯剖面图主要表达楼梯的梯段数、踏步数、类型及结构形式，表示各梯段、平台、栏杆等的构造及它们的相互关系。三层以上楼房，中间各层楼梯构造相同时，可只画底层、中间层和顶层，中间用折断线断开，一般不到屋顶。

识读剖面图时，一般要了解楼梯间各楼层平台、休息平台面的标高、踏步高度等相关内容。楼梯剖面图如图 7-12 所示。

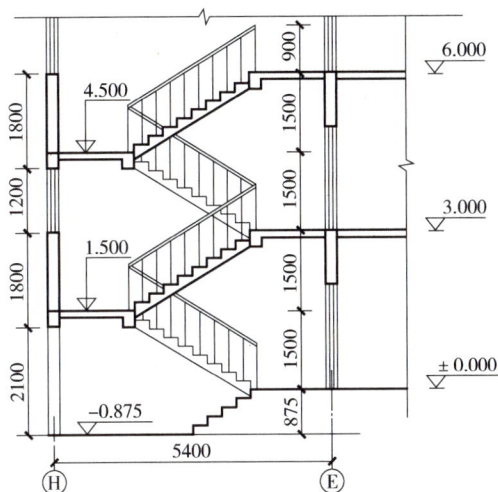

图 7-12　楼梯剖面图

### 3. 楼梯节点详图

楼梯节点详图一般包括平面图、剖面图及踏步、栏板（栏杆）详图等，并尽可能画在同一张图纸内。平、剖面图比例要一致，以便对照阅读。

依据所画内容的不同，详图可采用不同的比例，以反映它们的断面形式、细部尺寸、所用材料、构件连接及面层装修做法等。楼梯靠墙扶手节点如图 7-13 所示。

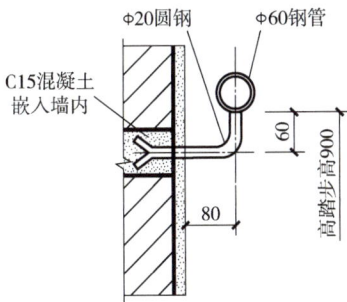

图 7-13　楼梯靠墙扶手节点

## 7.3.2　板式楼梯基本构造识图

### 1. AT 型楼梯

1）AT 型楼梯的适用条件：两梯梁之间的矩形梯板全部由踏步段构成，即踏步段两端均以梯梁为支座。凡是满足该条件的楼梯均可为 AT 型。

2）图 7-15 中上部纵筋锚固长度 $0.35l_{ab}$ 用于设计按铰接的情况，括号内数据 $0.6l_{ab}$ 用于设计考虑充分发挥钢筋抗拉强度的情况，具体工程中设计应指明采用何种情况。

3）上部纵筋有条件时可直接伸入平台板内锚固，从支座内边算起总锚固长度不小于 $l_a$。

4）上部纵筋需伸至支座对边再向下弯折。

5）AT 型板式楼梯平面图如图 7-14 所示。AT 型板式楼梯配筋构造图如图 7-15 所示。

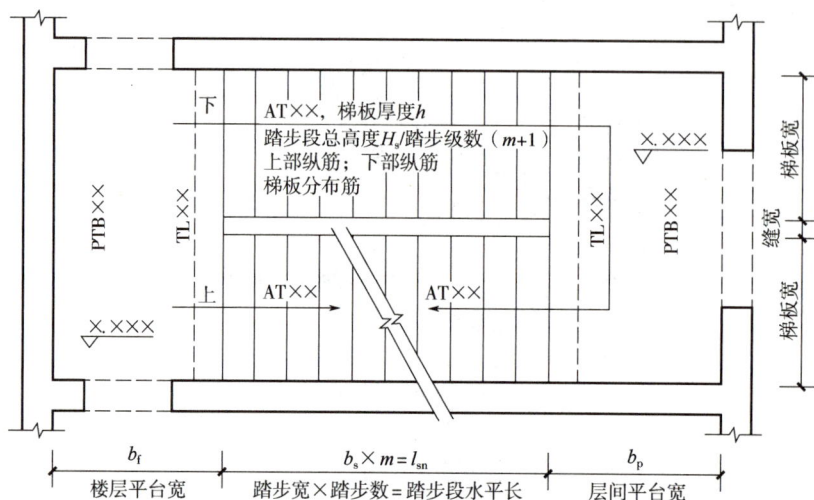

图 7-14　AT 型板式楼梯平面图

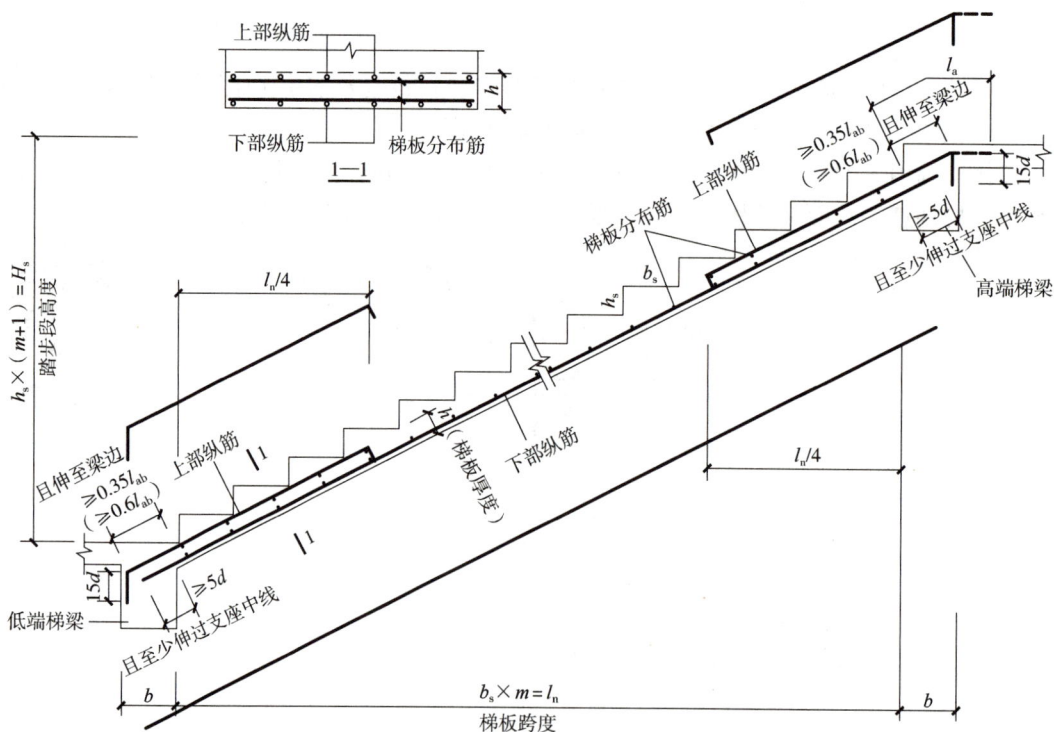

图 7-15　AT 型板式楼梯配筋构造图

## 2. BT 型板式楼梯

1）BT 型楼梯的适用条件：两梯梁之间的矩形梯板由低端平板和踏步段构成，两部分的一端各自以梯梁为支座。凡是满足该条件的楼梯均可为 BT 型。

2）同 AT 型楼梯构造 2）、3）、4）条。

3）BT 型板式楼梯平面图如图 7-16 所示。BT 型板式楼梯配筋构造图如图 7-17 所示。

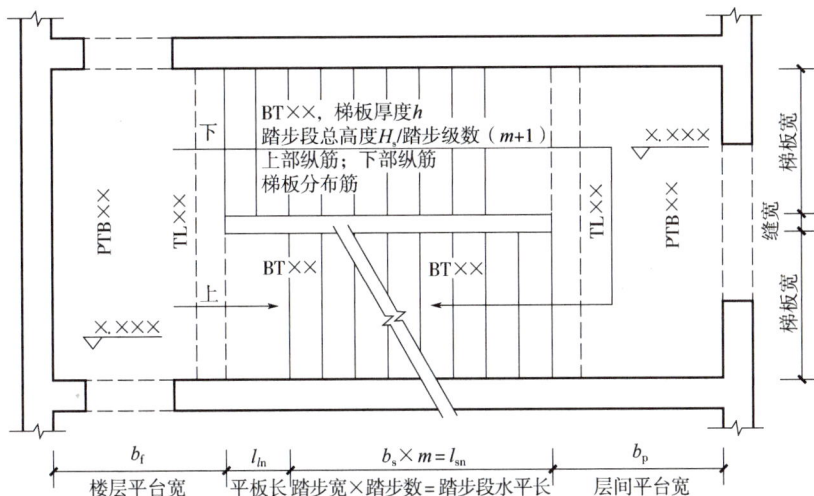

图 7-16 BT 型板式楼梯平面图

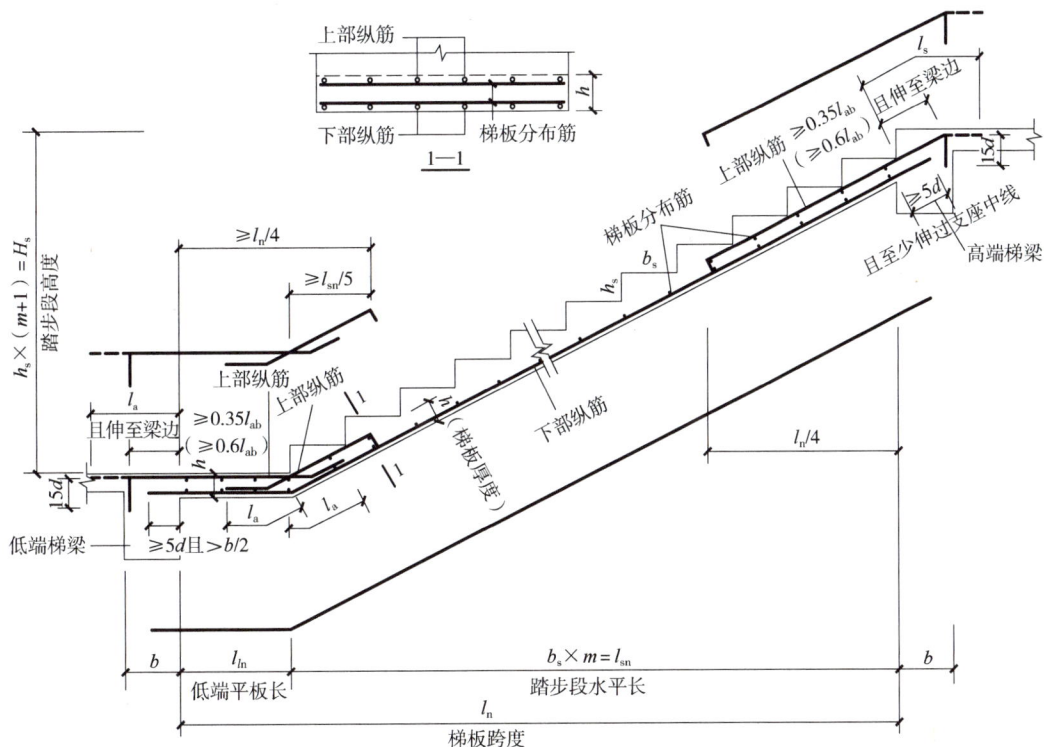

图 7-17 BT 型板式楼梯配筋构造图

## 3. CT 型板式楼梯

1）CT 型楼梯的适用条件：两梯梁之间的矩形梯板由踏步段和高端平板构成，两部分的一端各自以梯梁为支座。凡是满足该条件的楼梯均可为 CT 型。

2）同 AT 型楼梯构造 2）、3）、4）条。

3）CT 型板式楼梯平面图如图 7-18 所示。CT 型板式楼梯配筋构造图如图 7-19 所示。

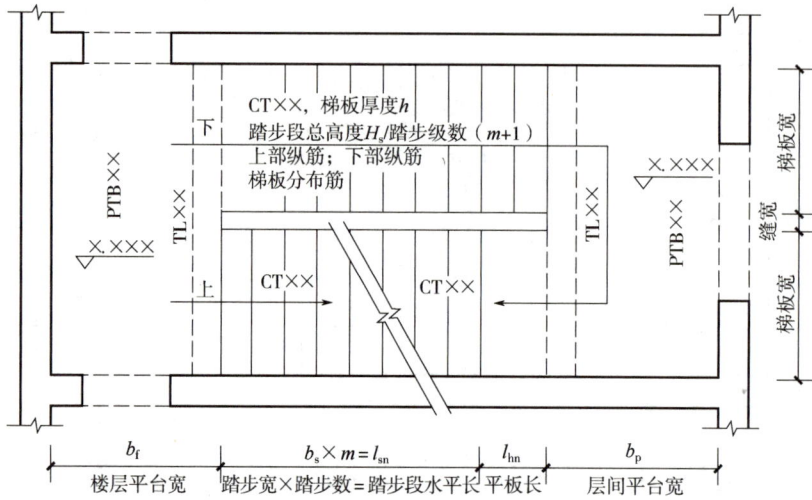

图 7-18　CT 型板式楼梯平面图

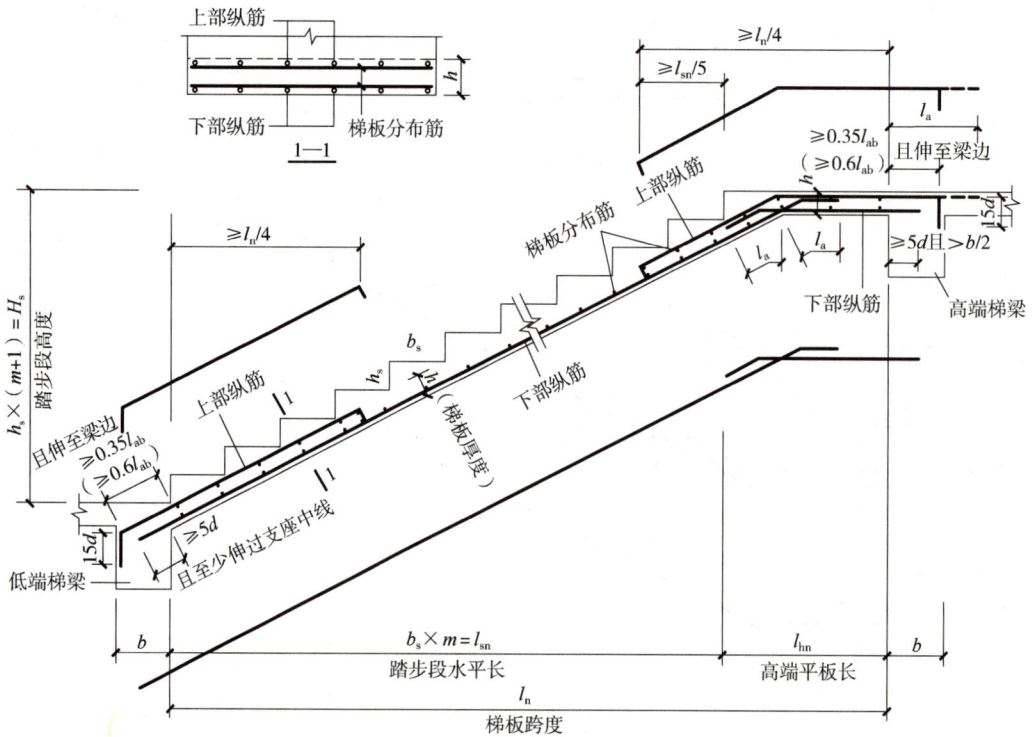

图 7-19　CT 型板式楼梯配筋构造图

## 4. DT 型板式楼梯

1）DT 型楼梯的适用条件：两梯梁之间的矩形梯板由低端平板、踏步段和高端平板构成，高、低端平板的一端各自以梯梁为支座。凡是满足该条件的楼梯均可为 DT 型。

2）同 AT 型楼梯构造 2）、3）、4）条。

3）DT 型板式楼梯平面图如图 7-20 所示。DT 型板式楼梯配筋构造图如图 7-21 所示。

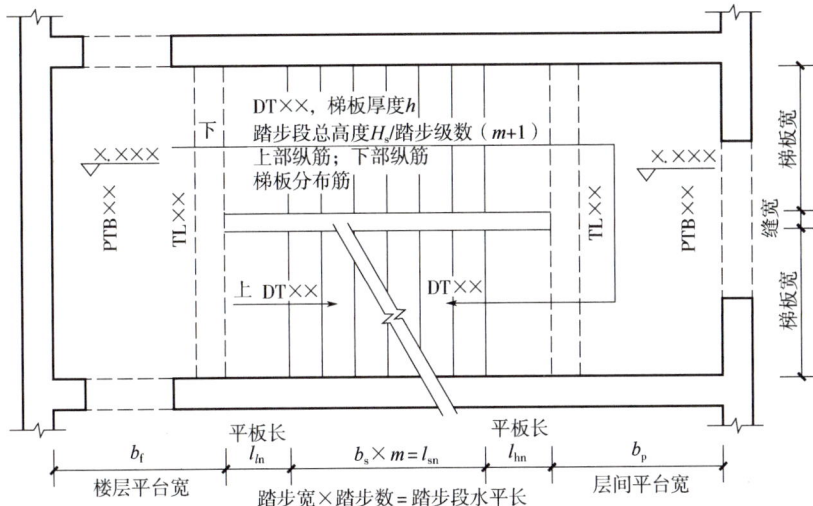

图 7-20　DT 型板式楼梯平面图

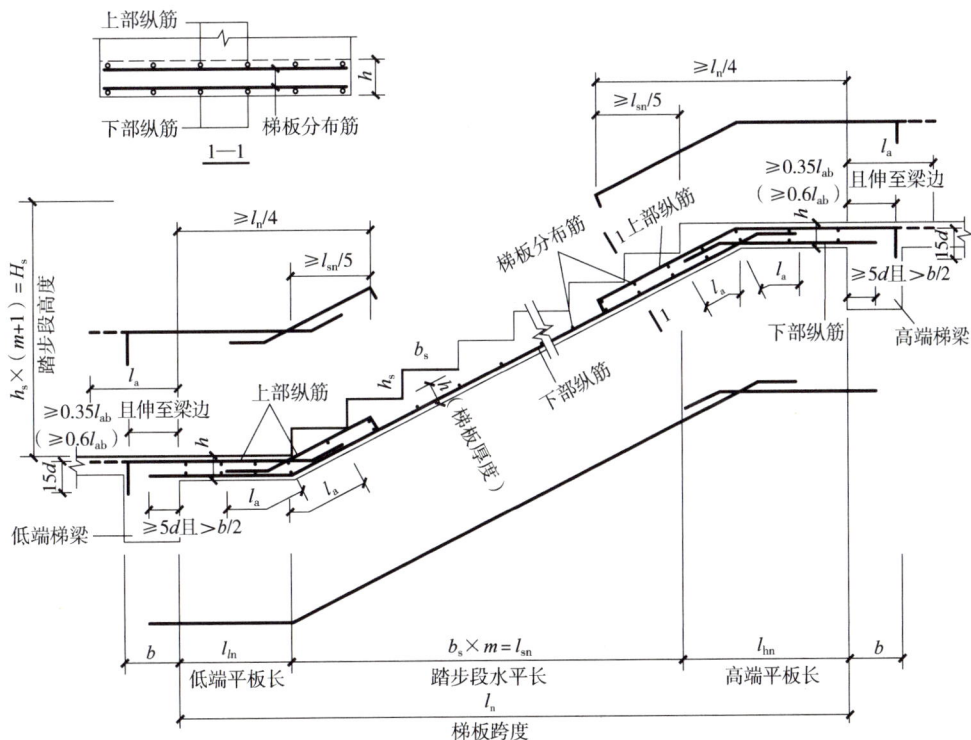

图 7-21　DT 型板式楼梯配筋构造图

## 5. ET 型楼梯

1）ET 型楼梯的适用条件：两梯梁之间的矩形梯板由低端踏步段、中位平板和高端踏步

177

段构成，高、低端踏步段的一端各自以梯梁为支座。凡是满足该条件的楼梯均可为 ET 型。

2）同 AT 型楼梯构造 2）、3）、4）条。

3）ET 型板式楼梯平面图如图 7-22 所示。ET 型板式楼梯配筋构造图如图 7-23 所示。

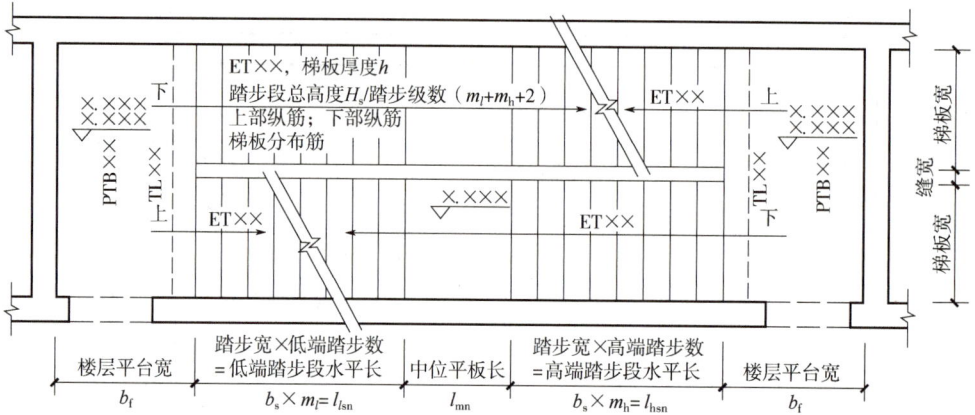

图 7-22　ET 型板式楼梯平面图

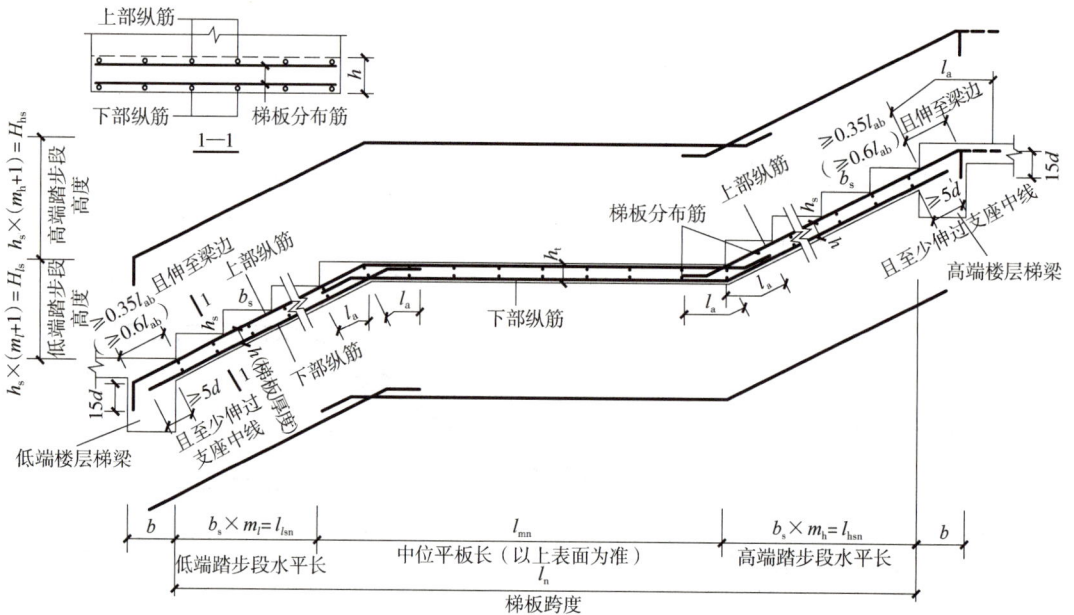

图 7-23　ET 型板式楼梯配筋构造图

### 6. ATa 型楼梯

ATa 型楼梯设滑动支座，不参与结构整体抗震计算；其适用条件为：两梯梁之间的矩形梯板全部由踏步段构成，即踏步段两端均以梯梁为支座，且梯板低端支承处做成滑动支座，ATa 型楼梯滑动支座直接落在梯梁上。框架结构中，楼梯中间平台通常设梯柱、梁，中间平台可与框架柱连接。ATa 型板式楼梯平面图如图 7-24 所示。ATa 型板式楼梯配筋构造图如图 7-25 所示。

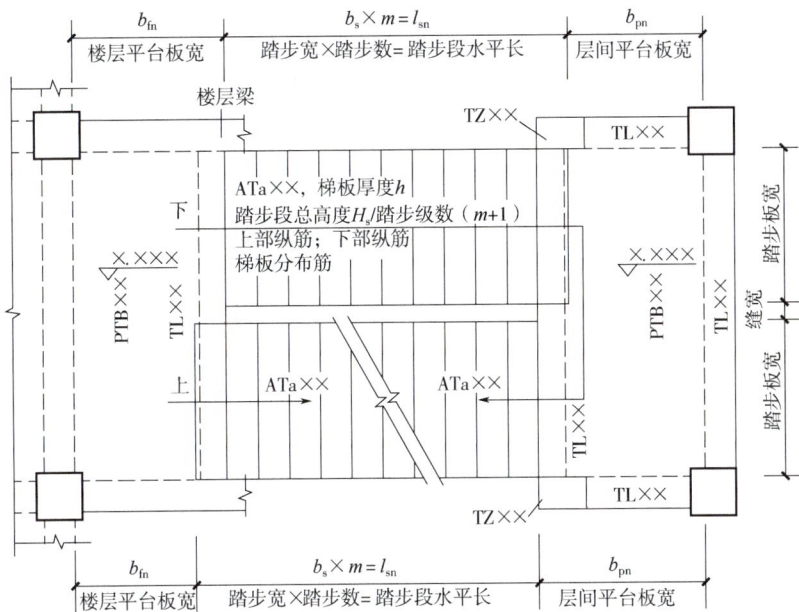

图 7-24　ATa 型板式楼梯平面图

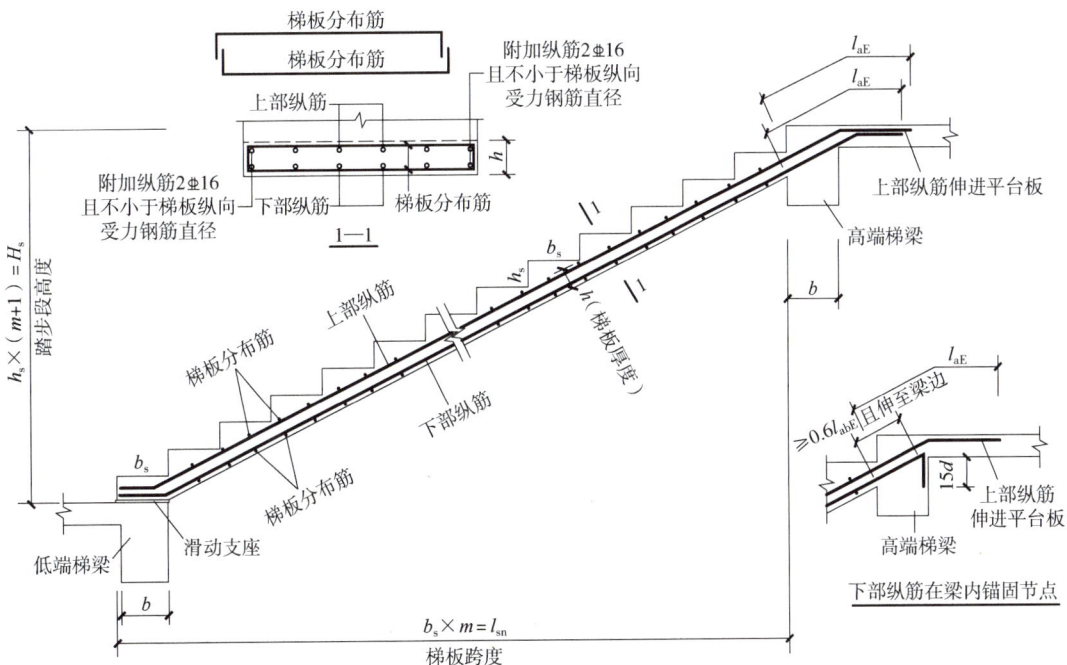

图 7-25　ATa 型板式楼梯配筋构造图

### 7. ATb 型楼梯

ATb 型楼梯设滑动支座，不参与结构整体抗震计算；其适用条件为：两梯梁之间的矩形梯板全部由踏步段构成，即踏步段两端均以梯梁为支座，且梯板低端支承处做成滑动支座，ATb 型楼梯滑动支座落在挑板上。框架结构中，楼梯中间平台通常设梯柱、梁，中间平台可与框架柱连接。ATb 型板式楼梯平面图如图 7-26 所示。ATb 型板式楼梯配筋构造图如图 7-27 所示。

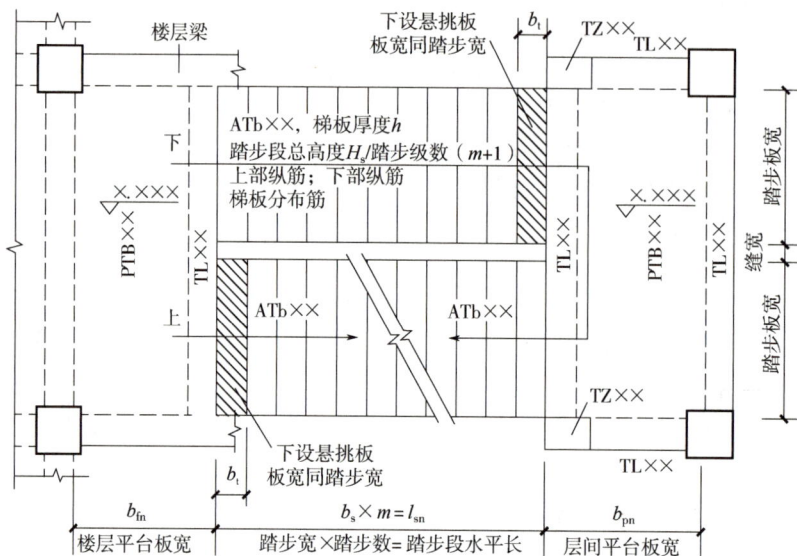

图 7-26　ATb 型板式楼梯平面图

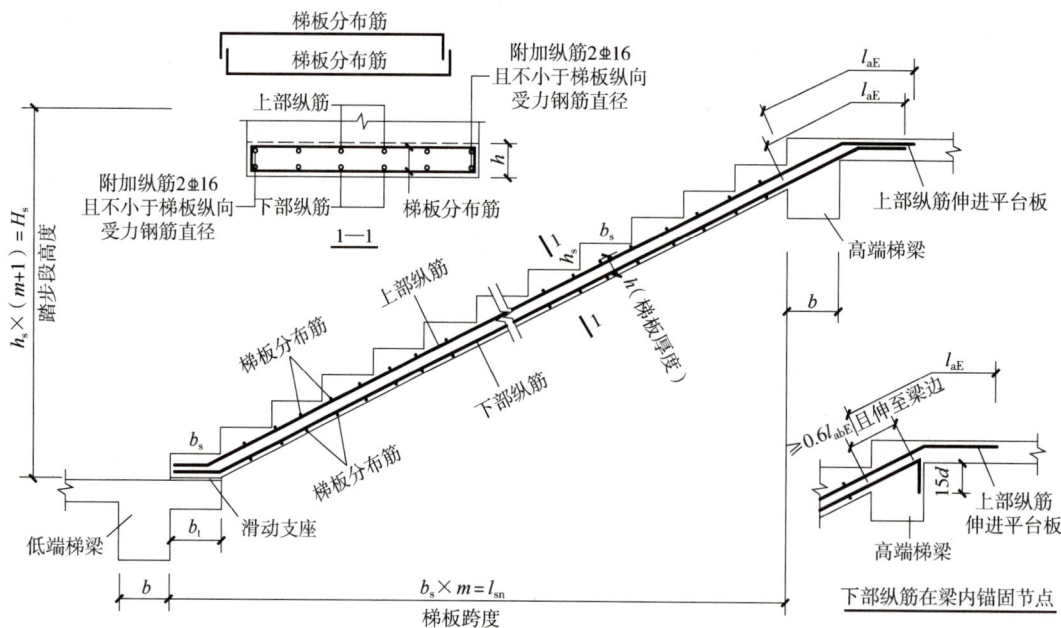

图 7-27　ATb 型板式楼梯配筋构造图

### 8. ATc 型楼梯

ATc 型楼梯用于参与结构整体抗震计算；其适用条件为：两梯梁之间的矩形梯板全部由踏步段构成，即踏步段两端均以梯梁为支座。框架结构中，楼梯中间平台通常设梯柱、梯梁，中间平台可与框架柱连接（2 个梯柱形式）或脱开（4 个梯柱形式）。

1）钢筋均采用符合抗震性能要求的热轧钢筋（钢筋的抗拉强度实测值与屈服强度实测值的比值不应小于1.25；钢筋的屈服强度实测值与屈服强度标准值的比值不应大于1.3，且钢筋在最大拉力下的总伸长率实测值不应小于9%）。

2）上部纵筋需伸至支座对边再向下弯折。

3）踏步两头高度调整见本节后"13. 踏步构造"。

4）梯板拉结筋φ6，拉结筋间距为600mm。

5）ATc型板式楼梯平面图如图7-28所示。ATc型板式楼梯配筋构造图如图7-29所示。

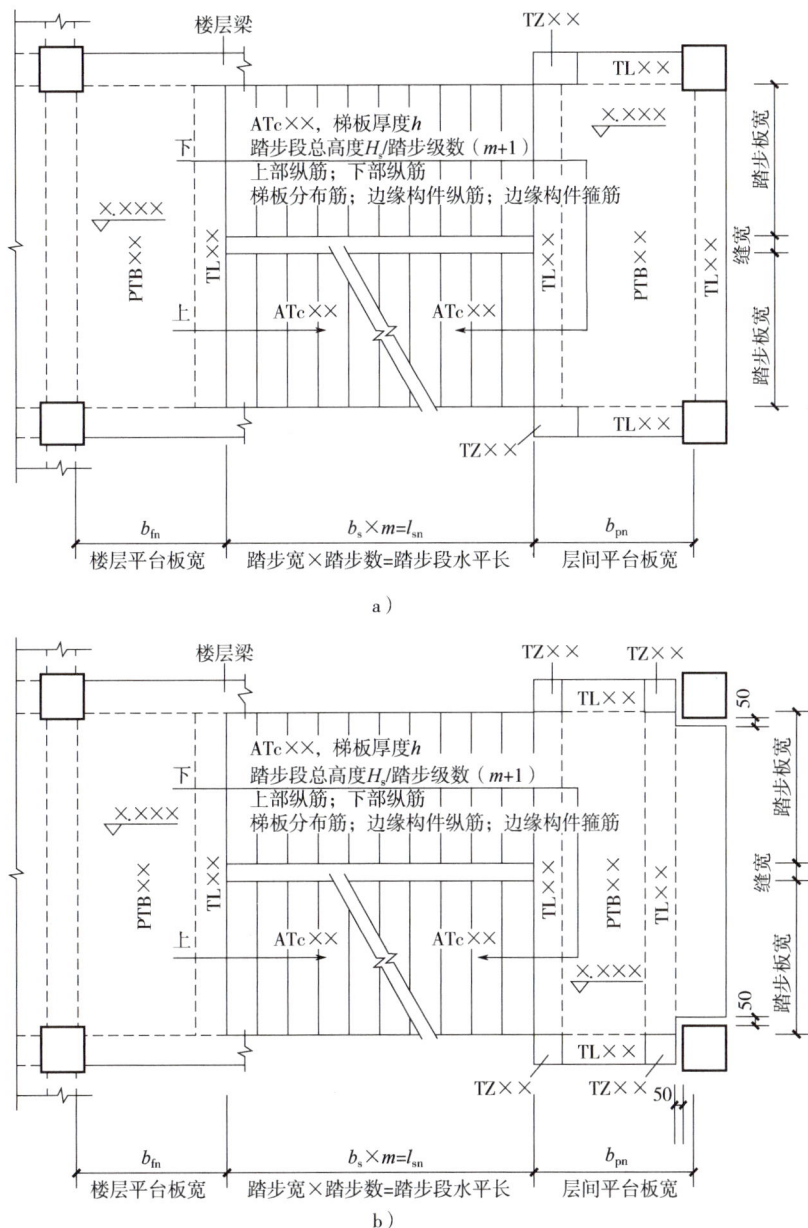

a）

b）

图7-28 ATc型板式楼梯平面图

a）整体连接构造 b）脱开连接构造

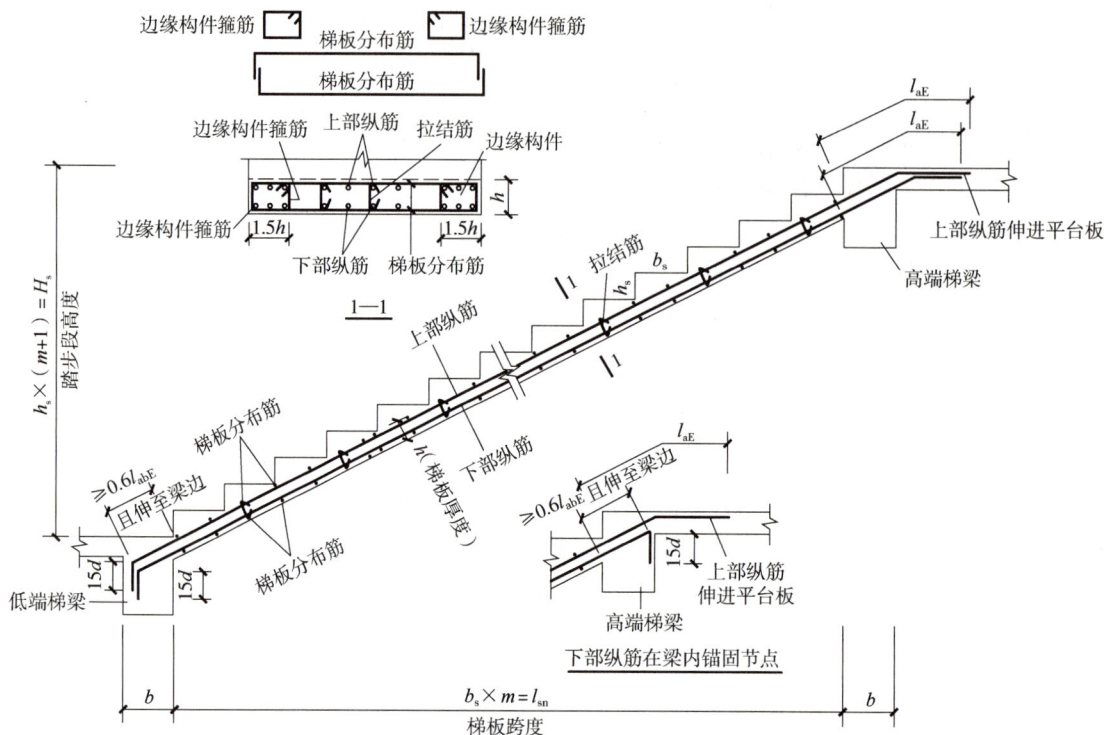

图 7-29  ATc 型板式楼梯配筋构造图

## 9. BTb 型楼梯

BTb 型楼梯为带滑动支座的板式楼梯，不参与结构整体抗震计算；其适用条件为：梯板由踏步段和低端平板构成，其支承方式为梯板高端支承在梯梁上，梯板低端带滑动支座支承在挑板上。框架结构中，楼梯中间平台通常设置梯柱、梯梁，层间平台可与框架柱连接。

1）滑动支座做法由设计指定，当采用图集 22G101—2 不同的做法时由设计另行给出。

2）BTb 型楼梯滑动支座做法见图集 22G101—2 第 2~32 页，滑动支座中建筑构造应保证梯板滑动要求。

3）$h_t$ 宜大于等于 $h$，由设计指定。

4）BTb 型板式楼梯平面如图 7-30 所示。BTb 型板式楼梯配筋构造图如图 7-31 所示。

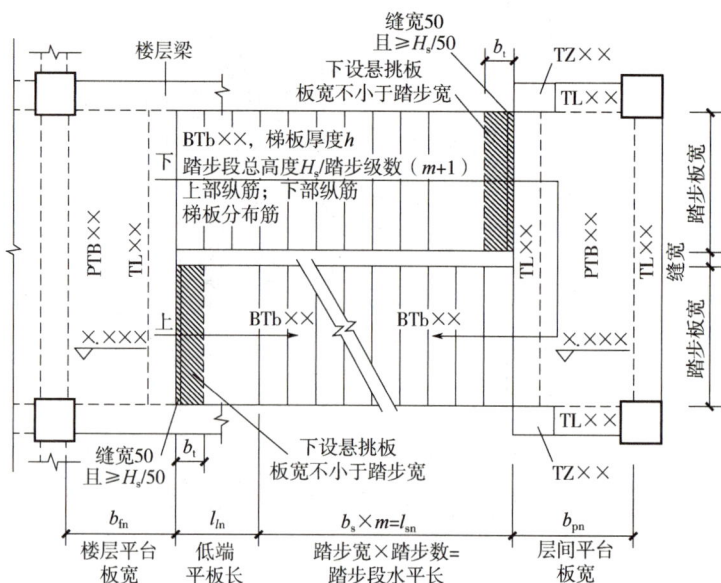

图 7-30  BTb 型板式楼梯平面图

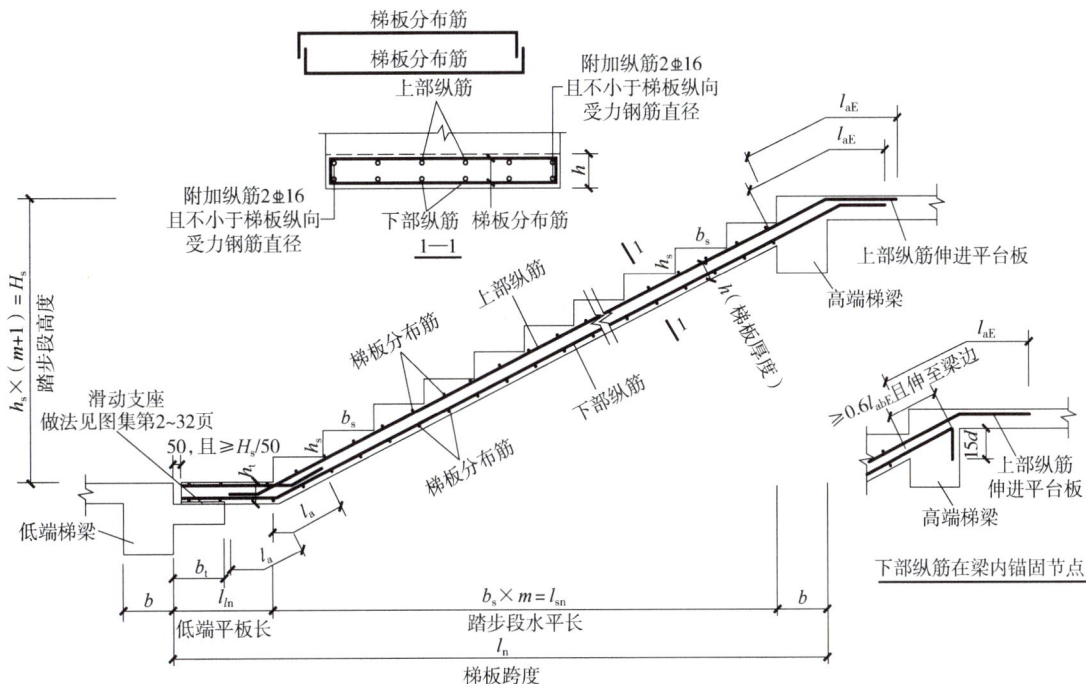

图 7-31　BTb 型板式楼梯配筋构造图

### 10. CTa 型楼梯

CTa 型楼梯设滑动支座，不参与结构整体抗震计算；其适用条件为：两梯梁之间的矩形梯板由踏步段和高端平板构成，高端平板宽应≤3 个踏步宽，两部分的一端各自以梯梁为支座，且梯板低端支承处做成滑动支座，CTa 型楼梯滑动支座落在挑板上。框架结构中，楼梯中间平台通常设梯柱、梁，中间平台可与框架柱连接。

1）踏步两头高度调整见本节后面的 13. 踏步构造。

2）$h_t$ 宜大于等于 $h$，由设计指定；未指定时，$h_t = h$。

3）CTa 型楼梯板配筋构造图如图 7-32 所示。

### 11. CTb 型楼梯

CTb 型楼梯设滑动支座，不参与结构整体抗震计算；其适用条件为：两梯梁之间的矩形梯板由踏步段和高端平板构成，高端平板宽应≤3 个踏步宽，两部分的一端各自以梯梁为支座，且梯板低端支承处做成滑动支座，CTb 型楼梯滑动支座落在挑板上。框架结构中，楼梯中间平台通常设梯柱、梁，中间平台可与框架柱连接。

1）踏步两头高度调整见本节后面的 13. 踏步构造。

2）$h_t$ 宜大于等于 $h$，由设计指定；未指定时，$h_t = h$。

3）CTb 型楼梯板配筋构造图如图 7-33 所示。

### 12. DTb 型楼梯

DTb 型楼梯设滑动支座，不参与结构整体抗震计算；其适用条件为：两梯梁之间的梯板由低端平板、踏步段和高端平板构成，其支承方式为梯板高端平板支承在梯梁上，梯板低端带滑动支座支承在挑板上。框架结构中，楼梯层间平台通常设置梯柱、梯梁，层间平台可与框架柱连接。

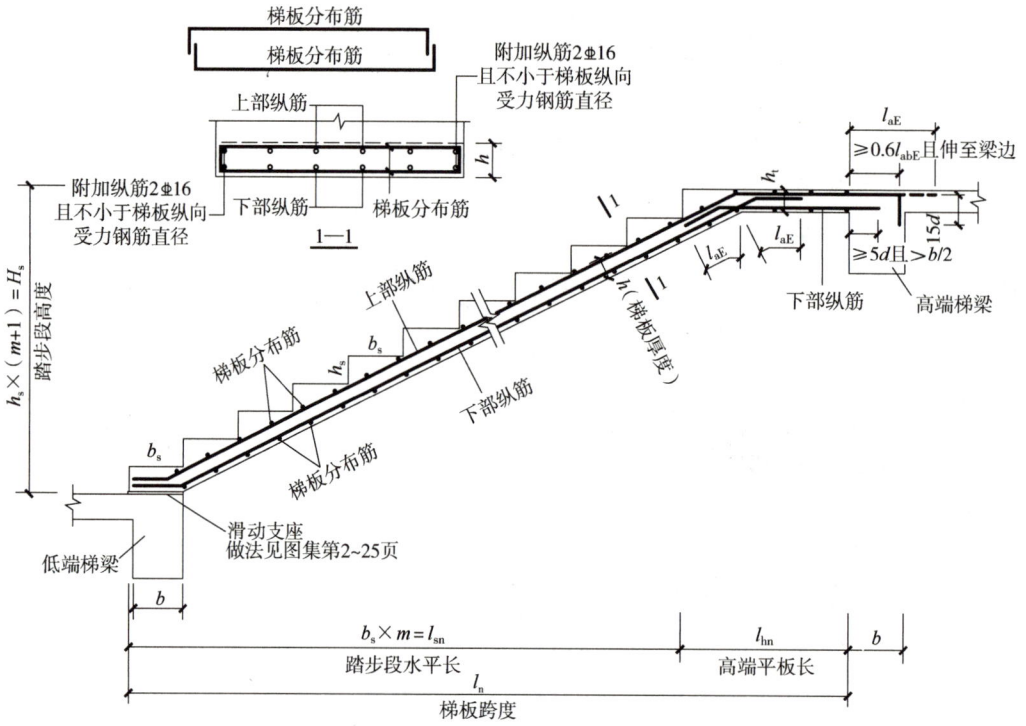

图 7-32　CTa 型楼梯板配筋构造图

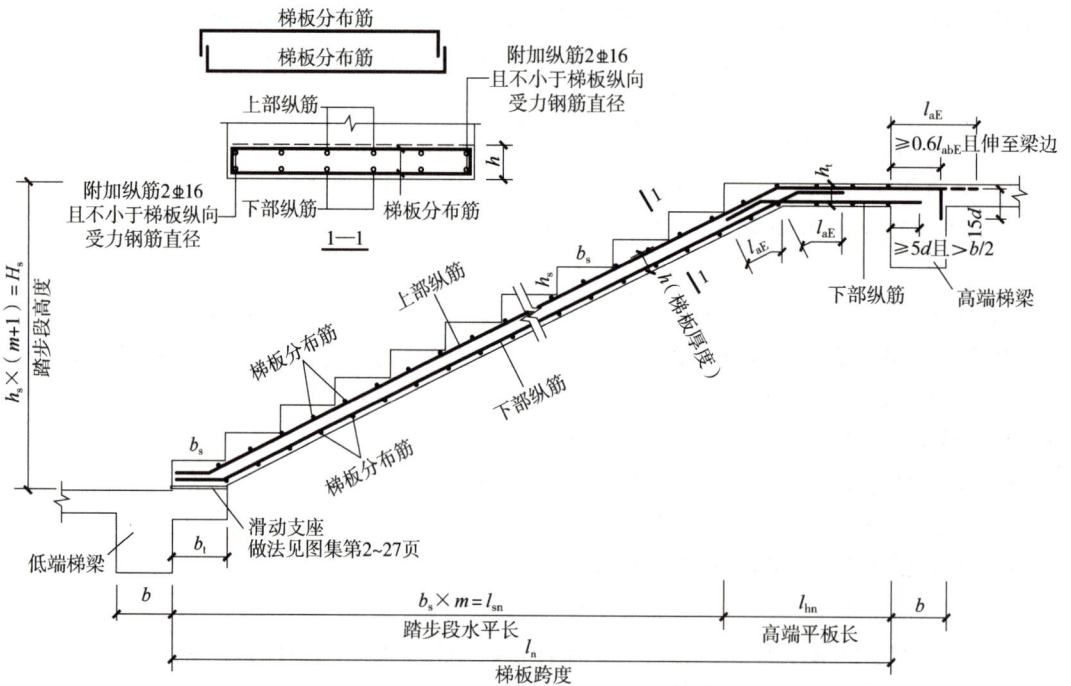

图 7-33　CTb 型楼梯板配筋构造图

1）滑动支座做法由设计指定，当采用与图集22G101—2不同的做法时由设计另行给出。

2）DTb型楼梯滑动支座做法见图集22G101—2第2～32页，滑动支座中建筑构造应保证梯板滑动要求。

3）地震作用下，DTb型楼梯悬挑板尚承受梯板传来的附加竖向作用力，设计时应对挑板及与其相连的平台梁采取加强措施。

4）楼板厚度$h$，当平板厚度和踏步厚度不同时，在梯板厚度后面括号内以字母P打头注写平板厚度$h_t$。

5）DTb型板式楼梯平面图如图7-34所示。DTb型板式楼梯配筋构造图如图7-35所示。

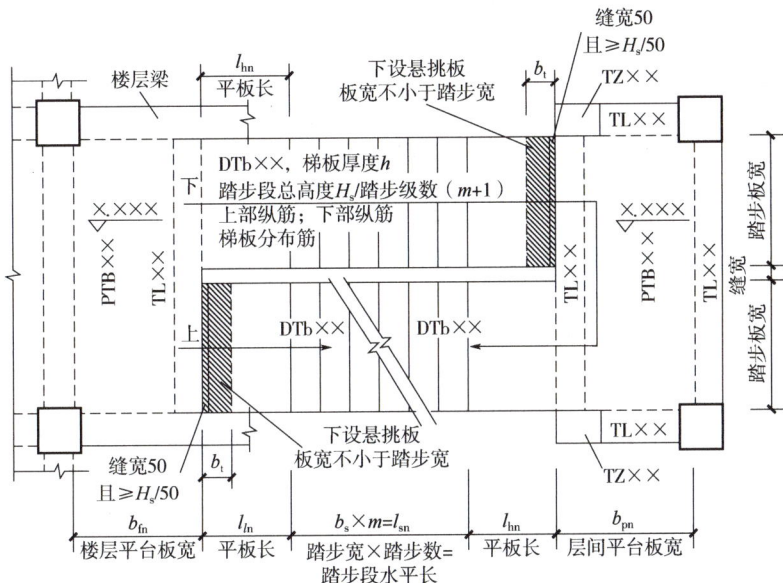

图7-34　DTb型板式楼梯平面图

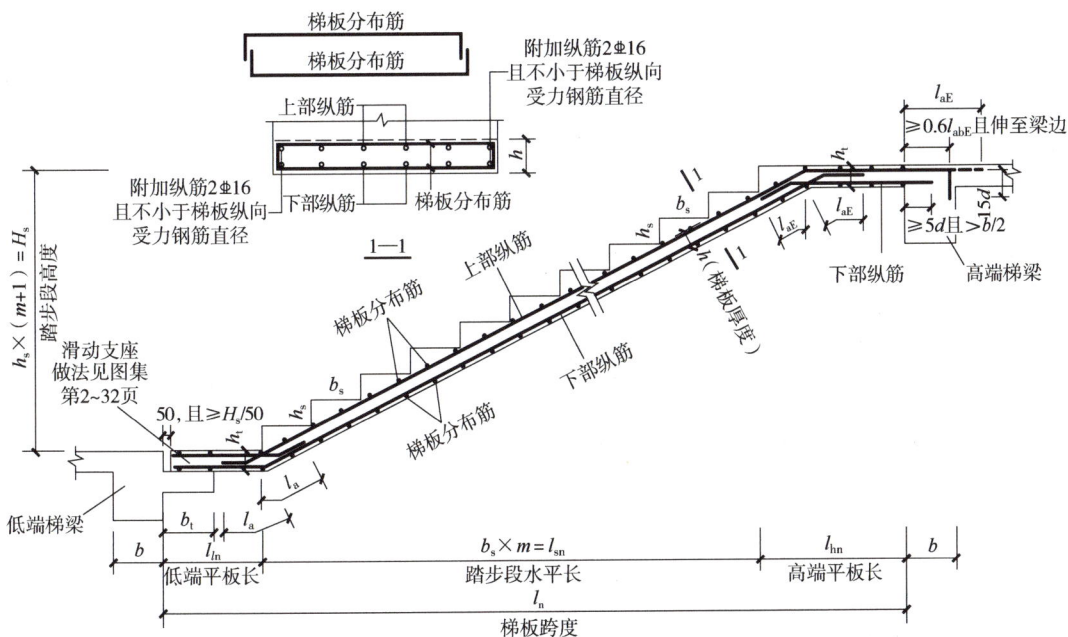

图7-35　DTb型板式楼梯配筋构造图

### 13. 踏步构造

不同踏步位置推高与高度减小构造如图 7-36 所示。

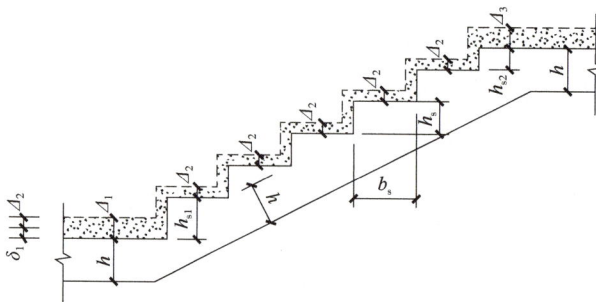

图 7-36　不同踏步位置推高与高度减小构造

图中：$\delta_1$——第一级与中间各级踏步整体竖向推高值；

　　　$h_{s1}$——第一级（推高后）踏步的结构高度；

　　　$h_{s2}$——最上一级（减小后）踏步的结构高度；

　　　$\Delta_1$——第一级踏步根部面层厚度；

　　　$\Delta_2$——中间各级踏步的面层厚度；

　　　$\Delta_3$——最上一级踏步（板）面层厚度。

由于踏步段上下两端板的建筑面层厚度不同，为使面层完工后各级踏步等高等宽，必须减小最上一级踏步的高度并将其余踏步整体斜向推高，整体推高的（垂直）高度值 $\delta_1 = \Delta_1 - \Delta_2$，高度减小后的最上一级踏步高度 $h_{s2} = h_s - (\Delta_3 - \Delta_2)$。

# 7.4　AT 楼梯钢筋算量

## 7.4.1　AT 楼梯梯板的基本尺寸数据及系数

### 1. AT 楼梯梯板的基本尺寸数据

梯板净跨度 $l_n$、梯板净宽度 $b_n$、梯板厚度 $h$、踏步宽度 $b_s$、踏步总高度 $H_s$ 和踏步高度 $h_s$。

### 2. 楼梯板斜坡系数 $k$

在钢筋计算中，经常需要通过水平投影长度计算斜长：

　　　斜长 = 水平投影长度 × 斜坡系数 $k$　　（7-1）

其中，斜坡系数 $k$ 可以通过踏步宽度和踏步高度来进行计算，如图 7-37 所示。

　　　斜坡系数 $k = \mathrm{sqrt}(b_s b_s + h_s h_s)/b_s$　　（7-2）

上述公式中的 sqrt(　　)为求平方根函数。

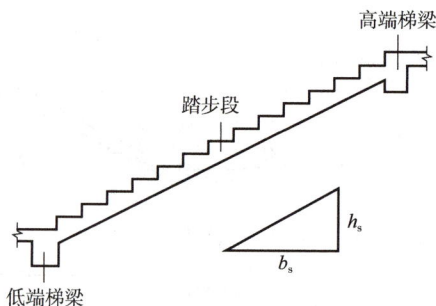

## 7.4.2　AT 型楼梯钢筋的计算公式

### 1. AT 楼梯钢筋计算

（1）梯板下部纵筋　梯板下部纵筋位于 AT 踏步

踏步图片

图 7-37　斜坡系数示意图

段斜板的下部，其计算依据为梯板净跨度 $l_n$ 梯板下部纵筋两端分别锚入高端梯梁和低端梯梁。其锚固长度为满足不小于 $5d$ 且至少伸过支座中线。

在具体计算中，可以取锚固长度 $\alpha = \max\{5d,\ b/2\}$（$b$ 为支座宽度）。

根据上述分析，梯板下部纵筋的计算过程为：

1）下部纵筋及分布筋长度的计算：

$$梯板下部纵筋的长度 l = l \times k + 2a，其中\ \alpha = \max\{5d,\ b/2\} \tag{7-3}$$

$$分布筋的长度 = b_n - 2 \times 保护层厚度 \tag{7-4}$$

2）下部纵筋及分布筋根数的计算：

$$梯板下部纵筋根数 = (b_n - 2 \times 保护层厚度)/间距 - 1 \tag{7-5}$$

$$分布筋根数 = (l_n \times k - 50 \times 2)/间距 - 1 \tag{7-6}$$

（2）梯板低端扣筋　梯板低端扣筋位于踏步段斜板的低端，扣筋的一端扣在踏步段斜板上，直钩长度为 $h_1$。扣筋的另一端伸至低端梯梁对边再向下弯折 $15d$，弯锚水平段长度不小于 $0.35l_{ab}$。扣筋的延伸长度水平投影长度为 $l_n/4$。

根据上述分析，梯板低端扣筋的计算过程为：

1）低端扣筋以及分布筋长度的计算：

$$[l_n/4 + (b - 保护层厚度)] \times 斜坡系数\ k \tag{7-7}$$

$$l_2 = 15d \tag{7-8}$$

$$h = h - 保护层厚度 \tag{7-9}$$

$$分布筋 = b_n - 2 \times 保护层厚度 \tag{7-10}$$

2）低端扣筋及分布筋根数的计算：

$$梯板低端扣筋的根数 = (b_n - 2 \times 保护层厚度)/间距 - 1 \tag{7-11}$$

$$分布筋根数 = (l_n/4 \times k)/间距 - 1 \tag{7-12}$$

（3）梯板高端扣筋　梯板高端扣筋位于踏步段斜板的高端，扣筋的一端扣在踏步段斜板上，直钩长度为 $h_1$，扣另一端锚入高端梯梁内，锚入直段长度不小于 $0.4l_a$，直钩长度 $l_2$ 为 $15d$。扣筋的延伸长平投影长度为 $l_n/4$。

根据上述分析，梯板高端扣筋的计算过程为：

1）高端扣筋及分布筋长度的计算：

$$h_1 = h - 保护层厚度 \tag{7-13}$$

$$l_1 = [l_n/4 + (b - 保护层厚度)] \times 斜坡系数\ k \tag{7-14}$$

$$l_2 = 15d \tag{7-15}$$

$$分布筋 = b_n - 2 \times 保护层厚度 \tag{7-16}$$

2）高端扣筋及分布筋根数的计算：

$$梯板高端扣筋的根数 = (b_n - 2 \times 保护层厚度)/间距 - 1 \tag{7-17}$$

$$分布筋根数 = (l_n/4 \times k)/间距 - 1 \tag{7-18}$$

注：梯板扣筋弯锚水平段"不小于 $0.35l_{ab}$"为验算"弯锚水平段（$b$ – 保护层厚度）×斜坡系数 $k$"的条件。

### 2. ATc 楼梯钢筋计算

（1）ATc 楼梯板下部纵筋和上部纵筋

$$下部纵筋长度 l = 15d - (b - 保护层厚度 + l_{sn}) \times k + l_{aE} \tag{7-19}$$

$$下部纵筋范围 = b_n - 2 \times 1.5h \tag{7-20}$$

$$下部纵筋根数 = (b - 2 \times 1.5h)/间距 \quad\quad (7\text{-}21)$$

上部纵筋的计算方式同下部纵筋。

（2）梯板分布筋

$$分布筋的水平段长度 = b_n - 2 \times 保护层厚度 \quad\quad (7\text{-}22)$$

$$分布筋的直钩长度 = h - 2 \times 保护层厚度 \quad\quad (7\text{-}23)$$

$$分布筋设置范围 = l_{sn} \times k \quad\quad (7\text{-}24)$$

$$分布筋根数 = (l_{sn} \times k)/间距 \quad\quad (7\text{-}25)$$

（3）梯板拉结筋

$$拉结筋长度 = h - 2 \times 保护层厚度 - 2 \times 拉筋直径 \quad\quad (7\text{-}26)$$

$$拉结筋根数 = (l_{sn} \times k)/间距 \quad\quad (7\text{-}27)$$

（4）梯板暗梁箍筋　由 ATc 型板式楼梯的特征可知，梯板暗梁箍筋为Φ6@200。

$$箍筋宽度 = 1.5h - 保护层厚度 - 2d \quad\quad (7\text{-}28)$$

$$箍筋高度 = h - 2 \times 保护层厚度 - 2d \quad\quad (7\text{-}29)$$

$$箍筋分布范围 = l_{sn} \times k \quad\quad (7\text{-}30)$$

$$箍筋根数 = (l_{sn} \times k)/间距 \quad\quad (7\text{-}31)$$

### 7.4.3　楼梯钢筋实例计算

#### 1. AT 楼梯钢筋计算

【例 7-1】 AT3 楼梯平面布置如图 7-38 所示。其中支座宽度为 200mm，保护层厚度为 15mm。

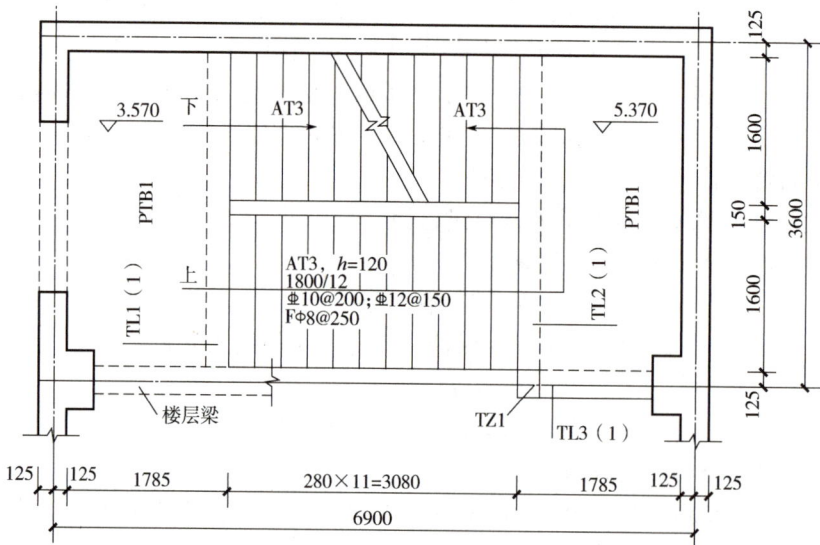

图 7-38　AT3 楼梯平面图

【解】（1）楼梯板的基本尺寸

根据图 7-38 可知楼梯板的基本尺寸数据。

梯板净跨度 $l_n = 3080\text{mm}$

梯板净宽度 $b_n = 1600\text{mm}$

梯板厚度 $h = 120\text{mm}$

踏步宽度 $b_s = 280\text{mm}$

踏步总高度 $H_s = 1800\text{mm}$

踏步高度 $h_s = (1800/12)\text{mm} = 150\text{mm}$

楼层平板和层间平板长度 $= 1600 \times 2 - 150 = 3350（\text{mm}）$

（2）斜坡系数 $k$ 的计算

$$\begin{aligned} \text{斜坡系数 } k &= \text{sqrt}(b_s b_s - h_s h_s)/b_s \\ &= \text{sqrt}(280 \times 280 - 150 \times 150)/280 \\ &= 1.134（\text{mm}） \end{aligned}$$

（3）楼梯下部纵筋的计算

$$\begin{aligned} \text{下部纵筋及分布筋长度的计算：} \alpha &= \max\{5d, b/2\} \\ &= \max\{5 \times 12, 200/2\} \\ &= 100\text{mm} \end{aligned}$$

$$\begin{aligned} \text{梯板下部纵筋长度 } l &= l_n \times k - 2a \\ &= 3080 \times 1.134 - 2 \times 100 \\ &= 3292.72（\text{mm}） \end{aligned}$$

$$\begin{aligned} \text{分布筋的长度} &= b_n - 2 \times 保护层厚度 \\ &= 1600 - 2 \times 15 \\ &= 1570（\text{mm}） \end{aligned}$$

$$\begin{aligned} \text{梯板下部纵筋根数} &= [(b_n - 2 \times 保护层厚度)/间距 - 1]根 \\ &= [(1600 - 2 \times 15)/150 - 1]根 \\ &\approx 10（根） \end{aligned}$$

$$\begin{aligned} \text{分布筋根数} &= (l_n \times k - 50 \times 2)/间距 - 1 \\ &= (3080 \times 1.134 - 50 \times 2)/250 - 1 \\ &\approx 12（根） \end{aligned}$$

（4）梯板低端扣筋的计算

$$\begin{aligned} l_1 &= [l_n/4 - (b - 保护层厚度)] \times k \\ &= [3080/4 - (200 - 15)] \times 1.134 \\ &= 663.39（\text{mm}） \end{aligned}$$

$$\begin{aligned} l_2 &= 15d \\ &= 15 \times 10 \\ &= 150（\text{mm}） \end{aligned}$$

$$\begin{aligned} h_1 &= h - 保护层厚度 \\ &= 120 - 15 \\ &= 105（\text{mm}） \end{aligned}$$

$$\begin{aligned} \text{梯板低端扣筋的根数} &= [(b_n - 2 \times 保护层厚度)/间距 - 1]根 \\ &= [(1600 - 2 \times 15)/200 - 1]根 \\ &\approx 7 根 \end{aligned}$$

分布筋根数 $= (l_{\mathrm{n}} \times k - 50 \times 2)/$间距 $- 1$

$\qquad = (3080/4 \times 1.134)/250 - 1$

$\qquad \approx 3($根$)$

（5）梯板高端扣筋的计算

$h_1 = h -$保护层厚度

$\qquad = 120 - 15$

$\qquad = 105($mm$)$

$l_1 = [l_{\mathrm{n}}/4 - (b -$保护层厚度$)] \times k$

$\qquad = [3080/4 - (200 - 15)] \times 1.134$

$\qquad = 663.39($mm$)$

$l_2 = 15d$

$\qquad = 15 \times 10$

$\qquad = 150($mm$)$

分布筋 $= b_{\mathrm{n}} - 2 \times$保护层厚度

$\qquad = 1600 - 2 \times 15$

$\qquad = 1570$（mm）

梯板高端扣筋的根数 $= [(b_{\mathrm{n}} - 2 \times$保护层厚度$)/$间距 $- 1]$根

$\qquad = (1600 - 2 \times 15)/200 - 1$

$\qquad \approx 7($根$)$

分布筋根数 $= [(l_{\mathrm{n}}/4 \times k)/$间距 $- 1]$根

$\qquad = (3080/4 \times 1.134)/250 - 1$

$\qquad \approx 3($根$)$

注：上面只计算了一跑 AT3 的钢筋，一个楼梯间有两跑 AT3，就把上述的钢筋数量乘以 2。

### 2. ATc 楼梯钢筋计算

【例 7-2】 ATc3 型楼梯平面布置如图 7-39 所示。混凝土强度为 C30，抗震等级为一级，梯梁宽度为 200mm。试计算各钢筋的根数。

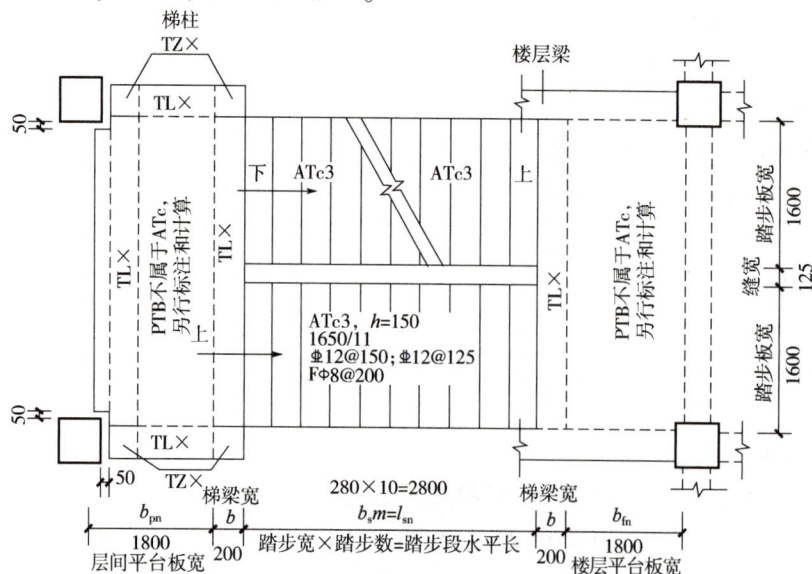

图 7-39 ATc3 型楼梯平面布置

【解】 (1) ATc3 楼梯板的基本尺寸数据。

梯板净跨度 $l_n = 2800mm$

梯板净宽度 $b_n = 1600mm$

梯板厚度 $h = 120mm$

踏步宽度 $b_s = 280mm$

踏步总高度 $H_s = 1650mm$

踏步高度 $h_s = (1650/11)mm = 150mm$

(2) 斜坡系数 $k$ 的计算

$$斜坡系数\ k = sqrt(b_s b_s - h_s h_s)/b_s$$
$$= sqrt(280 \times 280 - 150 \times 150)/280$$
$$= 1.134(mm)$$

(3) ATc 楼梯板下部纵筋和上部纵筋

$$下部纵筋长度\ l = 15d - (b - 保护层厚度 - l_{sn}) \times k - l_{aE}$$
$$= 15 \times 12 - (200 - 15 - 2800) \times 1.134 - 40 \times 12$$
$$= 4045(mm)$$

$$下部纵筋范围 = b_n - 2 \times 1.5h$$
$$= 1600 - 2 \times 1.5 \times 150$$
$$= 1150(mm)$$

$$下部纵筋根数 = (b_n - 2 \times 1.5h)/间距$$
$$= 1150/150$$
$$\approx 8(根)$$

上部纵筋的计算方式同下部纵筋。

(4) 梯板分布筋

$$分布筋的水平段长度 = b_n - 2 \times 保护层厚度$$
$$= 1600 - 2 \times 15$$
$$= 1570(mm)$$

$$分布筋的直钩长度 = h - 2 \times 保护层厚度$$
$$= 150 - 2 \times 15$$
$$= 120mm$$

分布筋每根长度 $= 1570 - 2 \times 120 = 1330mm$

$$分布筋设置范围 = l_{sn} \times k$$
$$= 2800 \times 1.134$$
$$= 3175(mm)$$

$$上部纵筋分布筋根数 = (l_{sn} \times k)/间距$$
$$= 3175/200$$
$$\approx 16(根)$$

上下纵筋的分布筋总数 $= 2 \times 16 = 32(根)$

(5) 梯板拉结筋

由 22G101—2 图集可知,梯板拉结筋Φ6,间距为600mm。

拉结筋长度 = $h - 2 \times$ 保护层厚度 $- 2 \times$ 拉筋直径

$\qquad = 150 - 2 \times 15 - 2 \times 6$

$\qquad = 108(\mathrm{mm})$

拉结筋根数 = $(l_{sn} \times k)/$ 间距

$\qquad = 3175/600$

$\qquad \approx 6($ 根 $)$

拉结筋总根数 = $8 \times 6$

$\qquad = 48($ 根 $)$

(6) 梯板暗梁箍筋

箍筋宽度 = $1.5h -$ 保护层厚度 $- 2d$

$\qquad = 1.5 \times 150 - 15 - 2 \times 6$

$\qquad = 198(\mathrm{mm})$

箍筋高度 = $h - 2 \times$ 保护层厚度 $- 2d$

$\qquad = 150 - 2 \times 15 - 2 \times 6$

$\qquad = 108(\mathrm{mm})$

箍筋每根长度 = $(198 + 108) \times 2 + 26 \times 6$

$\qquad = 768(\mathrm{mm})$

箍筋分布范围 = $l_{sn} \times k$

$\qquad = 2800 \times 1.134$

$\qquad = 3175(\mathrm{mm})$

箍筋根数 = $(l_{sn} \times k)/$ 间距

$\qquad = 3175/200$

$\qquad \approx 16($ 根 $)$

两道暗梁的箍筋根数 = $2 \times 16$

$\qquad = 32($ 根 $)$

注：上面只计算了一跑 ATc3 的钢筋，一个楼梯间有两跑 ATc3，就把上述的钢筋数量乘以 2。

# 素质拓展案例

## 钢筋混凝土楼梯震害分析

楼梯的抗震设计越来越受到设计工作人员的重视，更好的设计方法、构造方法会更加科学地保障楼梯在地震中的安全通道作用。

因为楼梯间开间小，而且楼梯板具有类似斜撑的作用，所以楼梯间在水平向的相对刚度越大，其分配到的地震作用也就越大。另外，楼梯的破坏特征充分表明其在地震中受到复杂的空间作用。

地震中，层间发生剪切变形，致使梯段受到拉压交替作用，可能引发以下地震破坏：①对预制钢筋混凝土楼梯，因梯段板与台梁连接不牢，梯段板在受到拉压作用时，很容易导致与平台梁分裂而掉落；②地震中，非常大的竖直向下及水平的剪力作用在平台梁中部，致使平台梁因抗剪不足而发生破坏；③地震产生拉力作用可能引发现浇整体式楼梯梯段板的严重开裂，产生的压力则会使梯段板内的钢筋发生弯曲现象，在存在裂缝的截面位置出现混凝土剥离；④如果梯段板内纵向受力筋在平台梁中锚固长度不够，那么该钢筋在受到地震中的拉力作用时会被拔出，可能致使梯段板严重开裂而坠落并使平台梁损坏；⑤平台板内底部的纵向钢筋在平台梁内的锚固长度不够足的情况下，也可能会被拉出；⑥在层间发生侧向位移时，折板式钢筋混凝土楼梯的左右两梯段板分别承受拉力和压力，从而致使平台板受到扭转作用，如果楼梯间的布置位置对抵抗这种扭转作用不利时，钢筋混凝土楼梯间墙体将塌陷；⑦在施工中，施工缝常常设置在梯段板的跨中位置，因而跨中处的抗剪薄弱，所以在地震来临时，破坏时有发生；⑧钢筋混凝土楼梯的梯段板的负筋长约是该梯段板跨度的1/3，该钢筋的折断常常会导致梯段板受拉刚度的突变，该处非常容易发生断裂。

平台梁破坏的原因：①楼梯间刚度很大，楼梯间各构件（包括平台梁）吸收了很大的地震作用；②分配了很大地震作用的楼梯段对平台梁产生推力和扭矩作用；③楼梯梁的截面通常相对较小，承载力有限。

# 本章小结

本章着重讲述了楼梯的内容，重点讲了板式楼梯的施工图制图规则、施工图表示方法、钢筋识图与算量。通过本章的学习，同学们可以对板式楼梯的注写方式、识图方法以及各个构造的钢筋计算有一定的认识，为以后继续学习楼梯钢筋算量相关知识打下基础。

# 实训练习

## 一、单项选择题

1. （　　）是多、高层房屋的竖向通道，是建筑物的一个重要组成部分。

　　A. 楼梯　　　　　　B. 平台　　　　　　C. 踏步　　　　　　D. 梯段

2. 梯板全部由（　　）构成，其支承方式为梯板两端均支承在梯梁上。

　　A. 楼梯段　　　　　B. 平台段　　　　　C. 栏杆段　　　　　D. 踏步段

3. 梯板厚度应按计算确定，且不宜小于（　　）mm；梯板采用双层配筋。

　　A. 110　　　　　　B. 120　　　　　　C. 130　　　　　　D. 140

4. （　　）是指通过在楼梯平面布置图上注写截面尺寸和配筋具体数值的方式来表达楼梯施工图。

　　A. 立面注写方式　　B. 平面注写方式　　C. 截面注写方式　　D. 剖面注写方式

5. 楼层平台梁板配筋可绘制在（　　）中，也可在各层梁板配筋图中绘制；层间平台梁板配筋在楼梯平面图中绘制。

　　A. 楼梯立面图　　　B. 楼梯剖面图　　　C. 楼梯平面图　　　D. 楼梯节点图

## 二、多项选择题

1. 楼梯的类型按照楼梯的材料分为（　　）。

　　A. 钢筋混凝土楼梯　B. 钢楼梯　　　　　C. 木楼梯　　　　　D. 组合材料楼梯

　　E. 消防楼梯

2. 楼梯由（　　）组成。

    A. 踏步                       B. 楼梯段

    C. 楼梯平台                 D. 栏杆（或栏板）、扶手

    E. 楼层板

3. 梯板的平法注写方式包括（　　）。

    A. 截面注写        B. 立面注写         C. 平面注写         D. 剖面注写

    E. 列表注写

4. 梯板集中标注的内容有（　　）。

    A. 梯板厚度        B. 梯板类型及编号   C. 梯板负筋       D. 梯板配筋

    E. 梯板分布筋

5. 下列属于楼梯平面图识读步骤的有（　　）。

    A. 识读楼梯在建筑平面图中的位置及有关轴线的布置

    B. 识读楼梯间各楼层平台、休息平台面的标高

    C. 识读中间层平面图中三个同样梯段的投影

    D. 识读楼梯间墙、柱、门、窗的平面位置、编号和尺寸

    E. 识读楼梯剖面图在楼梯底层平面图中的剖切位置等

## 三、计算题

AT1 型楼梯平面布置如图 7-40 所示。楼梯间的开间为 3600mm，进深为 6900mm，保护层厚度为 20mm，混凝土强度等级为 C30。试计算该楼梯钢筋的根数。

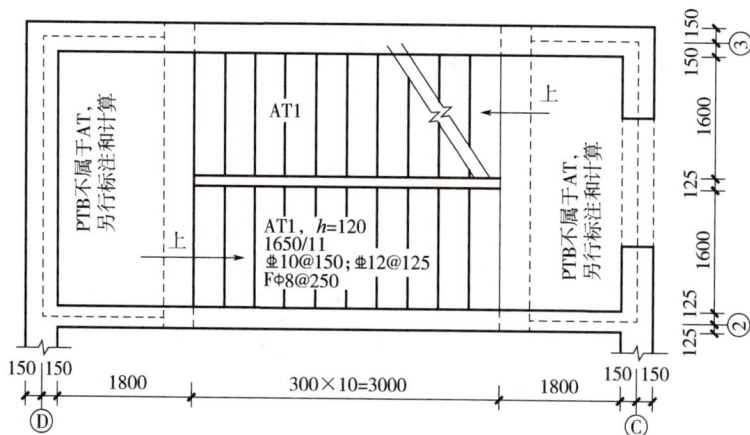

图 7-40　AT1 型楼梯平面布置

# 实训工作单

| 班级 | | 姓名 | | 日期 | |
|---|---|---|---|---|---|
| 教学项目 | | 板式楼梯 | | | |
| 学习项目 | 了解楼梯概述及总则、现浇混凝土板式楼梯平法施工图的表示方法以及楼梯平面、剖面、列表的注写方式；认识楼梯的类型、平法施工图识图的步骤；掌握板式楼梯基本构造识图；掌握 AT 楼梯梯板的基本尺寸数据及系数、ATc 型楼梯钢筋的计算公式以及楼梯钢筋实例计算 | 学习要求 | | 重点掌握 AT 楼梯梯板的基本尺寸数据及系数、ATc 型楼梯钢筋的计算公式以及楼梯钢筋实例计算 | |
| 相关知识 | | | | | |
| 其他内容 | | | | | |
| 学习记录 | | | | | |
| 评语 | | | | 指导老师 | |

# 参 考 文 献

［1］住房和城乡建设部. 混凝土结构施工图平面整体表示方法制图规则和构造详图（现浇混凝土框架、剪力墙、梁、板）：22G101—1［S］. 北京：中国计划出版社，2022.

［2］住房和城乡建设部. 混凝土结构施工图平面整体表示方法制图规则和构造详图（现浇混凝土板式楼梯）：22G101—2［S］. 北京：中国计划出版社，2022.

［3］住房和城乡建设部. 混凝土结构施工图平面整体表示方法制图规则和构造详图（独立基础、条形基础、筏形基础、桩基础）：22G101—3［S］. 北京：中国计划出版社，2022.

［4］住房和城乡建设部. 混凝土结构施工钢筋排布规则与构造详图（现浇混凝土框架、剪力墙、梁、板）：18G901—1［S］. 北京：中国计划出版社，2018.

［5］住房和城乡建设部. 混凝土结构施工钢筋排布规则与构造详图（现浇混凝土板式楼梯）：18G901—2［S］. 北京：中国计划出版社，2018.

［6］住房和城乡建设部. 混凝土结构施工钢筋排布规则与构造详图（独立基础、条形基础、筏形基础、桩基础）：18G901—3［S］. 北京：中国计划出版社，2018.

［7］程花，甘晓林. 平法钢筋识图与算量16G［M］. 成都：西南交通大学出版社，2018.

［8］李守巨. 16G101图集应用系列 平法钢筋识图与算量［M］. 北京：中国电力出版社，2018.

［9］上官子昌. 18G901平法钢筋识图与算量［M］. 北京：化学工业出版社，2019.

［10］梁瑶. G101平法钢筋识图与算量从入门到精通［M］. 北京：北京希望电子出版社，2021.

［11］彭波. 平法钢筋识图算量基础教程［M］. 2版. 北京：中国建筑工业出版社，2018.